LIVROS QUE
CONSTROEM

Biblioteca

PSICOLOGIA E EDUCAÇÃO

— 18 —

Volumes publicados:

1. *O Segrêdo da Paz Familiar* — Harry F. Tashman
2. *Usos e Abusos da Psicologia* — H. J. Eysenck
3. *Relações Humanas* — Thomason e Clement
4. *Ajuda-te Pela Psiquiatria!* — Frank S. Caprio
5. *Nos Subterrâneos da Mente* — Fritz Redlich
6. *Descobre-te a Ti Mesmo* — Stephen Lackner
7. *Seja Invulnerável!* — Laura A. Huxley
8. *Vença Pela Fé* — Gordon Powell
9. *Renovar Para Vencer* — John W. Gardner
10. *A Conquista da Mente* — William Sargant
11. *As Drogas e a Mente* — Robert S. De Ropp
12. *Fato e Ficção na Psicologia* — H. J. Eysenck
13. *Liberdade Sem Mêdo* — A.S.Neill
14. *Liberdade Sem Excesso* — A.S.Neill
15. *A Marca da Violência* — Fredric Wertham
16. *Condicionamento Pessoal* — Hornell Hart
17. *Criatividade Profissional* — Eugene von Fange
18. *O Poder Criador da Mente* — Alex F. Osborn
19. *Arte e Ciência da Criatividade* — George F. Kneller
20. *Sonhos e Pesadelos* — J.A. Hadfield
21. *As Três Faces de Eva* — C.H. Thigpen
22. *O Rapto do Espírito* — J.A. Merloo
23. *Educação Soviética* — G.L. Kline
24. *A Face Final de Eva* — J. Poling
25. *A Século de Freud* — Benjamin Nelson
26. *Educação e Desenvolvimento* — Vários autores
27. *Economia da Educação* — John Vaizey
28. *Ajude Seu Marido a Vencer* — Kenneth Hutchin
29. *A Criança Problema* — Joseph Roucek
30. *A Criança Excepcional* — Joseph Roucek
31. *Idéias Para Vencer* — Myron S. Allen
32. *Psicoterapia de Grupo* — Vários autores
33. *História da Psiquiatria* — Alexander e Selesnick
34. *Educação é Investimento* — José Reis
35. *A Necessidade de Amor* — Theodor Reik
36. *O Dirigente Criativo* — Joseph G. Mason
37. *Use o Poder de Sua Mente* — David J. Schwartz
38. *Psicologia Prática no Ensino* — L. Derville
39. *Conversas com Pais e Mestres* — Homer Lane
40. *Formação de Líderes* — A.K. Rice
41. *Qual o Problema de Seu Filho?* — F. Ilg L.B. Ames
42. *Técnicas Revolucionárias de Ensino Pré-Escolar* — Maya Pines
43. *Use a Cabeça* — Aaron Levenstein
44. *Prisão Não Cura, Corrompe* — D. Sington G. Playfair
45. *Para Enriquecer, Pense Como um Milionário* — Howard E. Hill
46. *A Saúde Mental da Criança* — Michael M. Miller
47. *A Nova Juventude* — William Menninger
48. *A Cura Pela Liberdade* — W. David Wills
49. *Liberdade no Lar* — A.S. Neill
50. *Eros e Tânatos — O Homem Contra Si Próprio* — Karl Menninger
51. *Amor Contra o Ódio* — Karl Menninger
52. *Liberdade na Escola* — A.S. Neill
53. *Liberdade, Escola, Amor e Juventude* — A.S. Neill
54. *Ajuda-te Pela Nova Auto-Hipnose* — Paul Adams
55. *Saúde Mental na Emprêsa Moderna* — Harry Levinson
56. *Iniciação à Instrução Programada e às Máquinas de Ensinar* — Vários autores
57. *Como a Criança Pensa* — Ruth M. Beard
58. *Como Alterar o Comportamento Humano* — H.R. Beech
59. *Criatividade-Progresso e Potencial* — Calvin W. Taylor

O Poder Criador da Mente.

Dados de Catalogação na Publicação (CIP) Internacional
(Câmara Brasileira do Livro, SP, Brasil)

089p
6.ed.

Osborn, Alex F., 1888-1966.
O poder criador da mente : princípios e processos do pensamento criador e do "Brainstorming" / Alex F. Osborn ; tradução de E. Jacy Monteiro. -- 6. ed. -- São Paulo : IBRASA, 1987.
(Biblioteca psicologia e educação ; 18)

1. Criatividade 2. Imaginação 3. Pensamento criativo 4. Solução de problemas em grupo I. Título. II. Título: Princípios e processos do pensamento criador e do "Brainstorming". III. Série.

CDD-153.35
87-0088
-302.35

Índices para catálogo sistemático:

1. Criatividade : Psicologia 153.35
3. Imaginação criativa : Psicologia 153.35
3. Pensamento criador : Psicologia 153.35
4. Reuniões criativas : Psicologia social 302.35
5. Solução de problemas em grupo : Psicologia social 302.35

ALEX F. OSBORN

O PODER CRIADOR DA MENTE

*Princípios e Processos do Pensamento
Criador e do "Brainstorming"*

Tradução de
E. JACY MONTEIRO

8ª EDIÇÃO

IBRASA - INSTITUIÇÃO BRASILEIRA DE DIFUSÃO CULTURAL LTDA.

Título do original norte-americano

APPLIED IMAGINATION

© Copyright 1953, 1957 by

Charles Scribner's Sons para os EUA e
Alex F. Osborn para tôdas as outras edições

Capa de
FRANCO

Publicado em 2009

Direitos desta edição reservados à

IBRASA

INSTITUIÇÃO BRASILEIRA DE DIFUSÃO CULTURAL LTDA.

Rua 13 de Maio, 446 - Tel.: 3284-8382
01327-000 - Bela Vista - São Paulo - SP

Impresso na República Federativa do Brasil
Printed in the Federative Republic of Brazil

Dedicado ao

DR. T. RAYMOND MCCONNELL

*de quem me orgulho de ter sido colega
quando êle era Chanceler e eu,
Vice-Chanceler do Conselho
da Universidade de Búfalo*

A. F. O.

Nota Sôbre o Autor

Formado pelo Hamilton College, de que é curador e no qual recebeu os graus Ph.M. e L.H.D. Presidente da Creative Education Foundation.

Co-fundador de Batten, Barton, Durstine and Osborn curador de uma caixa econômica, diretor de um banco comercial e de quatro corporações.

Vencedor do Red Feather Award, de âmbito nacional, em 1951, conferido por Community Chests and Councils of America.

Colabora em várias revistas e é autor de um tratado sôbre vendas e quatro livros sôbre imaginação criadora.

ÍNDICE

PREFÁCIO   XVII

CAPÍTULO I

1. A enorme importância da imaginação   3
2. A imaginação fêz a América do Norte   5
3. Os problemas públicos exigem criatividade   6
4. Problemas comunais   7
5. Problemas nacionais norte-americanos   8
6. A arte internacional de vender   9
7. A arte de estadista internacional   12

   TEMAS, EXERCÍCIOS, REFERÊNCIAS   13

CAPÍTULO II

1. Universalidade do talento imaginativo   15
2. O fator "idade" na criatividade   16
3. O fator "sexo" na criatividade   19
4. O fator educacional na criatividade   21
5. O fator "esfôrço" na criatividade   22

   TEMAS, EXERCÍCIOS, REFERÊNCIAS   24

CAPÍTULO III

1. Fatôres que tendem a restringir a criatividade   26
2. Hábitos anteriores dificultam a solução de problemas   29
3. Desânimo próprio como inibição   30
4. A timidez tende a fazer abortar as idéias   32

IX

5.	*O estímulo cultiva a ideação*	*35*
6.	*Os íntimos animam melhor*	*36*
	TEMAS, EXERCÍCIOS, REFERÊNCIAS	*39*

CAPÍTULO IV

1.	*Nosso nôvo ambiente — efeito sôbre a criatividade*	*41*
2.	*Urbanização contra imaginação*	*43*
3.	*Declínio do incentivo criador*	*44*
4.	*A tendência criadora na educação*	*45*
	TEMAS, EXERCÍCIOS, REFERÊNCIAS	*48*

CAPÍTULO V

1.	*Maneiras por que se pode desenvolver a criatividade*	*50*
2.	*A experiência fornece combustível à ideação*	*51*
3.	*Jogos de diversão — solução de enigmas*	*54*
4.	*Passatempos e belas-artes*	*56*
5.	*A leitura desenvolve a criatividade*	*57*
6.	*A produção literária como exercício criador*	*59*
7.	*Prática da criatividade na solução de problemas*	*61*
	TEMAS, EXERCÍCIOS, REFERÊNCIAS	*63*

CAPÍTULO VI

1.	*Colaboração criadora por equipes*	*65*
2.	*Ainda é essencial a meditação pessoal*	*66*
3.	*Trabalho conjugado a dois*	*67*
4.	*Técnica para dois*	*69*
	TEMAS, EXERCÍCIOS, REFERÊNCIAS	*71*

CAPÍTULO VII

1.	*Colaboração criadora por grupos*	*73*
2.	*Explicação da fluência do grupo*	*74*
3.	*Guias para sessões de grupos*	*76*

4. *Assuntos e pessoal*   *78*
5. *Aplicações de ideação por grupo*   *80*
6. *Alguns casos recentes*   *81*

TEMAS, EXERCÍCIOS, REFERÊNCIAS   *86*

CAPÍTULO VIII

1. *Formas criadora e não-criadora da imaginação*   *83*
2. *Trabalho "não-controlável" da imaginação*   *89*
3. *Funções que tendem à criatividade*   *92*
4. *Formas criadoras da imaginação*   *94*

TEMAS, EXERCÍCIOS, REFERÊNCIAS   *96*

CAPÍTULO IX

1. *Variam amplamente os processos da ideação*   *98*
2. *Leis de associação*   *100*
3. *Estágios do processo criador*   *101*
4. *Estabelecendo a "atitude do trabalho"*   *103*
5. *Não há fórmula possível*   *105*

TEMAS, EXERCÍCIOS, REFERÊNCIAS   *107*

CAPÍTULO X

1. *Sugestões orientadoras para fixar objetivos*   *109*
2. *Ideando novos problemas*   *110*
3. *Clarificação e dissecção*   *112*
4. *Um objetivo conduz a outro*   *116*

TEMAS, EXERCÍCIOS, REFERÊNCIAS   *117*

CAPÍTULO XI

1. *Preparo e análise andam de mãos dadas*   *120*
2. *Espécie de dados que convém procurar*   *121*
3. *Importância da análise*   *124*
4. *A análise proporciona pistas*   *125*

TEMAS, EXERCÍCIOS, REFERÊNCIAS   *127*

CAPÍTULO XII

1.	*O valor da ideação abundante*	*129*
2.	*Pesquisa irrestrita de hipóteses*	*130*
3.	*Como a quantidade conduz à qualidade*	*132*
4.	*A ciência criadora exige quantidade*	*134*
	TEMAS, EXERCÍCIOS, REFERÊNCIAS	*136*

CAPÍTULO XIII

1.	*Períodos de incubação conduzem à iluminação*	*138*
2.	*A dificuldade em explicar a iluminação*	*139*
3.	*Maneiras passivas de induzir a iluminação*	*140*
4.	*Maneiras menos passivas para induzir a iluminação*	*142*
5.	*Fixando idéias erradias*	*145*
	TEMAS, EXERCÍCIOS, REFERÊNCIAS	*147*

CAPÍTULO XIV

1.	*Síntese, evolução e verificação*	*149*
2.	*Novas idéias mediante evolução*	*150*
3.	*O fator "tempo" na ideação*	*152*
4.	*O desuso de idéias "novas"*	*155*
5.	*A importância da verificação*	*156*
	TEMAS, EXERCÍCIOS, REFERÊNCIAS	*157*

CAPÍTULO XV

1.	*O efeito de impulsos emocionais sôbre a ideação*	*160*
2.	*O mêdo pode estimular ou inutilizar*	*161.*
3.	*Efeitos do amor e do ódio*	*163*
4.	*Ambição, avareza, adversidade*	*165*
	TEMAS, EXERCÍCIOS, REFERÊNCIAS	*167*

CAPÍTULO XVI

1. O efeito do esfôrço sôbre a criatividade . 169
2. Concentração como solução criadora 171
3. A concentração intensifica a consciência 173
4. Efeito do esfôrço sôbre a associação 174
   TEMAS, EXERCÍCIOS, REFERÊNCIAS 176

CAPÍTULO XVII

1. Artifícios destinados a ativar a imaginação 179
2. Tomar notas e fazer uso de apontamentos 180
3. Fixando linhas-limites e cotas 182
4. Estabelecendo um prazo — escolhendo um lugar 184
5. O engano da "tôrre de marfim" 187
   TEMAS, EXERCÍCIOS, REFERÊNCIAS 189

CAPÍTULO XVIII

1. O fator "sorte" em pesquisas criadoras 191
2. A observação capitaliza a inspiração 193
3. A perseverança capitaliza a inspiração 196
4. A sorte fornece diretivas 198
   TEMAS, EXERCÍCIOS, REFERÊNCIAS 201

CAPÍTULO XIX

1. Procedimentos detalhados de "brainstorming" 203
2. Mais provas de solidez 206
3. Composição dos grupos de "brainstorm" 209
4. Procedimentos preliminares 212
5. Como conduzir a sessão 214
6. Valôres indiretos de "brainstorming" 217
   TEMAS, EXERCÍCIOS, REFERÊNCIAS 218

XIII

CAPÍTULO XX

1. *Processamento de idéias por "brainstorm"* — 221
2. *Aquisição e seleção subseqüentes* — 222
3. *Desenvolvimento das idéias selecionadas* — 224
4. *Confirmação de exeqüibilidade* — 225
5. *Apresentação de idéias* — 226
6. *Tipos alternados de meditação* — 228

TEMAS, EXERCÍCIOS, REFERÊNCIAS — 230

CAPÍTULO XXI

1. *Perguntas como incentivo à ideação* — 233
2. *Quais serão ou outros usos?* — 235
3. *Que outros usos ainda?* — 238
4. *Progresso científico por meio de novos usos* — 239
5. *Outras aplicações para perguntas de "outro uso"* — 241

TEMAS, EXERCÍCIOS, REFERÊNCIAS — 243

CAPÍTULO XXII

1. *Adaptação, modificação e substituição* — 245
2. *Por meio de adaptação* — 247
3. *Por meio de modificação* — 250
4. *Os sentidos como fontes de idéias* — 252
5. *A técnica do "isto-por-aquilo"* — 253

TEMAS, EXERCÍCIOS, REFERÊNCIAS — 257

CAPÍTULO XXIII

1. *Adição, multiplicação, subtração, divisão* — 259
2. *Por meio da ampliação* — 262
3. *Por meio da multiplicação* — 263
4. *Por meio da redução* — 264
5. *Por meio da omissão e divisão* — 268

TEMAS, EXERCÍCIOS, REFERÊNCIAS — 271

CAPÍTULO XXIV

1. Nova disposição, inversão e combinação — 273
2. Que outra seqüência? — 276
3. A técnica do vice-versa — 278
4. Combinação ao infinito — 281
5. Resumo da auto-interrogação — 284
   TEMAS, EXERCÍCIOS, REFERÊNCIAS — 286

CAPÍTULO XXV

1. Como a criatividade é indispensável na ciência — 288
2. A essência da pesquisa organizada — 291
3. A imaginação na experimentação — 293
4. A imaginação em verificações científicas — 295
   TEMAS, EXERCÍCIOS, REFERÊNCIAS — 296

CAPÍTULO XXVI

1. As carreiras dependem grandemente da criatividade — 299
2. Engenhosidade em procurar vagas — 300
3. Criatividade na apresentação — 302
4. A imaginação conduz à promoção — 304
5. O segrêdo da arte de vender — 306
   TEMAS, EXERCÍCIOS, REFERÊNCIAS — 307

CAPÍTULO XXVII

1. Criatividade na chefia e nas profissões — 309
2. Os chefes bem sucedidos estimulam a criatividade — 310
3. Como os negócios colhem as idéias — 311
4. A criatividade nas profissões — 313
   TEMAS, EXERCÍCIOS, REFERÊNCIAS — 315

CAPÍTULO XXVIII

1. *A imaginação pode melhorar as relações pessoais* — 318
2. *Imaginação nas relações conjugais* — 319
3. *As ocupações domésticas desafiam a imaginação* — 321
4. *Ataques criativos aos problemas dos pais* — 322
5. *Como viver bem consigo mesmo* — 325

TEMAS, EXERCÍCIOS, REFERÊNCIAS — 328

PREFÁCIO

NA QUALIDADE de presidente da Associação Americana de Psicologia, o Dr. J. P. Guilford dedicou seu discurso inaugural ao "espantoso desprêzo pela criatividade na educação". Progressos recentes indicam estar em andamento atitude mais fecunda.

Escreveu-se êste livro com a intenção de acelerar o interêsse pela criatividade. Desde a primeira edição, em fins de 1953, publicaram-se cem mil exemplares.

Todos os sêres, em grau maior ou menor, possuem a faculdade imaginativa. É discutível se essa faculdade, por si, pode desenvolver-se mediante exercício. A questão é poder treinar o estudante a fazer uso mais produtivo das faculdades inatas que possua. Tal treinamento está sujeito a regras semelhantes às que se aplicam para aquisição de qualquer conhecimento. Aliás, a imaginação criadora constitui, em si mesma, instrumento fundamental para a aquisição do conhecimento, pois êsse conhecimento é mais utilizável quando sintetizado imaginosamente e ampliado de modo dinâmico.

IMPORTÂNCIA: A história da civilização cifra-se, em essência, no registro da capacidade criadora do homem. A imaginação constitui a pedra angular do empreendimento humano; responsável, sem dúvida, pela sobrevivência do homem como animal; e fê-lo conquistar, como ser humano, o mundo. Poderá um dia levá-lo a conquistar o universo. A utilização da energia atômica constitui triunfo espetacular da imaginação humana sôbre as dificuldades quase insuperáveis. A sociedade moderna depende, com a preeminência que empresta à síntese progressiva da ciência pura com a tecnologia, da imaginação como seiva vital. Confunde-se, axiomàticamente, o pensamento inteligente com o pensamento criador.

NECESSIDADDE NACIONAL: "Vamos supor", disse o Prof. Harry Overstreet, "que todo mundo possua poder criador; e que há maneiras de estimulá-lo e treiná-lo capazes de o ampliar muito além da condição latente. A educação ficaria revolucionada. Dirigir-se-iam as maiores energias no sentido de fazer surgir e treinar os podêres inventivos. Uma sociedade despertada pelo poder inventido seria, em seu conjunto, a mais poderosamente progressista."

XVII

A educação em criatividade poderia contribuir para compensar a falta das influências de ambiente, que nos forçavam outrora a desenvolver a imaginação. Concorreria valiosamente em prol da conservação do país. O próprio destino da nação pode depender do desafio entre a educação e a capacidade de conservar-se a dianteira criadoramente.

"Confronta-nos como educadores o desafio", disse o dr. Paul Eaton, "no sentido do desenvolvimento do engenho, da iniciativa, da fertilidade em recursos. Tal desafio reveste-se de maior importância ainda quando somos levados a verificar que a supremacia econômica dos Estados Unidos poderá vir a depender da capacidade criadora dos cidadãos, mais do que dos ricos recursos naturais por êles possuídos."

Quanto à urgência em desenvolver-se a criatividade o Reitor Pusey, da Universidade de Harvard, proclamou recentemente que colégios e universidades devem voltar-se para a animação de qualquer centelha criadora de suma importância, que marca a diferença entre o que é de primeira ordem e o que é de ordem secundária. Tal o nosso papel. E é preciso pô-lo ràpidamente em execução."

POSSIBILIDADE DE ENSINO: Autoridade acadêmica formulou a seguinte pergunta: "Mesmo que os estudantes adquiram noções bastante extensas com relação à criatividade, poderão realmente tornar-se mais imaginosos?" Respondem pela afirmativa quantos se especializaram em programas criadores. Quando se trata de desenvolver habilidades específicas do espírito, o valor do treino torna-se mais do que provável. Por exemplo, adultos que praticaram cálculo mental durante 20 minutos por dia, em menos de um mês mais do que dobraram a capacidade de calcular. Embora a matemática seja mais fácil de ensinar-se que a criatividade — é evidente que a capacidade de imaginação pode ser desenvolvida por meio da prática, pelo menos o bastante para justificar o tempo que o estudante seja levado a dedicar-lhe.

Desde que êste livro veio a lume, a possibilidade de ensinar-se a criatividade recebeu sucessivas confirmações. Por exemplo, como resultado de experiências em primeira mão, com classes de Engenharia Criadora do M.I.T.,(*), o Professor John Arnold declarou:

"A pessoa que se submeteu a um curso de processo criador apresenta maiores probabilidades de desenvolver inovações dignas de atenção do que outras que não o fizeram."

Durante mais de quinze anos a General Electric Company vem mantendo um curso de Engenharia Criadora. Em resumo, assim se afirmou o resultado dêsse curso: "Os que cursaram o programa de Engenharia Criadora continuam a desenvolver novos processos e idéias patenteáveis, em média quase três vêzes mais do que os que não o cursaram."

PESQUISA: O programa da General Electric mostra-se excepcional por ocupar muito maior número de horas estendendo-se muito mais do que o tipo comum de curso. Por outro lado, os estudantes são cuidadosamente escolhidos. De modo que é discutível se o curso de sòmente um semestre pode melhorar a capacidade criadora de uma pessoa qualquer; e no caso afirmativo, até onde.

Desde que se imprimiu êste livro pela primeira vez, respondeu-se a tal pergunta com os estudos científicos conduzidos pelos Drs. Arnold Mea-

---

(*) Instituto de Tecnologia de Massachusetts.

XVIII

dow e Sidney J. Parnes sôbre um período de 14 meses, submetendo a exame 330 estudantes da Universidade de Búfalo.

Formaram-se pares de estudantes que tinham feito o curso com outros que não tinham. Os resultados mais significativos constam do seguinte quadro:

94% DE AUMENTO EM CAPACIDADE DE PENSAR IDÉIAS APROVEITÁVEIS

(número de idéias boas dentro do mesmo período)

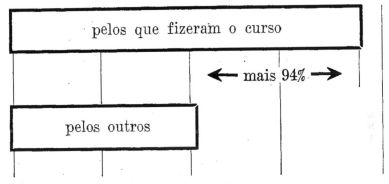

De acôrdo com esta experiência científica, os que fizeram o curso se revelaram, na média, 94% mais produtivos em boas idéias do que os outros. (As idéias que os pesquisadores consideraram boas eram as que podiam tornar-se úteis e eram relativamente originais).

Em qualquer outro assunto, quase sempre se mede a eficiência mediante exames que indicam o volume de *conhecimento* absorvido e retido pelo estudante. Ao revés, a pesquisa Meadow-Parnes media cientificamente o aperfeiçoamento da *capacidade* do estudante. Poucos cursos sujeitaram-se a prova tão rigorosa. Por exemplo, tem-se suposto que o estudo do latim "torna agudo o espírito". Esta opinião ainda sobrevive, embora nunca se tenha procurado confirmá-la, mediante pesquisa adequada.

CARACTERÍSTICAS PESSOAIS: Durante um período de 14 meses, a pesquisa Meadow-Parnes empregou onze séries de experiências, cuja eficácia foi reconhecida pcr psicologistas de renome. Certo grupo de experiências revelou melhoramento importante em características pessoais, bem como em capacidade criadora.

O Dr. Harrison Gough, da Universidade da Califórnia, tinha anteriormente criado experiências eficazes para a medida de características pessoais. Na Universidade de Búfalo submeteram-se a estas experiências 162 estudantes. Cinqüenta e quatro, que haviam feito o curso de pensamento criador, foram comparados a dois outros grupos de igual número, formados de estudantes que não tinham feito aquêle curso. Observaram-se todos, levando em conta idade, sexo e inteligência, de acôrdo com critérios severos. Os que tinham feito o curso revelaram-se marcadamente superiores aos outros, tanto em confiança em si próprios, com em iniciativa e outras qualidades de liderança.

Os projetos de pesquisa, acima referidos, constam integralmente de *The Journal of Applied Psychology* e *The Journal of Educational Psychology*. A Creative Education Foundation, Rand Building, Buffalo, 3, Nova York, distribui gratuitamente cópias dêsses projetos.

OUTRAS PESQUISAS: Durante os últimos anos, mais de uma dúzia de universidades têm feito importantes pesquisas no campo da criatividade. Contudo, em conjunto, tais estudos reportaram-se mais à *identificação* do talento criador. O projeto da Universidade de Búfalo constitui a primeira tentativa, em grande escala, para incluir o *aperfeiçoamento* na capacidade criadora. Esta medida tornou-se possível por terem feito os cursos de solução de problemas de criatividade mais de mil estudantes daquela Universidade.

Em 1955, as bases psicológicas dos princípios e processos que servem de fundamento a êste manual foram pesquisadas pelo dr. Richard Youtz, chefe do departamento de psicologia do Colégio Barnard, da Universidade de Colúmbia. (Exemplares do relatório por êle elaborado são gratuitamente distribuídos pela Fundação de Educação Criadora).

O relatório analisa tôdas as pesquisas disponíveis até aquela ocasião. Com relação ao emprêgo do processo de "brainstorming"(1) assim se exprime o Dr. Youtz: "Êstes resultados experimentais confirmam a opinião de Osborn de que se deva reservar o julgamento até ter-se chegado a soluções experimentais, já que resultados pouco satisfatórios podem conduzir ao desânimo, com a conseqüência de provocar inibição referente a qualquer progresso na imaginação de novas idéias."

Desde êsse tempo, o Dr. Sidney J. Parnes compilou um relatório de oito páginas sôbre as pesquisas mais recentes no campo do pensamento criador. Podem obter-se exemplares grátis dêste relatório na mesma Fundação acima referida.

ARTE: Alguns educadores defendem a opinião de que a criatividade é tão "inexata" que não pode ensinar-se. Com tôda a certeza, êsse assunto pode classificar-se · na categoria de "conhecimento organizado" — em pólo oposto à definição mais restrita de ciência como "conhecimento numèricamente organizado". Como arte, a imaginação aplicada possui o mesmo caráter empírico da música, pintura, arte de escrever ou de falar, filosofia, ética, religião e outros assuntos, que de há muito se aceitam como suscetíveis de ensino.

"Haverá bastante *substância* para ensinar-se?" Sinceramente, muito pouco se sabe com respeito à criatividade; mas o que impedirá expor aos estudantes, pelo menos, o que se sabe? Ainda não temos noções exatas a respeito de resfriados, câncer, pólio; entretanto, não se excluem estas moléstias do ensino da medicina.

Fatos conhecidos e teorias propostas, relativamente à imaginação criadora, fornecem bastante material de ensino. Os princípios são muito claros. Algumas técnicas, embora pouco precisas, mostraram-se aproveitáveis. Contudo, muito mais importante que êsse material pedagógico é a substância subjetiva ilimitada. Porquanto, desde o momento em que se "apresenta" ao estudante o próprio poder criador, êle verifica possuir no espírito uma fonte cada vez mais ampla de auto-revelação.

---

(1) No sentido corrente "brainstorm" é uma agitação mental passageira e intensa. (N. da Ed.)

ARTES LIBERAIS: Em 1952, quando comecei a escrever esta obra, esperava especialmente vê-la adotada pelas escolas de artes liberais.(*) Mas, na realidade temos feito muito menos progresso neste campo do que em outras seções educacionais.

A relutância por parte dos professôres de artes liberais parece correlata, principalmente, ao ceticismo com que encaram a solidez dêste ensino. Os resultados da pesquisa Meadow-Parnes podem contribuir para diminuir tal resistência. De fato, parece que algumas das escolas mais antigas de artes liberais começam a abrir-lhe as portas. O Colégio Macalester, por exemplo, deu alguns passos promissores nesse sentido. O diretor, Dr. Harvey M. Rice, advoga fortemente um tipo de educação mais criador.

O Dr. Frederick Ness, vice-presidente e deão do Colégio Dickinson, também criou um plano para uma série de grupos de alunos destinados a estudar, durante quatro anos consecutivos, os meios de desenvolver a capacidade de pensar. Os últimos dois semestres seriam destinados à meditação criadora. A faculdade já foi devidamente registrada.

INCORPORAÇÃO A CURSOS: Cada vez mais institutos de ensino superior incorporam aos cursos existentes os princípios e procedimentos expostos neste manual. Exemplo digno de nota é um curso na Universidade de Harvard, programado e ensinado pelo prof. Harry Hansen. Denomina-se "Estratégia de Venda Criadora". Comprova-se o desejo dos estudantes em serem treinados criadoramente, pela procura que teve êsse curso, quando se inaugurou em 1956: apresentaram-se candidatos em número duplo do que se podia matricular.

Indicamos, a seguir, mais alguns exemplos dessa diretiva a favor da incorporação dos ensinamentos criadores nos cursos existentes:

> *Aeronáutica* (Colégio Estadual São José)
> *Agricultura* (Purdue)
> *Arquitetura* (Universidade de Illinois)
> *Administração* (Universidade de Illinois)
> *Química* (Colégio Graceland)
> *Economia* (Universidade de Chattanooga)
> *Pesquisa educacional* (Universidade do Colorado).
> *Inglês* (Colégio Findlay)
> *Engenharia* (Universidade de Maryland)
> *Geografia* (Universidade de Oregon)
> *Discussão de grupo* (Universidade de Minnesota)
> *Relações Humanas* (Universidade de Montreal)
> *Desenho Industrial* (George Tech)
> *Jornalismo* (Universidade de Washington)
> *Arquitetura Paisagística* (Universidade de Illinois)
> *Educação Física* (Universidade de Minnesota)
> *Física* (Colégio de Longe Beach)
> *Oratória* (Universidade de Indiana)
> *Recreação* (Universidade Temple)
> *Venda a Varejo* (Universidade de Pitsburgo)

(*) Artes liberais: expressão que designa os currículos de ensino acadêmico, abrangendo línguas, ciência, filosofia, história, em oposição ao técnico e ao profissional. (N. da Ed.)

Treinamento de Professôres (Colégio Reed)
Simplificação da Trabalho (Instituto Politécnico de Virgínia).

ARQUITETURA: Como a arquitetura é fundamentalmente profissão criadora, era natural que os cursos dessa profissão procurassem incorporar a imaginação aplicada.

No Colégio Estadual de Washington, o Prof. Robert P. Darlington tem ensinado criatividade juntamente com o curso de desenho arquitetônico. Afirmou que tal ensino suplementar permitiu a um estudante "C" de arquitetura passar a "A". O projeto final dêsse jovem, um hotel de veraneio, recebeu o segundo prêmio no concurso de projetos do último ano. Observou o Prof. Darlington: "O estudante só podia atribuir ao curso de imaginação aplicada o ter obtido essa colocação."

Por conta própria, o professor assistente R.A. Di Pasquale, da Universidade de Illinois, organizou um curso de meditação criadora para os estudantes de arquitetura, como atividade criadora para os estudantes de arquitetura, como atividade extracurricular. Afirmou: "A reação foi extremamente entusiástica. Na última primavera, 45 estudantes — de todos os anos — compareceram a êste curso livre, de duas horas por semana, durante sete semanas."

EDUCAÇÃO DE ADULTOS: A automação muito tem contribuído para libertar-nos da necessidade; mas também tem conduzido à libertação do pensamento — especialmente do pensamento criador. Exige-se, hoje, que muito poucas pessoas apliquem a imaginação à tarefa que executam. Assim, também, horas cada vez mais curtas de trabalho ameaçam à nação vida mais curta, se não se ensinar o povo a *fazer* algo do tempo de lazer cada vez mais extenso — a menos que aprendam a fazer algo que os torne melhores cidadãos.

A educação dos adultos pode contribuir grandemente para compensar a influência desmoralizadora do prazer preguiçoso. Cursos em solução de problemas de criatividade podem tornar-se de grande valor, porquanto não só desenvolvem a capacidade de pensar criadoramente, como inspiram a necessidade de *agir* da mesma forma.

Eis algumas universidades que incluíram cursos de solução de problemas nos programas de educação de adultos: Universidade de Akron, Colégio Baldwin-Wallace, Universidade de Búfalo, Universidade de Chicago, Universidade de Colorado, Universidade de Dayton, Universidade Drake, Universidade de Kansas, Colégio de Long Beach, Universidade de Melbourne, Universidade de Nova Iorque, Universidade Northeastern, Universidade Northwestern, Purdue, Rutgers, Universidade da Califórnia do Sul, Universidade Temple, Universidade de Tulsa, Universidade Wayne, Universidade Western Reserve.

Número cada vez maior de escolas superiores está introduzindo cursos de meditação criadora nos programas de educação de adultos. Essas classes atraem número surpreendente de tecnologistas. Por exemplo, uma classe noturna compreendia 27 engenheiros, alguns com o grau de doutor.

O Dr. Carl E. Minnick, presidente da Associação Nacional de Educadores de Escolas para Adultos, dirige o programa noturno de Amherst, Escola Superior Central de Nova Iorque. Desde 1954 o curso incluiu a solução de problema de criatividade.

O sucesso dêste curso atraiu a atenção do Conselho da Comissão de Educação de Adultos de Kenmore, Estado de Nova Iorque. Em conseqüência, o catálogo de Kenmore, para o último outono, oferecia curso semelhante, limitado a 25 estudantes. Registraram-se 63, e por isso criaram-se duas classes:

FÔRÇA AÉREA NORTE-AMERICANA: A partir de 1954 êste manual foi adotado pelo R.O.T.C. da Fôrça Aérea, em cêrca de duzentos campos. Cursos semelhantes constam da Escola do Pessoal da Universidade do Ar e em outras seções da Fôrça Aérea.

Em novembro de 1959, o Departamento de Orientação da Fôrça Aérea deu início a uma Excursão de Educação Criadora para orientar estudantes de escolas superiores em imaginação criadora. Fizeram-se reuniões para ouvir uma conferência, acompanhada de projeções, preparadas pelo autor. Na primeira semana dessa excursão, todos os estudantes das nove escolas superiores de Austin, no Texas, receberam por essa maneira orientação em imaginação criadora.

EXÉRCITO NORTE-AMERICANO: Também se incorporou treinamento em criatividade no curso da Escola do Ajudante Geral no Forte Benjamin Harrison, na Escola Superior de Comando no Forte Belvoir e em outras seções educacionais do Exército, no território e fora dêle. Por exemplo, o Cel. William H. Hunt ministrou um curso de 32 horas na Coréia.

MARINHA NORTE-AMERICANA: Também aqui e ali, na Marinha, adotou-se o treinamento em imaginação criadora. Por exemplo, engenheiros na Estação Naval de Experimentação de Foguetes, em Dover, N. J., receberam um curso em solução de problemas de criatividade. E na U. S. Naval Ordenance Plant, em York, Penna., incorporou-se educação criadora no programa de treinamento de administração. O Ten. J. T. Rigsbee, da Unidade de Treinamento da Fôrça Nuclear Naval, comunicou ter-se ensinado imaginação aplicada a bordo do "Sea Wolf", segundo submarino atômico norte-americano.

COMANDO DO ALASCA: Pouco antes de morrer, o Secretário da Defesa, Donald Quarles, recomendou a todos os chefes de corpos a adoção de "planos e idéias destinados a aumentarem o choque e a eficácia dos esforços do Departamento de Defesa, fazendo com que o pessoal militar tivesse idéias, não só para a defesa como para a guerra fria.

O Gen. M. O. Edwards, chefe do Estado-Maior do comando do Alasca, resolveu pôr em ação essa recomendação. Em conseqüência, criou um curso de treinamento de professôres na Base Aérea de Elmendorf, para 46 oficiais escolhidos que, desde então, deram início a um programa de solução de problemas de criatividade para o Exército, a Marinha e a Fôrça Aérea, no Comando do Alasca.

REPARTIÇÕES FEDERAIS: Mais de 200 diretores de treinamento dos departamentos federais reuniram-se, em fevereiro de 1954, exclusivamente para considerarem como se poderiam utilizar da melhor maneira as técnicas expostas neste manual nos respectivos grupos. Em conseqüência, tais procedimentos foram largamente adotados pelo govêrno federal.

INDÚSTRIA: Muitas companhias incorporaram o treinamento em criatividade nos respectivos programas educacionais. Aqui estão algumas:

XXIII

Aluminum Company of America, Bell and Howell, Boeing Airplane, Chrysler, Crown Zellerback, Ford Motor, General Motors, Glenn Martin, H. J. Heintz, Hercules Powder, I. B. M., Hoover, Kroger, Lockeed Aircraft, National Cash Register, Owens-Ilinois, Pitney-Bowes, Prudential Life, Remington Arms, R. C. A., Reynolds Metals, Shell Oil, Square-D. Standard Pressed Steel, Taylor Instrument Companies, Union Carbide e U. S. Sttel.

Entre empregados de indústrias, há cada vez mais interêsse pela educação em criatividade, mesmo entre engenheiros diplomados. Em uma averiguação levada a efeito pela Minnesota Mining and Manufacturing, foram consultados 1 100 empregados tecnológicos sôbre os cursos que desejavam ver a companhia instalar. O de "Pensamento Criador" recebeu 137 votos. O segundo colheu 114. O terceiro teve 88.

Alguns dêsses prográmas internos na indústria têm grande alcance. Por exemplo, uma divisão da General Motors graduou cêrca de 500 empregados dêsses cursos. Na Usina Gary da United States Steel Corporation, 1500 empregados fizeram cursos iguais a êste. A Internacional Businnes Machines Corporation, em Endicott, N. Y., tornou acessível a todos os empregados um curso dessa natureza.

PESQUISA NA INDÚSTRIA: A. L. Simberg, da General Motors, examinou dois grupos na Seção de Velas de Ignição AC. De acôrdo com os registros do sistema de sugestões, um grupo tinha acusado situação extremamente alta em idéias aceitas enquanto o outro se revelara extremamente baixo. Tanto um como o outro grupo receberam um curso em dez sessões de imaginação criadora. No ano seguinte, o primeiro grupo aumentou o número de sugestões de 40% enquanto o segundo, elevou-se de 47%.

Antes de fazerem o curso, os que mais produziam recebiam, em média, 39 dólares por sugestão aceita. Depois do curso, a média subiu a 83 dólares. Os que forneciam poucas sugestões também acusaram melhoria — passaram de 33 a 79 dólares. Ao contrário, a compensação média para a fábrica tôda subiu sòmente de 19 para 23 dólares.

IMPLEMENTOS DE ENSINO: Cada capítulo traz uma relação de "Exercícios" sugeridos, bem como de "Temas". Embora apresentem certa utilidade, a experiência mostra que os estudantes lucram mais elaborando problemas diversos, um após outro. Por êste motivo, os instrutores poderão receber um Guia Suplementar. Êste contém as respostas aos 280 temas e exercícios e mais 100 outros problemas para uso em classe ou em casa.

Também existe um "Manual do Instrutor", com 140 páginas, de autoria do Dr. Sidney J. Parnes, diretor de Educação Criativa na Universidade de Búfalo. Fornece orientação passo a passo, sessão por sessão, para o professor seguir ou adaptar. Êste manual baseia-se nas experiências pessoais do autor na condução de dezenas de cursos na Universidade de Pitsburgo, e outras, durante os cinco últimos anos.

Publicou-se igualmente um "Manual para o Estudante". Também êste resultou da experiência do Dr. Parnes, como professor de cursos de solução de problemas de criatividade. Escreveu-o para preencher uma lacuna, que se tornava cada vez mais evidente. Os instrutores estão autorizados a usar livremente o Manual, de qualquer maneira que julguem . conveniente.

Para o início do curso fornece-se uma conferência acompanhada de projeções. A Fundação da Educação Criadora distribui ainda cópia, tudo gratuitamente.

XXIV

Também se podem conseguir dois filmes:

1. *Filme Christopher.* O Pe. James Keller, dos Christophers, produziu êste filme sonoro de 16 mm, de 25 minutos de exibição, para ser usado em 357 estações de televisão. Representa uma demonstração real de uma sessão de "brainstorming" respeito ao problema de como uma comunidade pode testemunhar maior aprêço pelos professôres. A Fundação aluga-o mediante modesta contribuição.

2. *Filme Garry Moore.* Êste filme de 16 mm, duração de 20 minutos para cinescópio (cinema falado) de um espetáculo matinal de Garry Moore em uma rêde da CBS, representa uma demonstração real de uma sessão de "brainstorming", relativa ao problema de como as mulheres podem tornar-se melhores auxiliares dos maridos. A Fundação também o aluga nas mesmas condições.

ALTERAÇÕES NO TEXTO: A edição anterior dêste manual já representava revisão radical, especialmente quanto à seqüência dos capítulos. Em quase tôdas as classes que haviam usado edições anteriores, o ensino tinha sido ministrado sob a forma de autodemonstração, mediante ideação conjunta e oral por parte dos estudantes. Nas primeiras edições o capítulo que expunha essa colaboração vinha no fim; agora se encontra mais perto do início do livro.

Desde a publicação da última edição tem-se manifestado forte tendência em substituir a denominação do primeiro passo no procedimento de solução de problemas de "orientação" para "direção". O último têrmo descreve mais exatamente a função de preparar-se o problema para ataque criador. Estamos de acôrdo em que "direção" é mais significativo do que "orientação". Na próxima edição introduziremos esta modificação.

Assim também, desde a publicação da última edição, os professôres passaram a considerar o "brainstorming" como *princípio* fundamental. Isso criou distinção muito mais profunda entre o "brainstorming" *individual* e o de *grupo.* Pede-se aos estudantes que lembrem êsse fato ao lerem o texto.

PRINCÍPIO DO "BRAINSTORMING": A edição original dêste manual considerava o "brainstorming" principalmente como procedimento de ideação por grupos. Nos últimos anos o têrmo evoluiu, até que hoje se refere a princípio fundamental — o do julgamento em suspenso — princípio êsse que a pesquisa científica revelou altamente produtivo tanto em esfôrço individual como em grupo.

A base dêsse princípio consiste na alternação deliberada dos processos de pensamento. Em outras palavras, deve-se "ligar" uma vez o espírito de julgamento e outra vez o de imaginação, *em lugar* de pensar simultâneamente, não só pelo aspecto crítico como pelo imaginoso.

Em certa parte da pesquisa Meadow-Parnes na Universidade de Búfalo, um grupo, em conjunto e oralmente, atacou por "brainstorming" um problema, enquanto igual número de ideadores, individualmente, o atacavam também — mas da maneira ordinária, *sem* suspender o julgamento durante o esfôrço de ideação. O grupo produziu 70% mais idéias aproveitáveis do que os ideadores isolados.

Outra experiência científica revelou que, quando os ideadores *individuais* adotam o princípio de "brainstorming", que manda suspender o julgamento, produzem quase duas vêzes mais idéias aproveitáveis do que quando permitem ao julgamento embaraçar a ideação.

XXV

Estas e outras descobertas da pesquisa científica confirmam os palpites de muitos gênios do passado. Por exemplo, o poeta dramático Frederico Schiller assinalou a essência do princípio da suspensão do julgamento, em carta um amigo, 170 anos atrás. O amigo perguntara qual a maneira para aumentar a produção de idéias. Schiller respondeu: "Prejudica o trabalho criador do espírito se o intelecto examina perto demais as idéias que vão surgindo."

Eventualmente deve lembrar-se mais uma vez que a parte correspondente à produção de idéias no processo de solução de problemas exige, idealmente, esta tríplice ação: 1) "brainstorming" individual; 2) "brainstorming" de grupo; 3) "brainstorming" individual.

A pesquisa Meadow-Parnes confirmou, igualmente, que a quantidade favorece a qualidade na produção de idéias. As descobertas, neste caso, revelaram que produziam pelo menos duas vêzes mais idéias boas, no mesmo período, os que, imaginavam duas vêzes mais idéias. A experiência tem demonstrado, uniformemente, que a segunda metade de uma sessão de "brainstorming" produz melhores idéias do que a primeira.

Anàlogamente, o princípio de "brainstorming" resume-se no seguinte: "Correndo ao encalço de idéias podemos ir muito mais depressa se retiramos o pé do freio."

OUTROS MÉTODOS: A produção de idéias, tal como por meio de "brainstorming", passou em geral a reconhecer-se como a parte mais importante do processo de resolver problemas pela criatividade. Em conseqüência, procuraram inventar outros métodos de ideação que produzissem resultados semelhantes aos que o "brainstorming" proporcionava.

Como o texto dêste manual não expõe tais métodos, damo-los aqui.

MÉTODO GORDON: Na "Criatividade Operacional" de William J. J. Gordon, a discussão do grupo explora primeiro todos os aspectos possíveis da maneira mais ampla .de encarar o problema. Por exemplo, quando se trata de inventar um abridor de latas, o grupo Gordon discute a abertura. O grupo discutirá primeiramente todos os significados da palavra, e todos os exemplares possíveis de abertura em objetos físicos, em a natureza etc. Êste processo tende a revelar maneiras de ver extraordinárias, que comumente se não associam com o problema e m causa. Mais tarde, o grupo explora e desenvolve os aspectos assim ocultos.

Em "brainstorming" por grupo, a exploração preliminar da formulação mais ampla possível do problema executa-se de antemão, seja mediante um indivíduo ou um grupo. Escolhe-se, dêsse modo, a maneira científica de encarar o projeto para o ataque criador na sessão de "brainstorming". Dá-se, por essa forma, a maior atenção ao preparo do problema nos métodos de Gordon e de "brainstorming", mas por maneiras diferentes.

Para maiores informações a respeito do método Gordon, escrever ao Dr. William J. J. Gordon, Authur D. Little, Inc., Cambridge, Massachusetts.

RELAÇÃO DE ATRIBUTOS: Empregam-se muitos processos diferentes de relações de verificação para estimular idéias. O capítulo XVII discute algumas.

O Prof. Robert P. Crawford criou outro método de relação de verificação para estímulo de idéias, sob o nome de "Relação de Atributos". O encarregado da solução de um problema faz a relação dos vários atributos de um objeto ou de uma idéia. Em seguida, volta a atenção especìfica-

XXVI

mente para cada um dêsses atributos, utilizando-os como relação de verificação para levá-lo a encarar todos os aspectos do problema. Por exemplo, se tivéssemos de considerar os atributos da chave comum de parafusos, poderíamos fazer a seguinte relação: 1) redonda; 2) haste de aço; 3) cabo de madeira, prêso à haste; 4) extremidadr em bisel para entrar na fenda do parafuso; 5) operada manualmente; 6) torsão fornecida pela ação muscular em volta.

Para inventar chave de parafuso melhor, podia-se focalizar a atenção, separadamente, sôbre cada um dêsses atributos. Por exemplo: a haste redonda poderia ser hexagonal, de sorte a poder-se empregar uma chave inglêsa para aumentar o esfôrço de torsão; ao invés do cabo de madeira poder-se-ia usar um cabo de matéria plástica etc. Poderiam imaginar-se, dessa forma, muitas variações em relação a cada atributo.

Relativamente a maiores detalhes dêste método, escrever ao Prof. Robert P. Crawford, P. O. Drawer 1321, Lincoln, 1, Nebraska.

CORRELAÇÕES FORÇADAS: Charles Whiting define as "Correlações Forçadas", por êle inventadas, como "técnicas para indução de idéias originais, que dependem da criação de uma correlação forçada entre dois ou mais produtos ou idéias normalmente não relacionados, como ponto de partida para o processo de geração de idéias". Um exemplo dêsse método implica a consideração de cada idéia em uma relação com as idéias relacionadas de outro lado.

Exemplificando como produzir novas idéias de artigos para uma fábrica de equipamentos para escritórios, o Sr. Whiting apresenta a seguinte relação do que está sendo já fabricado: secretária, cadeira, lâmpada de mesa, arquivo, estante de livros.

A primeira correlação a considerar-se deve ser entre a secretária e a cadeira. Dêsse ponto de partida, o ideador procurá iniciar uma cadeia de livres associações, que podem conduzir a idéias de novos produtos. Podem surgir sugestões que exijam uma unidade combinada, para guardar ou recolher a cadeira na secretária etc.

Quanto à correlação entre a secretária e a lâmpada, as idéias, na maior parte, diriam provàvelmente respeito às várias maneiras de integrar-se a lâmpada no desenho da secretária — como sejam lâmpadas que se possam recolher ou que se manobrem por meio de botões. Julgamento posterior determinaria qual dessas idéias poderia merecer maior consideração.

Para maiores informações sôbre o método das "Relações Forçadas" escrever a Charles S. Whiting, Creative Training Associates, P. O. Box 913, Grand Central Station, New York, 17, New York.

ANÁLISE MORFOLÓGICA: Êste método pertence à análise da estrutura. Uma vez analisada esta, lança-se mão de técnicas de relações forçadas, a fim de criar inúmeras possibilidades de idéias.

Os Drs. Fritz Zwicky e Myron S. Allen são dois cientistas notáveis na utilização dêste processo. O Dr. Parnes simplifica a análise morfológica para os estudantes aplicando tal processo ao problema não-técnico de provocar uma campanha de promoção de vendas para uma confeitaria do centro da cidade. Neste caso, três das variáveis independentes seriam: 1) a ocasião ou oportunidade para a promoção; 2) os tipos de perspectivas; 3) o meio ou o método de informar o público.

"Podíamos imaginar umas dez idéias para cada uma destas três circunstâncias", diz o Dr. Parnes. "Em outras palavras, cêrca de dez ocasiões

XXVII

ou oportunidades para a promoção, cêrca de dez para as perspectivas e cêrca de dez meios ou métodos de informação ao público.

"Procura-se fazer, em seguida, a correlação de cada uma em *1* com as de *2* e *3*. Haveria, assim, mil combinações possíveis ou idéias específicas." Neste caso, a fim de simplificar, o Dr. Parnes faz uso sòmente de três variáveis. Contudo, poderá haver um número qualquer de variáveis independentes a relacionarem-se de qualquer maneira, conduzindo a muitas outras idéias ou perspectivas.

O Dr. Parnes resume o processo nas seguintes palavras: "É evidente que, quanto mais imaginação usarmos para formar a relação de variáveis independentes e para imaginar idéias sob cada variável independente, tanto maior será o número de combinações possíveis que poderemos conceber por meio da análise morfológica."

Para maiores informações pode escrever-se ao Dr. Myron S. Allen, Long Bach City College, Long Beach, Califórnia.

FUNDAÇÃO DA EDUCAÇÃO CRIADORA: Esta constituiu-se nos princípios de 1954, tendo por objetivo particular animar o espírito de criatividade na educação americana. Além do autor, o corpo de fundadores compreende:

Dr. Lee H. Bristol Jr., da Bristol-Meyers Company, Nova York, graduado do Colégio Hamilton, ex-presidente de The Laymen's Movement of America;

Whitworth Ferguson, ex-membro da Congregação M. I. T., presidente da Ferguson Electric Construction Company, presidente da Câmara de Comércio de Búfalo;

Seymour H. Knox, presidente do corpo de diretores da Universidade de Búfalo, membro do Conselho da Universidade de Yale;

Welles V. Moot, graduado da Escola de Direito de Harvard, durante muitos anos governador do Estado de Nova Iorque.

Todos os direitos de propriedade dêste manual foram irrevogàvelmente destinados à Fundação. Outras rendas resultam de doações do autor e de outros. As maiores verbas destinam-se a pesquisas e a aparelhamento de ensino, conforme prèviamente se descreveu.

AGRADECIMENTOS: Ocuparia muito espaço a expressão de minha gratidão a todos quantos ajudaram a tornar êste livro uma realidade. Gostaria, contudo, de mencionar particularmente o que devo a DeWitt Wallace, editor de *The Reader's Digest*, que, em 1939, fêz nascer em mim o interêsse predominante pela criatividade.

Devo, também, agradecimentos especiais a Charles H. Clark. A bibliografia que se encontra neste volume foi quase tôda por êle preparada. Enquanto fazia o curso de aperfeiçoamento em educação na Universidade de Pensilvânia, não só me ajudou em tal pesquisa, mas sugeriu problemas e exercícios que foram incluídos no texto e no manual que o acompanha.

ALEX F. OSBORN

OFERTA AOS EDUCADORES: *Todo educador que cogite da adoção de* Applied Imagination *para uso múltiplo poderá obter grátis um exemplar daquele livro e do* Manual of Instruction. *Devem endereçar os pedidos a:* The Creative Education Foundation, Inc., 1614 Rand Building, Buffalo 3, New York.

A. F. O.

XXVIII

O PODER CRIADOR DA MENTE

CAPÍTULO I

A enorme importância da imaginação

DE UM PONTO de vista funcional as nossas habilidades mentais podem classificar-se, de forma simplificada, conforme a seguir indicamos:

1. Absortiva — habilidade de observar e de aplicar a atenção;
2. Retentiva — habilidade da memória em gravar e lembrar;
3. Raciocinativa — habilidade de analisar e julgar;
4. Criadora — habilidade de visualizar (ou ver mentalmente), prever e gerar idéias.

Os cérebros eletrônicos conseguem hoje realizar, até certo ponto, as três primeiras dessas operações; mas ainda se pode afirmar que máquina alguma será algum dia capaz de gerar idéias. Embora se possa pôr em dúvida a afirmação de Albert Einstein de que "a imaginação é mais importante do que o conhecimento", é quase axiomático ser o conhecimento mais poderoso quando aplicado criadoramente.

A fôrça potencial da imaginação criadora não tem limites. Por exemplo, Júlio Verne raramente deixava o sos-

3

sêgo do lar; entretanto, verificou poder a imaginação levá-lo em tôrno do Mundo, 20 mil léguas por dentro do mar e mesmo até à Lua. Aos que lhe zombavam das idéias, Júlio Verne replicava: "Seja o que fôr que um homem possa conceber, outros serão capazes de de executar."

E hoje vemos um nôvo *Nautilus*, o protótipo do submarino há 70 anos imaginado por Júlio Verne — com a única diferença de ser impulsionado pela energia atômica.

Há muito tempo os maiores pensadores reconheceram na imaginação a prístina fôrça do espírito humano. Concordaram com a conclusão de Shakespeare, ao afirmar que essa centelha divina é que torna o homem "o tipo de perfeição animal".

A própria civilização é, em si, o produto do pensamento criador. Escreveu John Masefield, a respeito do papel que têm representado as idéias na marcha progressiva da Humanidade: "O corpo do homem é defeituoso, o espírito desleal, mas a imaginação fê-lo notável. Em alguns séculos, a imaginação transformou a vida neste planêta na prática intensa de tôdas as energias mais encantadoras."

O Dr. James Harvey Robinson foi ainda mais longe, quando disse: "Se não existisse o *esfôrço criador*, lento, penoso e constantemente contrariado, nada mais seria o homem que certa espécie de primata, a viver de sementes, frutos, raízes e carne crua."

Ninguém jamais saberá a quem se deverão erigir monumentos por descobertas tão indispensáveis como o uso do fogo. Esta descoberta e a roda, outro triunfo criador, provêm da Idade da Pedra.

Até o ano mil de nossa era usou-se a roda principalmente em carros de guerra. Foi quando alguém teve a idéia de empregá-la com o fim de poupar as costas sob a forma de roda de água. Ao tempo da conquista da Inglaterra por Guilherme, o Conquistador, sòmente nessa pequena região mais de cinco mil moinhos eram acionados por fôrça hidráulica.

"Foi a imaginação", disse Victor Wagner, "que levou o homem a estender o polegar inventando o tôrno de bancada — a reforçar o punho e o braço criando o martelo. Passo a passo, a imaginação do homem tentou-o, conduziu-o e muitas vêzes impeliu-o para as alturas maravilhosas de poder, que hoje ocupa tão sagazmente."

Um professor da Universidade de Yale avaliou que, graças às máquinas criadas pelo homem, uma pessoa dispõe, em média, de uma fôrça de trabalho igual à fôrça muscular de 120 escravos.

Charles F. Kettering, entre outros, tem a certeza de que tal progresso continuará: "Cada dia em que se destaca uma fôlha do bloco da folhinha cria-se nôvo lugar para novas idéias e para o progresso."

2. A imaginação fêz a América do Norte

Faz sòmente 500 anos que a Europa começou a considerar a fôrça do pensamento, especialmente a do pensamento criador, no mesmo pé de igualdade com a fôrça bruta. Essa nova atitude emprestou vitalidade à Renascença.

A América do Norte constituiu-se em beneficiária feliz do surto criador que invadiu o mundo ocidental. Conforme disse *The New Yorker:* "Os Estados Unidos são feitos de idéias." Sem dúvida alguma, as novas alturas no padrão de vida alcançaram-se por meio do pensamento criador.

Nova idéia, herdada da Europa pela América do Norte, foi o emprêgo do fogo por meio de um motor de combustão interna. Daí surgiu a indústria automobilística, sem a qual o padrão americano de vida seria muito mais baixo. Mais de nove milhões de pessoas tiram a subsistência dessa indústria.

Idéias sôbre Agricultura tornaram muito mais rico o solo já rico do país. O gênio criador, derramado sôbre a maquinaria agrícola pelos McCormicks e Deeres, tornou possível a cada lavrador a produção de muito mais alimento do que anteriormente. Nos primeiros tempos, eram necessários 19 lavradores para o sustento de um morador das cidades. Hoje em dia, 19 lavradores produzem alimento suficiente para si e mais 66 outras pessoas.

Quem poderia ter previsto, em 1900, as mudanças que desde então se processaram na América do Norte? Do carro de tração animal para o automóvel e o avião a jato... das estradas de ferro e correio com transporte terrestre para o telefone transatlântico, rádio e televisão... dos barcos vagarosos para o *Queen Mary.* (E em 1955 mais passageiros atravessaram o Atlântico de avião do que em navio).

5

Do lampião a querosene à iluminação indireta... do enxôfre e melaço para o sulfatiazol... de vitrolas de corda manual à alta fidelidade... dos leques de fôlhas de palmeira ao ar condicionado... dos fogões a carvão para aquecimento interno ao aquecimento elétrico embutido nas paredes... das adegas frias nos porões aos congeladores domésticos... da trombeta acústica aos transistores.

Contudo, sòmente há muito pouco tempo se reconheceu, mesmo na América do Norte, o *valor* da imaginação. Há alguns anos a Chrysler Corporation começou a saudar a imaginação como "a fôrça diretora" que "ilumina as estradas do futuro, explora no dia de hoje a fim de descobrir os indícios do dia de àmanhã, pesquisa maneiras melhores para todos nós vivermos e trabalharmos". E a Aluminum Company adotou recentemente uma palavra inventada de pouco, "imagineering", significando "deixar a imaginação pairar nas alturas e depois monobrá-la, fazendo-a descer à Terra. O fabricante pensa nos artigos que costumava preparar e verifica que, se encontrar maneira de fazê-los extremamente melhores, talvez nunca mais os fregueses venham a procurá-los no futuro".

Dêsse modo a concorrência forçou a organização americana de negócios a reconhecer a importância do esfôrço criador consciente. De tal maneira que, cada vez mais, o coração e o centro de quase tôdas as companhias manufatoras prósperas se encontram na pesquisa criadora. Pouco mais fazia a pesquisa industrial que ir além de desmanchar os artigos dos concorrentes, com o fito de ver como e por que funcionavam. A nova pesquisa acresce a esta simples indagação os fatos da função criadora, definida e consciente, visando descobrir *novos* fatos, chegar a *novas* combinações, encontrar *novas* aplicações. Graças a pensadores da categoria do Dr. James B. Conant, reconhece-se hoje, mais do que nunca, a importância da imaginação para a ciência.

3. *Os problemas públicos exigem criatividade*

Infelizmente, porém, os problemas mais novos e urgentes da América do Norte não consistem tanto no melhoramento dos *produtos* mas na solução dos problemas *humanos*. Sobrepujando a todos êles salienta-se o impasse internacional.

Aplicamos-lhe enorme esfôrço de pesquisa, mas sob a forma pouco eficaz de meramente descobrir fatos, fazendo em seguida diagnósticos. Para chegar a idéias novas e boas, que poderão contribuir para resolver os problemas *humanos* mundiais, não existe *esfôrço criador consciente que se compare, de qualquer modo, ao que está fazendo a pesquisa científica com o fito de aperfeiçoar os produtos industriais.*

"Exploramos e deploramos, sòmente isto e nada mais", disse cìnicamente um senador, a respeito do hábito nacional de esgotar todos os esforços em achar fatos e depois fracassar quando se trata de aplicar o esfôrço criador aos fatos, conforme se encontraram. Ao discuti-lo com David Lawrence, êste observou-me:

"Em 1933, em Washington, tive a oportunidade de examinar milhares de cartas endereçadas a congressistas, funcionários, redatores e colunistas, tôdas discutindo as dificuldades do país. Delas ressaltava êsse fato interessante: tôdas dedicavam, muito inteligentemente e por igual, algum tempo à análise das causas da situação, embora não estivessem todos de acôrdo. Contudo, uma vez feita a análise, parecia ter-selhes esgotado a energia. Faltava-lhes a centelha criadora, tão urgentemente necessária."

"O desfecho fundamental dos nossos tempos", disse Raymond Fosdick, "consiste em saber se poderemos desenvolver compreensão e sabedoria suficientemnte fidedignas, de modo a servirem de roteiro na solução dos problemas das relações humanas." Recomendava mais pesqüisas; e, sem dúvida alguma, terá de haver mais estudos científicos com o objetivo de esclarecer os problemas públicos. Todavia, as investigações não podem conduzir a soluções senão apetrechadas por *idéias.* A pesquisa atômica teria conduzido a um fracasso se os cientistas não tivessem pensado além dos fatos e além das técnicas conhecidas. Resolveu-se o átomo mediante as *novas* técnicas que imaginaram e as inúmeras hipóteses que sonharam.

4. *Problemas comunais*

Em tôdas as comunidades verifica-se a necessidade gritante de mais pensamento criador. Dezenas de problemas municipais pedem idéias — por exemplo, planejamento e segurança de tráfego.

Em Nova Iorque, Robert Moses mostrou o que pode fazer a imaginação. Se, tècnicamente, fôsse o maior engenheiro do mundo, não poderia ter levado a efeito metade do que, pela área metropolitana da cidade, fêz pelo poder criador que introduziu no planejamento realizado. William Zeckendorf também dotou Nova Iorque com idéias. Algumas talvez nunca se realizem, como a cidade dentro de si mesma na parte baixa de Manhattan, com uma coberta tão grande que poderia servir como outro Campo La Guardia. Também imaginou a nova cidade-sonho que se ergueu na parte baixa do Lado Leste para abrigar a grande população da Organização das Nações Unidas. John D. Rockefeller Jr. apreciou tanto essa idéia de Zeckendorf, que doou 26 milhões de dólares para aquisição dos terrenos.

Em problemas de tráfego, as idéias salvam vidas. Búfalo, minha cidade natal, tem sido constantemente classificada, pelo Conselho de Segurança Nacional, como ocupando o primeiro lugar dentre tôdas as grandes cidades norte-americanas na prevenção de acidentes mortais de tráfego. Deve-se esta posição, principalmente, ao pensamento criador do chefe voluntário do grupo local de segurança, dono de uma fábrica, de nome Wade Stevenson. Uma das novas idéias introduzidas por êle foi a de dramatizar as virtudes da boa direção. Ao invés de entregar intimações, a polícia distribui flôres. Em uma tarde, a patrulha de William Collins e James Kelly deu ordem a 25 senhoras, que estavam dirigindo carros, que parassem junto do meio-fio e distribuiu-lhes flôres pela direção cuidadosa.

A fim de fazer que a democracia funcione conforme deve, é da maior importância conseguir que todo mundo vote. A cidade de Pontiac, no Michigan, adotou nova idéia com êsse objetivo. Tôdas as igrejas da cidade fazem soar os sinos, simultâneamente uma vez por hora, enquanto funcionam os postos eleitorais.

5. *Problemas nacionais norte-americanos*

Difìcilmente se encontra uma fase da vida nacional que não reclame aperfeiçoamento; e em quase todos os casos, a solução encontra-se em pensamento criador, mais intenso e melhor. Tome-se, por exemplo, o problema desconcertante do trabalho e do capital. "A solução ainda não está à vista", disse o Senador Irving Ives; "mas se dispensássemos ao pensamento de novas *idéias*, destinadas a resolverem as complicações do trabalho, metade do esfôrço empregado em descobrir *fatos*, ficaríamos em condições de economizar muitos anos a fim de fazer surgir a ordem do nosso caos industrial."

Se o leitor fôsse ministro da pasta do Trabalho, não gostaria de ter um grupo próprio para criar idéias, nada tendo pròpriamente a fazer além de pensar idéias — novas idéias que se pudessem julgar, adotar, modificar ou combinar para entrarem em uso?

Alguns inimigos da América têm a esperança de que êste país cairá pelo colapso das finanças nacionais. O problema dos impostos, portanto, impõe-se antes de tudo. Por que durante tanto tempo temos ficado a tropeçar de um expediente para outro, em vez de criar um plano a longo prazo de tributação sadia?

Nos problemas nacionais, a América do Norte precisa do melhor pensamento das pessoas com maior capacidade criadora. Vez por outra convidam algumas para Washington, a fim de auxiliarem, principalmente em tempo de guerra. Durante a Primeira Guerra Mundial convidaram Thomas Edison, não para que contribuísse com os conhecimentos científicos, mas para pensar a maneira de salvar os lavradores. Foi êle quem sugeriu o plano que, em essência, se tornou o "celeiro sempre normal".

Por que Washington utiliza tão pouco os cidadãos de pensamento criador durante os tempos de paz? Um dos motivos consiste em ter de exigir-se-lhes poder demasiado de julgamento — capacidade para julgar, impossível de conseguir sem reconhecimento mais profundo do assunto, e daquele que se pode adquirir ràpidamente. Por que não solicitar a êstes espíritos criadores que exerçam tão-só função criadora? Por que não *dividir* cada problema, de sorte que um grupo de peritos experimentados se encarregue de descobrir os fatos e julgá-los judiciosamente, enquanto os consultores-criadores sòmente se concentram na sugestão de idéia após idéia?

6. *A arte internacional de vender*

Sejam quais forem as idéias que os americanos pensem, a fim de resolverem problemas no nível nacional ou internacional, poderão ainda ficar perdidos se não dispuserem de bastante poder criador para cortar o nó górdio internacional. Constituiu-se em grande desafio a maneira por que se pode fazer a América do Norte cair nas graças dos povos do mundo.

O engenho americano muito contribuiu para ganhar a última guerra; contudo, na guerra fria que se declarou desde então, as idéias russas revelaram-se bastante fortes para nos fazerem voltar à frente européia, passo a passo. "Idéias têm-se de combater com idéias" pronunciou Ernst Hauser... "Na tentativa de conservar a linha de frente americana contra a Rússia, na Europa, ainda não começamos a empregar armas ideológicas."

Se Drew Pearson tivesse esperado que legisladores e burocratas lhe abençoassem o "Trem da Amizade", esta idéia teria morrido no nascedouro. Contudo, êle foi para a frente, à própria custa; quase sòzinho, revelou como a América do Norte pode fazer chover dádivas de tal maneira que os receptores estrangeiros nos reconheçam a generosidade e nos apreciem as doações.

A "idéia de Dunquerque" revela-se outro exemplo valioso. "Êste milagre de última hora", escreveu Meyer Berger, "teve origem nesta cidade enegrecida pela fumaça, às margens do tempestuoso Lago Erie. Espalhou-se com rapidez maravilhosa por inúmeras cidades dos Estados Unidos. Dunquerque, no Estado de Nova Iorque, considerou Dunquerque, da França, como uma espécie de cidade-irmã. A pequena população daquela cidade americana estabeleceu laços de ardente amizade com a população francesa da do mesmo nome no Mar do Norte. Americanos de outros Estados observaram essa amizade e acharam-na consoladora, genuína. Procuraram imitá-la."

O govêrno federal norte-americano bem poderia ter apoiado a idéia de Dunquerque — não para executá-la totalmente, mas esposando-a. Quando em guerra, o govêrno de Washington acertadamente ajuda a organização local de campanhas voluntárias para colocação de bônus por todo o país. Da mesma forma o govêrno poderia apoiar movimento desta espécie, que, se multiplicado por tôda parte, resultaria em maiores laços de amizade com a Europa do que os bilhões de dólares dispersados em medidas simplesmente rotineiras.

O Trem da Amizade e o Milagre de Dunquerque formam os modelos do que precisamos, com esperanças de que outros hão de vir. Por exemplo, por que os americanos naturalizados não escrevem às respectivas famílias, no estrangeiro, dizendo a verdade sôbre a América? Esta idéia *foi* posta em execução por milhões de nossos concidadãos, a fim de impedir que a Itália caísse nas garras de Moscou na eleição de 1948.

"O inspirador mais eficaz de cartas", escreveu Drew Pearson, "foi Generoso Pope, o ítalo-americano editor de jornais em Nova Iorque, que organizou clubes para se escreverem cartas e comissões entre ítalo-americanos através dos Estados Unidos. Êle calcula que, sòmente para a Itália, se enviaram dois milhões de cartas ou mais... Igualmente eficazes poderiam ser as cartas que se enviassem para trás da Cortina de Ferro... Qualquer americano pode alistar-se automàticamente no exército popular para a paz ocupando-se de tôdas as maneiras com a formação da amizade americana."

Por que não procurar sugestões de amadores para a nossa guerra fria, como as solicitamos para a última guerra mundial? O Conselho Nacional de Inventores apresentou duzentas mil idéias entre 1942 e 1945 — muitas delas pareciam "loucas" à primeira vista, mas, bem apuradas, contribuíram para acelerar em direção à vitória as fôrças armadas americanas."

Ou por que não organizar um grupo de pensadores-criadores no Departamento do Estado, que tivesse sòmente uma função — maneiras novas e mais numerosas para ganhar a amizade do resto do mundo? Êste grupo ficaria sentado semanas a fio acumulando alternativas. Uma comissão de estadistas experimentados poderia, então, escolher dessa colheita semanal as poucas idéias que julgasse mais promissoras. De maneira mais ou menos semelhante, precisamos utilizar mais a fôrça criadora em os nossos problemas internacionais. Precisamos de maior ousadia. Precisamos de mais *audácia* em ideação persuasiva, *da mesma sorte que se precisa ter audácia em conflitos armados.*

7. A arte de estadista internacional

Precisa-se até muito mais de pensamento *criador* na arte de estadista internacional do que na arte internacional de vender. Teremos de gastar bilhões de dólares e montanhas de imaginação preparando-nos para a guerra. E, entretanto, para evitar a guerra, que faremos? Entregar-nos como vítima aos acontecimentos ou imaginar os movimentos que poderão *"fazer* as circunstâncias"? Se as fôrças armadas têm necessidade de um Estado-Maior para criar a estratégia militar, por que não precisaremos de um grupo criador do Planejamento de estratégia da paz?

"Reconheço", observou David Laurence, "emprega-se muita pesquisa nos problemas internacionais, mas principalmente sob a forma de descobrir fatos e fazer diagnósticos. Pouco se faz sob a forma de esfôrço *criador* consciente, para chegar a idéias novas e boas que sirvam para guiar a política internacional — relativamente *nada* em comparação com o esforços levados a efeito pelos industriais para melhorar os artigos produzidos."

Na carta aos Coríntios, S. Paulo falou. "do que *não* é" como chave para reduzir a nada "o que *é*". Os atritos entre as nações são "o que é", enquanto "o que não é" são as idéias que ainda estão por nascer — *novas* idéias que contribuiriam para a cooperação internacional.

Tais idéias exigem pensamento não-convencional — sendo muita vez a idéia certa o oposto à idéia óbvia. Exemplo disso é a sugestão formulada pela França, para facilitar a solução do problema da Alemanha. O movimento não-imaginoso seria banir todos os alemães; ao invés, aquêle país convidou grande número de antigos nazistas a viver sob o estandarte tricolor.

Se o leitor fôsse secretário de Estado, de viagem para Moscou, não gostaria de ter um grupo de estrategistas altamente inteligentes, que não fizessem outra coisa senão imaginar cem movimentos diferentes a fazer enquanto lá estivesse?

Suponha-se que o leitor, como secretário de Estado, auxiliado judiciosamente pelos assessôres, tivesse de ponderar essas cem idéias. Ao primeiro exame, metade poderia ser posta de lado. Outras trinta seriam afastadas em nôvo exame; mas ainda ficariam vinte. Poder-se-iam combinar algumas dentre elas — ou mesmo algumas das que se afastaram — para formar cinco idéias ainda melhores. Iria então a Moscou armado com 25 alternativas promissoras — 25 sugestões construtivas, a serem apresentadas aos estadistas europeus. Êste corpo de estrategistas seria composto, sem dúvida, por indivíduos ao mesmo tempo altamente capazes de criar e bastante conhecedores de assuntos internacionais. Se do trabalho de tal grupo, durante um ano, resultasse apenas uma idéia aproveitável, o preço dela não passaria de alguns cruzeiros em comparação com o custo de uma única bomba atômica.

Êste capítulo apreciou algumas das aplicações da imaginação a problemas locais e internacionais. Outros capítulos mostrarão qual o papel que a criatividade pode representar em vocações e profissões, bem como em quase tôdas as fases da vida individual.

TEMAS

1. John Masefield dizia: "O corpo do homem é defeituoso, o espírito desleal, mas a imaginação fê-lo notável." Até que ponto o leitor julga aceitável tal afirmativa? Discutir.
2. Citar algumas das invenções que tornaram possível a indústria automobilística. Discutir.
3. Quais os problemas comunais que exigem pensamento criador? Discutir.
4. Como aumentou a produção americana de alimentos *per capita* e por quê?
5. Qual, dentre os problemas que agora o preocupam pessoalmente, precisaria mais de solução criadora?

EXERCÍCIOS

1. Quais as soluções que pode sugerir para o problema de estacionamento de automóveis no centro da cidade?
2. Que idéias pode formular para conseguir que os motoristas dirijam com mais segurança para os pedestres?
3. Se você tivesse um filho que se inclinasse pelo comunismo, que faria para corrigi-lo?
4. Quais os meios que sugeriria para conseguir que maior número de cidadãos vote?
5. Indique todos os usos possíveis para um tijolo comum.

13

REFERÊNCIAS

BURLINGAME, ROGER — *Engines of Democracy; Inventions and Society in Mature America.* New York, Charles Scribner's Sons, 1940.

FORBES, R J. — *Man the Maker.* New York, Henry Schuman, 1950.

GUILFORD, J. P. — "Creativity", *American Psychologist.* Sept. 1950.

MUMFORD, LEWIS — *Tecnics and Civilization,* New York, Harcourt, Brace and Company, 1938.

RICKARD, THOMAS A. — *Man and Metals.* New York, McGraw-Hill Book Company, Inc., 1932.

ROBINSON, JAMES HARVEY — *Mind in the Making.* New York, Harper and Brothers, 1939.

RODGERS, CLEVELAND — *Robert Moses,* New York, Henry Holt and Company, 1952.

ROGIN, LEO — *The Introduction of Farm Machinery in Its Relation to the Productivity of Labor in the Agriculture of the United States during the 19th Century.* Berkeley, University of California Press, 1931.

WEAVER, HENRY GRADY — *Mainspring.* Detroit, Talbot Books, 1947.

CAPÍTULO II

Universalidade do talento imaginativo

"QUEM, *eu?* Porque não poderia conceber uma idéia se o tentasse". Sòmente um débil mental se poderia expressar por essa forma; pois é esmagadora a prova de ser a imaginação tão universal quanto a memória.

Experiências científicas referentes a aptidões revelaram a relativa universalidade do potencial criador. Os Laboratórios de Engenharia Humana analisaram os talentos de grandes grupos de *mecânicos* de tôda ordem, chegando à conclusão de que, dentre êles, dois têrços podiam classificar-se *acima* da média em capacidade criadora. A análise de quase tôdas as experiências psicológicas, feitas até hoje, conduz à conclusão de que o talento criador se encontra normalmente distribuído — que *todos nós* possuímos êsse talento em grau maior ou menor, e que a eficácia criadora varia mais em função do rendimento da energia mental do que em proporção do talento inato.

Inúmeros casos em que indivíduos vulgares demonstraram extraordinário poder criador confirmam os achados científicos. Stuart Chase chegou ao ponto de afirmar que, muitas dentre as melhores idéias provêm de amadores. A guerra forneceu provas esmagadoras de que o vulgo pode brilhar pelas criações, quando estimulado por impulso patrió-tico. Gente que nunca se tinha pensado capaz de criar al-guma coisa, apresentou-se com milhares e milhares de idéias. "Durante a guerra", disse o presidente da Companhia B. F. Goodrich, John Collyer, "os empregados trouxeram sugestões, à razão de três mil por ano. E verificamos que um têrço de tais sugestões eram tão boas que mereciam com-pensação em dinheiro." O Departamento de Material Bélico economizou mais de cinqüenta milhões de dólares sòmente em 1943, em conseqüência de idéias apresentadas por emprega-dos comuns.

O estímulo que a guerra trouxe a tantas e tantas pessoas, para pensar idéias aceitáveis, prova que quase todos nós somos dotados de talento criador; bem como prova que o esfôrço representa papel importante na estimulação de tal talento.

Mesmo quando se trata de arte, não é raro o talento cria-dor. "Todos são originais. Todos podem desenhar — se não com a maior perfeição, pelo menos dando a impressão de beleza." Assim falou Henry Wilson, professor de professôres de arte.

2. O fator "idade" na criatividade

"A experiência tira mais do que dá", disse Platão. "Os moços estão mais perto das idéias do que os velhos." Com o devido respeito para com Platão, como podia êle dizer isso enquanto ouvia Sócrates, de 60 anos de idade, apresentando novas idéias, uma após outra?

A carreira de Alexandre, o Grande, poderia parecer con-firmar a opinião de Platão. Mas o estudo da vida dêste con-quistador mostra que, antes de ter conquistado a Pérsia, com a idade de 25 anos, tinha-se revelado altamente criador em muitas maneira que não a militar. Depois dos 25 anos, a vaidade paralisou-lhe a criatividade. Daí em diante, a única idéia nova que teve foi ficar sem barba — barbear-se diària-mente de sorte que parecesse sempre tão jovem como quando conquistara a Pérsia. Como poderia tal talento criador dimi-nuir e extinguir-se tão cedo? É que primeiro se extinguiu o esfôrço e, em conseqüência, reduziu-se a criatividade.

16

A opinião de Platão parece também confirmar-se com a vida de Robert Louis Stevenson. Entretanto, êste autor ainda escrevia brilhantemente ao morrer, com a idade de 44 anos. Tivesse êle saúde normal, ao invés de sofrer de tuberculose; tivesse chegado aos setenta, sem dúvida escreveria tão bem depois de 60 como escrevera antes de 40 — conforme fizeram Goethe, Longfellow, Voltaire e tantos outros imortais no campo da criatividade.

Em alguns casos, um talento anormal manifesta-se muito cedo na existência e, em seguida, extingue-se. Daí a expressão "menino-prodígio". Mas não foi tal precocidade que se manifestou pela pena de Platão. Nem poderia ter-se baseado nela Oliver Wendell Holmes quando disse: "Se alguém não cortou o próprio nome na porta da fama até aos quarenta anos, pode desistir e guardar o canivete."

A própria vida de Holmes desmentiu essa afirmação. Até aos 48 anos de idade, era médico e professor pouco conhecido. A fama literária que conseguiu teve início com a obra *The Autocrat of the Breakfast Table*, escrita quando chegava aos 50. Seu período mais criador manifestou-se a partir dessa idade até aos 75 anos, quando escreveu a biografia de Ralph Waldo Emerson.

A carreira do filho de Holmes refuta igualmente a teoria de que o poder criador necessàriamente diminui com a idade. O Juíz Holmes escreveu o primeiro grande livro, *The Common Law* quando tinha 72 anos. Durante o pânico de 1933. quando tinha mais de 90, o presidente dos Estados Unidos recorreu a êle para sugestões sôbre a maneira de o país vencer a crise que atravessava.

"O escritores morrem jovens", dizem. Isso também não é verdade. Milton perdeu a vista aos 44 anos, escreveu *Paradise Lost* aos 57 e *Paradise Regained* aos 62. David Belasco ainda escrevia aplaudidas peças teatrais com mais de 70 anos. Mark Twain, aos 71, publicou duas obras — *Eve's Diary* e *The $ 30,000 Bequest*.

Julia Ward Howe escreveu *The Battle Hymn of the Republic* quando tinha 43. Mas Alexandre Woolcott disse-me uma vez que a melhor obra escrita por ela tinha sido *At Sunset*, quando completara 90 anos. A primeira vez que George Bernard Shaw ganhou o prêmio Nobel foi quando atingia quase 70 anos de idade.

17

Thomas Jefferson retirou-se para a sua granja, na Virgínia, quando tinha 66 anos. Os que visitaram Monticello ficaram admirados das muitas inovações que êle introduziu, a partir dos 70 e muitas depois dos 80 anos. Benjamin Franklin era igualmente estadista e inventor. Era também escritor-criador. Uma das suas obras-primas foi o apêlo ao Congresso em prol da libertação dos escravos. Escreveu-o em 1790, com 84 anos de idade.

Entre os cientistas criadores, o Dr. George Washington Carver ainda estava apresentando idéias novas aos 80 anos — tantas que *The New York Times* o saudou como o homem que tinha feito mais pela agricultura no Sul do que qualquer outro. Cientista de época anterior, Alexander Graham Bell aperfeiçoou o telefone de sua invenção aos 58, e depois dos 70 resolveu o problema da estabilização dos aeroplanos.

O psicologista George Lawton é de opinião que o nosso poder mental aumenta até os 60 anos. Daí por diante, de acôrdo com êste autor, a capacidade mental diminui tão lentamente que aos 80 pode ainda ser quase tão boa como aos 30. E especìficamente, quando se trata de talento criador, Lawton sustenta que, embora pessoas mais idosas possam perder outras faculdades, como a memória, "a imaginação criadora nunca envelhece".

Prova erudita de que a criatividade pode desafiar o calendário apresentou-a o Prof. Harvey C. Lehman, da Universidade de Ohio. Um dos seus estudos reportava-se a pessoas notáveis que tinham tido idéias importantes para o mundo. Dos mil ou mais empreendimentos criadores relacionados pelo Prof. Lehman, a idade média em que tal criatividade ocorreu era de 74 anos.

O conselho de patentes da General Eletric Company fêz o diagrama do número de patentes registradas por inventores prolíficos, verificando que, em alguns casos, o número de patentes diminuía com a idade. Contudo, ainda neste caso, se pode provàvelmente explicar a diminuição pelo menor impulso relativo. Parece humanamente inevitável que algumas pessoas diminuam o esfôrço, depois de terem conseguido sucesso. Sentindo-se seguras em cargos bem pagos e tendo a certeza de pensões satisfatórias, é muito provável que deixem de aplicar tão grande esfôrço criador como quando ainda estavam subindo. Assim sendo, em comparação com o passado, o progresso americano no reino da segurança pode privar o país das contribuições criadoras, que anteriormente pessoas de idade mais avançada costumavam fazer.

Mesmo que o *talento* nativo não aumente, a habilidade criadora pode continuar a aumentar ano após ano, paralelamente ao *esfôrço* que lhe dedicamos. "A imaginação aumenta com o exercício", disse W. Sommerset Maughan, "e, contràriamente à opinião corrente, é mais forte nas pessoas maduras do que nas jovens".

3. O fator "sexo" na criatividade

A mulher pode ser inferior ao homem em fôrça muscular, mas não em imaginação. De fato, a Fundação Johnson O'Connor verificou, em 702 exames de mulheres, que a aptidão criadora delas era, em média, 25 por cento mais elevada do que a dos homens.

Como mais uma indicação de que a fluência das idéias, nas mulheres, pode ser superior à dos homens, Edwin J. Mac-Ewan, de Paterson, no Estado de New Jersey, revelou recentemente a experiência que fêz como instrutor de uma classe de Pensamento Criador, que compreendia 32 estudantes do último ano do curso universitário. Conforme os resultados registrados, as *môças* revelaram 40% de superioridade sôbre os rapazes em fluência de idéias.

Também o corrobora o registro da firma em que o autor exercia cargo de chefia. Durante alguns anos tínhamos realizado mais de mil "brainstorms" — conferências estritamente limitadas ao pensamento de idéias relativas a problemas específicos, cuja crítica se adiava para mais tarde. As môças que tomavam parte nessas sessões revelavam constantemente, em média, mais idéias do que os rapazes.

As donas de casa fazem trabalhar a imaginação muito mais que os maridos. O trabalho do homem, geralmente, é rotineiro, enquanto a mulher tem de agir por conta própria quase a cada hora do dia. Poucas mulheres dão-se conta do poder criador que têm de utilizar. Quando a mulher é bem sucedida em manobrar o marido, como o consegue senão pensando contìnuamente a idéia exata para mantê-lo satisfeito? E quanta engenhosidade a mulher tem de aplicar às compras, ao programa das refeições, no melhoramento do jardim, na arrumação dos móveis, nos cuidados a dispensar aos filhos, e assim por diante!

Enquanto os operários, em tempo de guerra, estavam pensando tantas idéias, as mulheres vieram à frente da cena. Bernice Palmer mereceu um artigo da revista *Life* por ter imaginado oito dispositivos para acelerar a produção de peças de motores. "Uma das inspirações", disse a revista, "mais útil lhe veio à mente quando se lembrou como a genitora fazia o bôlo que se chama comumente de *sonho*."

Mulher alguma negaria ter de "torturar a cabeça" imaginando presentes de Natal. Tal importa dizer que ela *possui* imaginação e a faz *trabalhar* quando impelida pelo dever ou afeição. Durante o ano inteiro, poucos homens fazem mais trabalho criador do que ela nas vésperas do Natal — imaginando presentes novos e diferentes para o marido, os filhos, a tia que mora com ela, a sobrinha predileta e quantos mais na lista de Natal. Em muitos casos ela tem também de imaginar todos os outros presentes marcados "Feliz Natal, do *Papai*."

A mulher só se torna boa mãe fazendo uso da imaginação. Quando a criança não quer comer, não a abandona ao primeiro gritinho de protesto. Imagina um modo de fazê-la comer. O simples instinto leva os pais a imaginarem tudo quanto pode ser proveitoso aos filhos.

A Srta. Florence Gray é professôra de matemática e minha contraparente. Escolheram-na para redigir a saudação ao diretor da escola em comemoração ao jubileu dêle. "Não posso escrever", disse-me desesperada. "Não tenho qualquer idéia." Disse-lhe que os exames psicológicos revelavam formarem os professôres de escola superior uma classe possuidora de alto grau de imaginação e que, como professôra bem sucedida, deveria naturalmente possuir bastante talento — só lhe faltando esforçar-se convenientemente.

Mais tarde disse-me que tinha sido um sucesso a saudação que redigira. Perguntei-lhe como havia procedido. "Depois de tê-lo visto naquela tarde, tentei formar algumas idéias antes de deitar-me. Tomei nota de algumas e depois meti-me na cama. Durante a noite, várias vêzes pulei do leito para tomar nota de novas idéias. De manhã cedo, bastante admirada, verifiquei dispor de uma porção de boas idéias para organizar o meu trabalho. No dia seguinte, por assim dizer, a saudação tinha-se escrito por si." A Srta. Gray não mais duvida do próprio poder criador.

O número de estrêlas femininas no campo da criatividade vai crescendo gradativamente. Muitos maridos têm sido os primeiros a reconhecer como a mulher pode ser altamente criadora — especialmente os maridos que figuram na longa relação de parcerias criadoras constituídas de casais. Reconhecidamente, contudo, o recorde de criatividade notável é mais elevado entre homens do que entre mulheres, conforme mostrou o Prof. Harvey C. Lehman, da Universidade de Ohio, em um dos seus estudos. Mas pode dizer-se que foi só mui recentemente que as mulheres tiveram oportunidade de revelar o poder criador que possuem. Segundo mostrou o Dr. Paul Popenoe, na análise das diferenças psicológicas entre os sexos, "tais diferenças são mais adquiridas do que inatas e tendem a diminuir visìvelmente com a ampliação dos interêsses da mulher."

Se existe qualquer diferença entre os sexos, não reside, provàvelmente, no talento inato; seria melhor atribuí-la a terem os homens de fazer face a maior número de problemas, aos quais são forçados a aplicar a imaginação criadora. E, de mais a mais, é essa espécie de exercício que contribui para maior criatividade.

4. O fator educacional na criatividade

"Ser extremamente inteligente não é o mesmo que ser bem dotado em poder criador", disse o Dr. L. L. Thurstone. "Não são necessàriamente os estudantes de inteligência mais alta os que produzem as idéias mais originais. As crianças que respondem a questionários do tipo quebra-cabeça são classificadas amiúde como gênios. Sem dúvida, obteriam notas altas, em exercícios de memória... Mas é duvidoso que sejam igualmente capazes na produção de idéias."

De acôrdo com experiências científicas relativas à aptidão criadora, verifica-se pequena ou nenhuma diferença entre pessoas que freqüentam o colégio e as que não o freqüentam, da mesma idade. O Dr. William H. Easton, notável em muitos campos diferentes, observou: "A educação não constitui fator essencial. Inúmeras pessoas de grande cultura mostram-se estéreis quanto à criatividade, enquanto outras, quase totalmente deficientes em instrução formal, conseguem resultados notáveis."

A História revela que muitas das grandes idéias provêm de pessoas que não possuíam conhecimento especializado do problema em causa. Morse, pintor profissional de retratos, inventou o telégrafo. Fulton, também artista, imaginou o barco a vapor. Um mestre-escola, Eli Whitney, criou o descaroçador de algodão.

No princípio da guerra, um empregado da municipalidade de Nova Iorque, que não pertencia a quadros científicos, descobriu um detector de fragmentos de granadas. De Pearl Harbour em diante êsse dispositivo salvou inúmeras vidas. Há inúmeros casos semelhantes, em que pessoas sem qualquer treino ultrapassaram em pensamento criador indivíduos altamente treinados.

5. O fator "esfôrço" na criatividade

Quando se trata de eficiência criadora, nem a extensão do conhecimento nem a potência do talento se reveste da importância da energia mental. Para exemplificar, vamos supor que viessem dizer a alguém que estivesse sentado em um cômodo no décimo andar de um prédio: "Tome êste bloco e êste lápis. Escreva, dentro de um minuto, o'que faria se soubesse que êste edifício viria ao chão, em resultado de um terremoto." Talvez a resposta fôsse: "Lastimo muito, mas não tenho idéia alguma."

Por outro lado, vamos supor que se representasse essa cena de maneira a parecer *real* — fazendo-se entrar um um bom ator a gritar: "*Êste edifício vai cair dentro de dois minutos!*" Quem acreditasse, sem dúvida imaginaria imediatamente uma ou mais idéias.

Há gênios cujas *lâmpadas* não parece precisarem que as esfreguem. Alexandre Woollcott e o autor foram colegas. O brilhantismo natural dêle deslumbrava e intrigava. O autor tinha de esfregar a lâmpada com tôda a fôrça para tirar-lhe alguns lampejos, enquanto a dêle era tão poderosa que lhe bastava roçar a manga do paletó. Entretanto, quanto mais o autor o via no decorrer dos anos, tanto mais se convencia não estar o segrêdo dêle no talento criador, mas na energia mental.

De um ponto de vista estritamente físico, possuímos muito mais massa cinzenta do que nos é dado utilizar, mesmo que empreguemos totalmente o espírito. É indiscutível que muitos dos órgãos cerebrais (como os que nos habilitam a falar e a ler) existem em duplicata. Um dos gêmeos fica ocioso até que o outro sofra qualquer desarranjo. Então, aquêle passa a exercer normalmente a função que lhe cabe. Luís Pasteur sofreu uma comoção cerebral, que lhe destruiu metade do cérebro; entretanto, fêz, depois disso, algumas das suas mais célebres descobertas.

Comparativamente falando, a complexidade mecânica do cérebro humano é da ordem de cem bilhões, enquanto a das máquinas de calcular mais complicadas é da ordem de cem mil. Assim sendo, considerando-se o cérebro simplesmente como entidade mecânica, terá êle potencial um milhão de vêzes mais elevado que qualquer dispositivo eletrônico.

É notável a capacidade de organização das formigas. Contudo, o sistema inteiro da formiga compreende sòmente 250 células nervosas, enquanto o cérebro humano possui uns dez milhões. Na realidade, quase todos nós temos muito maior capacidade mental do que a que utilizamos em qualquer ocasião.

Não se pode decidir se a hereditariedade tem, de fato, influência sôbre a capacidade criadora. O ambiente constitui fator desconcertante. Por exemplo, o Prof. Ellsworth Huntington, da Universidade de Yale, estudou a faculdade inventiva dos descendentes dos Peregrinos. Comparou o número de patentes a êles concedidas com as que couberam a descendentes de imigrantes posteriores. Os resultados a que chegou mostraram que a presença de sangue colonial assegurava maior grau de criatividade. Entretanto, conforme Arnold Toynbee observou, o engenho ianque devia-se mais ao *esfôrço* do que a talento inato. Os primeiros habitantes da Nova Inglaterra tiveram de combater os índios, o frio, as florestas e as pedras no solo; e tal ambiente formou o hábito do esfôrço que lhes aumentou a criatividade.

Conforme Brooks Atkinson afirmou, "é notàvelmente desigual" a "energia mental" da criatividade — e não o grau do *talento* inato."

TEMAS

1. Quais as provas de que o talento criador é dote largamente distribuído?
2. Qual a prova de que a capacidade criadora não diminui com a idade? Discutir.
3. Excelem, de fato, os homens às mulheres em capacidade criadora? Se tal opinião é falsa, quais os motivos? Discutir.
4. São os estudantes que têm notas elevadas necessàriamente os que produzem mais idéias originais? Discutir as razões.
5. Acredita que o engenho ianque constitui característica herdada ou adquirida? Cite as razões para a sua opinião.

EXERCÍCIOS

1. Se o leitor estivesse dando um curso desta matéria, que problema apresentaria aos alunos para resolver, referente a êste ponto?
2. Se o estudante sentado à sua frente desmaiasse, que faria o leitor? E depois?
3. Registre tôdas as oportunidades que teve para fazer uso da imaginação criadora desde que acordou.
4. Registre, pelo menos, três casos em que o engenho de sua parte, ou de alguém de sua família ou dentre os seus amigos, ou melhorou ou de fato salvou uma situação.
5. Faça uma relação de todos os usos possíveis de uma brocha, do tipo e do tamanho que comumente se usam para pintar paredes.

REFERÊNCIAS

AUSTIN MARY — *Everyman's Genius*. Indianapolis. Bobbs-Merrill Company, 1925.

BROADLEY, CHARLES V. and MARGARET E. — *Know York Real Abilities*. New York. Whittlesey House, 1948.

LEHMAN, H. C. — "Mans' Most Creative Years: Quality versus Quantity of Output". *Scientific Monthly*. November 1944, pág. 384-393.

LEHMAN, H. C. — "Optimum Ages for Eminent Leadership", *Scientific Monthly*. February 1942, pág. 162-175.

McCLOY, WILLIAM — "Creative Imagination in Children and Adults" *Psychological Monographs 231*. 1939.

MARKEY, F. V. — *Imaginative Behavior of Pre-School Children*, Child Development Monograph 18. Teachers College, Columbia University, 1935.

MEARNS, HUGHES — *The Creative Adult*. New York. Doubleday and Company, 1940.

MOGENSON, A. H. — "Every Worker Has Ideas" *Factory Management*. April 1935, pág. 147-148.

ROCKWELL, J. C. — "Genius an the I. Q. *Psychological Review*, September 1927, pág. 377-384.

ROSSMAN, J. — "A Study of the Childhood, Education and Age of 710 Inventors". *Journal of the Patent Office Society*. May 1935, pág. 411-421.

CAPÍTULO III

Fatôres que tendem a restringir a criatividade

O Dr. L. L. Thurstone teceu comentários sôbre o efeito devastador da reação negativa para com problema estranho ou nova idéia. Mostrou como qualquer nova idéia apresentada pode demonstrar-se errada, imediata e lògicamente. Continuou dizendo: "Vez por outra a prova é tão convincente, que se fica tentado a abandonar qualquer nova meditação sôbre o assunto proposto. Mesmo quando esta atitude negativa está associada a grande inteligência, o resultado não se reveste de aspecto criador."

O espírito pensante humano tem dois aspectos principais: 1) *o espírito judicioso*, que analisa, compara a escolhe; 2) *o espírito criador*, que figura, prêve e gera idéias. O julgamento contribui para conservar a imiginação na pista e a imaginação pode contribuir para esclarecer o julgamento.

Os esforços criador e judicioso são semelhantes porque ambos exigem análise e síntese. O espírito judicioso decompõe os fatos, pondera-os, compara-os, rejeita alguns, conserva outros — e afinal reúne os restantes elementos para chegar a uma conclusão. O espírito criador procede de maneira muito semelhante, excetuando-se que o produto final é uma idéia e não um julgamento. Assim também, enquanto o julgamento tende a limitar-se aos fatos em mão, a imaginação tende a lançar-se ao desconhecido — quase ao ponto de fazer com que dois e dois dêem mais do que quatro.

No indivíduo médio, o julgamento aumenta automàticamente con a idade, enquanto a criatividade diminui, a menos que se conserve conscientemente viva. As circunstâncias forçam-nos a fazer uso do espírito judicioso a cada hora que passamos acordados. Desde que nos levantamos até que nos deitamos — da infância à velhice — exercemos o julgamento. E com o exercício desenvolve-se ou deverá desenvolver-se, tornando-se melhor e mais seguro.

Além disso, a educação reforça-nos o julgamento. Mais de 90 por cento do que aprendemos na escola tendem a exercitar-nos as faculdades de julgamento. Outra circunstância, ainda, contribui para o mesmo fim — assenta bem a qualquer um mostrar-se juiz infalível. "É homem extraordinário" dizem, "nunca se engana." Ouve-se isso dez vêzes mais, comumente, do que: "Tem imaginação e a faz trabalhar."

Como as atitudes não se misturam correntemente, a judiciosa e a criadora tendem a entrar em choque. A menos que se coordenem convenientemente, cada uma delas pode vir a prejudicar a atuação da outra. A atitude certa para o pensamento judicioso é principalmente negativa. "Que é que está errado nisto?"... "Qual a consequência disto?"... "Não, isto não dá certo." Êstes reflexos são corretos e convenientes quando se tenta julgar.

Em contraste, o pensamento criador exige atitude positiva. É preciso ter esperança. Entusiasmo. Temos de nos animar ao ponto de confiança em nós mesmos. Temos de nos precaver contra o perfeicionismo, por ser absortivo. A primeira lâmpada de Edison era dispositivo grosseiro. Poderia ter-se conservado fiel ao primeiro modêlo, enquanto tentava repetidamente melhorá-lo. Ou poderia ter afastado completamente a idéia da invenção. Não fêz nem uma nem outra. As primeiras lâmpadas elétricas que fabricou eram melhores do que velas, lampiões de querosene ou gás — de sorte que as introduziu. Depois tratou de melhorá-las.

O Dr. Suits, da General Electric, afirmou ser a atitude positiva "característica da personalidade criadora". Recomenda: "Forme o hábito de reagir afirmativamente ante nova idéia. Primeiramente, pense em tôdas as razões por que é boa; haverá sempre bastante gente pronta a dizer por que não dá resultado."

O julgamento e a imaginação podem ajudar-se mùtuamente enquanto se conservarem separados quando assim devem estar. No esfôrço criador impõe-se proceder alternadamente. De tempos em tempos, é preciso desligar o espírito judicioso e ligar o espírito criador É necessário esperar suficientemente antes de ligar de nôvo o espírito judicioso. De outro modo, um julgamento prematuro pode abafar-nos a chama criadora, ou mesmo fazer desaparecer idéias já firmadas.

Especialmente ao atacar com conhecimento um problema criador, devemos dar à imaginação prioridade sôbre o julgamento e deixá-lo errar em tôrno ao objetivo. Deve-se, mesmo, fazer esfôrço consciente com o fito de imaginar as idéias mais extraordinárias que tenham possìvelmente aplicação ao caso. Tanto mais que, nesse ponto, estamos tão-só aquecendo o aparelho da imaginação — tornando mais flexíveis os músculos imaginativos. Ao invés de zombar de tais lampejos preliminares — por mais fantásticos que pareçam — será conveniente registrá-los. Pode acontecer que um dêles seja tão real como a chave de uma porta.

Um amigo do autor, de espírito altamente criador, tem como regra excluir o julgamento exterior até que haja imaginado tôdas as idéias possíveis. Aos que se antecipam em querer mostrar-lhe defeitos, responde: "Não lhes estou pedindo que julguem — ainda não. Por enquanto, só desejo mais e melhores idéias. Que é que podem sugerir?" Mesmo do ponto de vista mais extenso do progresso mundial, o julgamento, sob a forma de convicções comuns, pode impedir o adiantamento científico. Porquanto, conforme observa o Dr. James B. Connant, "conceito bem firmado pode tornar-se obstáculo à aceitação de nôvo conceito".

É preciso ter sempre que na maior parte dos esforços criadores não há necessidade de qualquer decisão, quanto ao mérito relativo das idéias, até chegar ao ponto de ter de saber qual delas deve usar-se. Nessa ocasião, é necessário ser tão frio na crítica como se foi ardente no entusiasmo durante o processo criador. E quando se chega ao ponto de ter que julgar, se pudermos *verificar*, ao invés de opinar, tanto melhor. O julgamento pessoal não pode deixar de sofrer a influência dos preconceitos relativos ao ambiente. Raramente pode ser tão objetivo como devera ser. Era costume, quando estava para escolher-se o título de uma fita, reunirem-se diretores, chefes de setores — enfim, todo mundo para discutir-se o assunto. Hoje, a maior parte dos títulos escolhe-se por experimentação científica. Expõem-se os melhores a freqüentadores de cinema, por intermédio de investigadores. Êstes tomam nota das reações de quantos consultam e, em seguida, sujeitam-nas cientìficamente a um ju'gamento final — muito mais rigoroso do que o de um só homem. Conforme Talleyrand observava, "só existe uma pessoa que saiba mais do que qualquer outra, e esta é todo mundo".

2. *Hábitos anteriores dificultam a solução de problemas*

Um dos motivos por que muitas pessoas tendem a agir menos criadoramente com a idade, é que nos tornamos vítimas do hábito. Como conseqüência da educação e da experiência, desenvolvem-se inibições que tendem a tornar rígido o ato de pensar. Tais inibições, habitualmente, militam contra a possibilidade de atacarmos novos problemas com atitude imaginosa.

Frank Hix, da General Electric, denominou essa limitação de "fixação funcional". Psicologistas experimentais atribuíram-lhe várias denominações, como "rigidez na solução de problema", "mecanização", "fixidez" e *"Einstellung"*.

Do ponto de vista da maior parte dos psicologistas experimentais, os processos de ideação tendem a depender da história da vida de cada um. Tudo quanto vimos e executamos — particularmente as ações e pensamentos que foram mais freqüentemente coroados de sucesso — passa a fazer parte de nossa atitude mental. Êsse hábito é útil na solução de problemas que se ofereceram anteriormente. Quando surgem novamente problemas semelhantes, já dispomos de soluções que se revelaram praticáveis no passado.

Contudo, quando nôvo problema nos confronta, tendemos a limitar a meditação às soluções já usadas em problemas semelhantes. Quando nenhuma delas se aplica — e nos impele a necessidade de imaginar novas soluções — somos forçados a combinar partes de atos habituais diferentes para formar novas ações — a sintetizar, de nova maneira, algumas das partes de ações anteriores. Descreveu êste processo o Prof. Clark Hull, da Universidade de Yale, já falecido. Parte da tese por êle sustentada consistia em que o comportamento inteligente na solução de problemas importa "a reunião de segmentos de hábito que nunca anteriormente se tinham associado".

Nesse sentido, pode vir-nos em auxílio ter presente ao espírito os princípios e os procedimentos constantes desta obra. Pois, de certo modo, temos de nos *des*-condicionar — deitar fora o hábito de restringir a ideação aos limites da experiência passada, de sorte a *soltar* a imaginação à procura de indícios para a solução de novos problemas.

A animação que outros nos trazem constitui influência externa para êsse mesmo fim. Revela-o uma experiência a que procedeu Emery L. Cowen, da Universidade de Rochester. Submeteu metade dos estudantes a pressão crítica: a outra metade tratou-a elogiosamente. Em uma série de experiências com jarros de Luchin, o grupo elogiado revelou 37 por cento menos respostas rígidas que o outro sujeito à pressão crítica. Atribuiu-se essa redução em comportamento rígido ao efeito da redução da ansidade na segurança do experimentador.

Poderoso corretivo do hábito inibidor é a técnica do "brainstorm", que será descrita mais tarde em detalhe. Nessas conferências exclusivamente criadoras, levam-se todos os participantes a idear em atmosfera conscientemente livre de inibição. O próprio espírito do grupo anima o que um diretor de pesquisa denominou de "punhaladas a torto e a direito". Quebram-se dessa maneira as cadeias do hábito e as idéias fluem livremente sem que as retenham as barragens da experiência anterior.

O princípio que serve de base a essa espécie de "roda livre" (assim chamada pelo Dr. J. R. Killian Jr., presidente do M. I. T.) é a separação do pensamento ideador do pensamento crítico — adiando-se o julgamento até ter-se pensado certo número de soluções conjeturais.

3. *Desânimo próprio como inibição*

A longa experiência do autor como instrutor de criatividade revelou-lhe, de maneira impressionante, como muitas pessoas abalam o poder dessa fôrça com o desânimo próprio. Os esforços criadores de cada um sempre encontrarão desânimo por parte de outrem, da mesma forma que quase todos gostam de esfriar o entusiasmo. Mas o desânimo *próprio* — quantas vêzes estiola a criatividade e como o faz fora de propósito. Todos devem lembrar-se de que mesmo os Pasteurs se atrapalham e tropeçàm, e de que se tem zombado da maior parte das grandes idéias do mundo quando apresentadas pela primeira vez.

A confiança em si próprio costumava ser uma característica do norte-americano. A tal ponto que os inglêses consideravam os primeiros norte-americanos fanfarrões e gabolas. Mesmo por ocasião da Primeira Guerra Mundial adoravam o tipo de D'Artagnan. Misteriosamente, mudou o estilo e a modéstia tornou-se a feição saliente do americano modêlo. Glorificou-se a tal ponto o eclipsar-se a si mesmo, que muitos jovens quase ficam envergonhados de apresentar idéias. Em conseqüência, muitas crianças de talento promissor ficam estioladas pelos próprios pais, antes mesmo de se revelarem.

Outra tendência que milita contra a criatividade é o desejo de "conformar-se". Com êle vem a maldição do convencionalismo; e a "convenção é o grande inimigo da originalidade". O temor de parecer "absurdo" vai de mãos dadas com o desejo de não parecer diferente. Êste obstáculo ergue-se no caminho de muitos que pretendem educar a imaginação. Arriscando-se a pregar-lhes sermão, o autor costuma dizer:

"O que. será pior — parecer absurdo a outrem ou a si próprio? Haverá quem julgue algumas de suas idéias meio descosidas; mas o que poderia ser mais tolo do que, por êsse motivo, deixar de utilizar ao máximo o próprio espírito? É preciso lembrar que as pessoas verdadeiramente inteligentes admiram o poder criador, certas de que quase tudo de bom que há no mundo resulta de idéias por muitos condenadas como "absurdas".

O temor de parecer absurdo constitui obstáculo por demais comum. Poucos se dão consciência dessa feição contrária à criatividade. O Dr. James Bryant Conant, quando presidente da Universidade de Harvard, mandou pendurar na parede do gabinete um desenho representando uma tartaruga, com a legenda: "Veja a tartaruga: só vai para a frente quando estica o pescoço."

Infelizmente, e por vêzes errôneamente, temos considerado algumas das figuras mais criadoras do mundo como pretensiosos não-invejáveis. "Pretensioso ordinário", era como a genitora de Musselman chamava o inventor de freio de contrapedal. Paul de Kruif se referiu à presunção desdenhosa de Pasteur, tendo escrito de Leeuwonhoek, que inventou o microscópio: "Tinha uma arrogância sem limites. No seu tempo, todos o consideravam como o homem cheio de vento."

O brilhantismo de George Bernard Shaw poderia atribuir-se a uma atitude propositada para chamar a atenção. Quando rapaz era extremamente modesto. "Sofria tais agonias de acanhamento", escreveu, "que às vêzes andava para um e outro lado na rua durante mais de vinte minutos antes de bater a uma porta... Talvez poucos homens tenham sofrido mais do que eu, na mocidade, devido a mera covardia." A fim de vencer a timidez, aprendeu a falar em público; nas primeiras tentativas esforçou-se resolutamente por parecer cheio de confiança pretensiosa, muito embora as pernas lhe tremessem constantemente.

Na verdade, em grande maioria os criadores notáveis têm revelado modéstia tocando às raias da humilhação. Tenho conhecido muitos homens de grande valor na pesquisa criadora, e estou ainda para encontrar algum que se considere a si mesmo maior do que o mundo o considera. Em quase todos os casos, quando se lhes pergunta o segrêdo do sucesso, afirmam que o talento imaginativo de que dispõem está muito abaixo do nível do gênio — e que tudo quanto conseguiram resultou, principalmente, do esfôrço constante da experiência ante os insucessos repetidos.

4. A timidez tende a fazer abortar as idéias

Quando devida a esperarmos demais de nós mesmos, a desconfiança pode refletir mais pretensão do que modéstia. Uma noite, reunimo-nos a fim de imaginar um nôvo espetáculo de rádio. Todos os mais velhos foram bem sucedidos na apresentação de idéias: os mais moços, porém, se limitaram a ouvir. Sabia que um dentre êles era dotado de mais talento criador do que eu, de sorte que lhe perguntei: "Por que não apresenta alguma idéia?" Deu uma explicação que poderia satisfazê-lo, mas não a mim: "Tive receio de que o senhor não julgasse as minhas idéias tão boas como podia esperar de mim." Conservou-se calado, não porque se sentisse criadoramente estéril, mas porque se ufanava demasiado de si mesmo. Que vergonha! Provàvelmente, pelo menos uma das idéias dêle poderia ter sido melhor do que as dos outros.

Por outro lado, verifica-se que a timidez geralmente se origina da dúvida genuína que o indivíduo tem da própria capacidade criadora. "Tais dúvidas são traiçoeiras", disse Shakespeare, "e nos fazem perder o bem que muitas vêzes poderíamos alcançar pelo temor que temos de tentar." Certamente não pode existir dúvida razoável de que todos possuam talento imaginativo ou de que possam empregá-lo melhor do que o fazem.

Contudo, mesmo quando imaginamos, muitas vêzes a hesitação impede-nos de expor. Há alguns anos, um secretário particular em grande companhia contemplava futuro obscuro. Era submisso por natureza e as suas obrigações, rotineiras. Entretanto, com o correr dos anos viu-se êsse homem passar à frente de dezenas de outros e tornar-se um dos três diretores da companhia. Explicava o próprio sucesso da seguinte maneira: "Durante os dez primeiros anos não dei um passo porque, mesmo quando tinha boas idéias, receava apresentá-las. Chegou, porém, o dia em que fiquei convencido de que o pior que me poderia acontecer seria alguém rir-se de mim. Depois de terem sido adotadas algumas das minhas sugestões, tornei-me ousado — tão ousado que não mais hesitei em passar adiante qualquer idéia que me viesse à cabeça."

Talvez não tivesse perdido aquêles dez primeiros anos se tivesse atendido às palavras do Dr. Norman Peale: "A dificuldade em que se encontram muitas pessoas consiste na falta de confiança em si mesmas para criarem e apresentarem idéias." Tudo quanto precisamos fazer é convencer-nos da verdade de sermos potencialmente criadores, e de que quanto mais pensamento criador realizamos e quanto mais idéias apresentamos, tanto mais competentes nos tornamos.

Quando persistimos em criar, mesmo trivialmente, tendemos a formar o hábito. Sentimos cada vez menos dificuldade em dar início à criação de idéias. Quanto mais nos esforçamos, tanto mais o faremos instintivamente, conforme Victor Wagner insistiu ao dizer: "Formule perguntas, pes-

33

quisa fatos, acumule experiências, observe as brechas. E a cada estágio do processo, procure olhar além da ponta do nariz, aprenda que 2 e 2 podem corresponder a 22, a zero, tanto quanto a quatro — e acima de tudo faça funcionar o dom extraordinário da imaginação. Como sempre acontece, uma vez que isto se torne hábito, ver-se-á que a imaginação, como a fé, pode mover e muitas vêzes move montanhas."

A timidez tende igualmente a deter-nos depois de têrmos dado os primeiros passos em um projeto criador. Até mesmo Edison se viu forçado a combater os gnomos nos primeiros tempos; mas anos mais tarde, conforme disse pessoa que com êle trabalhava, "os insucessos experimentais pareciam fazer parte do trabalho cotidiano, servindo de sinais para o início de novas experiências".

Inúmeros cientistas criadores tiveram de assoviar no escuro para se manterem em atividade. Ronald Ross esbarrou em uma muralha de pedra na Índia quando procurava ardorosamente os meios de dominar a malária; mas, ao invés de se deter, continuou a esforçar-se até que deparou com uma pista promissora. Tão entusiasmado ficou, que telegrafou de Calcutá para a Inglaterra, declarando que o mistério da malária lhe estava quase nas mãos e que, dentro de algumas semanas, o resolveria para maior glória da Inglaterra. Era excesso de otimismo, verificou-se depois, quanto ao prazo mas não quanto ao resultado final.

Nos primeiros tempos de pesquisa do gás etilo, os jovens cientistas auxiliares do "chefe" Kettering protestaram: "Gostaríamos de entregar-nos a algum trabalho importante e não podemos ficar presos a êste problema para sempre, porquanto não temos esperança de chegar a qualquer resultado."

Kettering estava de viagem marcada para Nova Iorque. "Peço-lhes alguns dias para pensar no assunto", respondeu, "e ao voltar vou ver se posso arranjar-lhes outra ocupação." Ao voltar para Dayton, apanhou um jornal que anunciava: "Professor de Universidade descobre solvente universal." No dia seguinte mostrou-o ao rapazes, dizendo: "Não será melhor experimentar novamente antes de abandonar?"

Voltaram para o trabalho e afinal chegaram ao emprêgo favorável do tetraetilo de chumbo. Disse Kettering: "Esta historieta serve para mostrar que sempre haverá dias negros; mas se a convicção do valor do problema é tal, que se vai para a frente apesar de tôdas as dificuldades, as probabilidades são pela conquista do êxito final."

5. *O estímulo cultiva a ideação*

Muito embora Thomas Carlyle tivesse razão ao dizer que "um pouco de oposição é de grande valor para o homem", a criatividade se revela flor tão delicada, que o elogio tende a fazê-la desabrochar enquanto o desânimo, muitas vêzes, a faz murchar em botão. Qualquer de nós produzirá mais e melhores idéias se nos apreciarem os esforços. A falta de complacência pode desanimar qualquer um de tentar. Os gracejos podem tornar-se veneno — conforme observou Balzac no epigrama: "Paris é uma cidade em que grandes idéias parecem sacrificadas pelos motejos." *Qualquer idéia deve* provocar receptividade, quando não elogio. Mesmo quando não seja boa, deve pelo menos provocar animação para que se continue a tentar.

O chefe ideal é aquêle que inspira idéias e guia o poder criador. Durante o período em que E. M. Statler estava transformando sua organização, de um corpo de empregados de hotel, em uma rêde nacional, não se orgulhava tanto das próprias idéias como da capacidade de provocar novas idéias em outros. Eis o que uma vez disse:

"Quando atendia a chamados de hóspedes na McClure House, em Wheeling, acudiu-me uma das melhores idéias que poderia ter imaginado. Tinha de correr pelas escadas carregando jarros de água, para cima e para baixo. Sabia que o serviço poderia ser melhor e também que muitos hóspedes gostariam de ter água gelada, mas hesitavam em tocar a campainha. Essa observação levou-me à instalação de encanamentos com água gelada para os quartos dos hóspedes. Agora que administro os meus próprios hotéis, estou sempre pensando que algum dos meninos que atendem aos chamados dos hóspedes podia muito bem ter inspirações como esta. E quando alguém me vem sugerir qualquer novidade, faço questão de elogiá-lo pelo esfôrço — e não deixo de compensá-lo quando a aproveito. Dêsse modo animo-os a continuar os esforços."

E. M. Statler tinha vindo do nada e era o dono. É muito mais difícil conseguir tal atitude por parte de empregados administrativos. Sempre que a direção pode levar os superin-

35

tendentes e capatazes a atuarem como animadores de novas idéias, pode ter-se a certeza de que a organização tornar-se-á mais feliz e mais eficaz. Disse Ernest Benger, da Dupont: "Em uma organização se produzem melhores idéias mediante a cordialidade. Não há estímulo que se compare a umas pancadinhas nas costas. Deve fazer-se o possível para animar os empregados a terem idéias melhores e em maior número."

As grandes companhias verificaram que, quanto mais animação dispensam aos sistemas de sugestões, tanto mais eficientemente funcionam. A. B. F. Goodrich Company presta tanta atenção a êste assunto que mesmo uma idéia tresloucada merece encômios, como no caso desta sugestão que encontraram um dia na caixa respectiva: "Sugiro que ponham vidros nas portas dos reservados de homens e senhoras para maior segurança. Quando dois homens se encontram nenhum dêles pode ver o outro e então podem esbarrar." O chefe do departamento de sugestões ponderou, com todo o tato possível, que não haveria recato se as portas das privadas tivessem vidros. Mas a carta terminava dizendo: "Contudo, em qualquer ocasião que tenha outras idéias, gostaríamos que no-las comunicasse."

Em outra ocasião, um trabalhador que mal sabia ler e escrever saiu-se com certa idéia. Designaram um engenheiro para entrevistá-lo, e depois de duas horas de exame paciente se revelou o que o homem tinha em mente. Ficou provado que a idéia era tão valiosa que qualquer engenheiro ficaria orgulhoso de tê-la tido.

A General Mills fêz do elogio elemento básico da política da companhia. O vice-presidente Samuel Gale faz publicar uma citação para cada trabalho criador importante. Em um papel especial sob o título de "Boa ação do dia" envia um boletim a todos os chefes de seção em louvor de qualquer idéia que lhe desperte a atenção. Algumas das grandes companhias receiam que a citação de nomes desperte inveja; mas a "Boa ação do dia" do Sr. Gale se dirige particularmente ao indivíduo a quem se encaminharam as congratulações, e os resultados têm sido muito bons.

6. *Os íntimos animam melhor*

O desestímulo que mais prejudica a criatividade provém das pessoas a quem se ama. Dentro das famílias, o lou-

36

vor é a maior recompensa. Os pais devem parar, olhar e ouvir antes de pronunciar qualquer palavra de desânimo para com os esforços criadores dos filhos. O louvor anima a criança criadoramente, quando dispensado face a face, e tem influência ainda quando pronunciado para outras pessoas e ouvido pela criança.

Grande número de indivíduos apresenta imaginação muito ativa na infância, mas, ao crescerem, não se mostram de espírito criador. Na América do Norte um dos motivos para isso é que, em geral, ninguém se dá conta da *importância* das idéias. Outro motivo é que os pais são culpados de desânimo ativo ou, pelo menos, não estimulam ativamente os filhos.

Um homem que fêz fortuna pelos seus esforços criadores referiu que êstes começaram quando, em criança, mostrou ao pai um dispositivo que imaginara para não ter que subir em uma cadeira, a fim de apagar o bico de gás. Constava simplesmente de um encaixe cortado na ponta de uma vara. Munido dêle, alcançava o braço do bico de gás, passava-o na válvula e apagava a luz sem que subisse a uma cadeira. O pai disse-lhe que a idéia era "formidável"; e à noite, na presença de visitas, à mesa do jantar, contou de nôvo a história, louvando enfàticamente a faculdade inventiva do filho. Tal estímulo fêz que o menino visse que *poderia* imaginar idéias e que seria interessante experimentar. Foi essa confiança que lhe preparou o caminho para o sucesso.

Conforme diz o Juiz O. W. Holmes, já falecido, o pai dêle fazia da mesa, às refeições, terreno propício ao esfôrço criador dos filhos, dando um prêmio ao que fizesse a observação mais espirituosa.

A Dra. Roma Gans tinha dado ênfase à necessidade de incutir-se confiança em si próprio na juventude; e mostrou como há diferença entre a boa vontade da criança para fazer três tentativas — dois sucessos e um fracasso — contra uma única que se pode levar a efeito com tôda facilidade. Conforme a opinião por ela manifestada, um ponto de vista perfeicionista só pode conduzir à restrição do esfôrço criador.

Irmãos e irmãs revelam, às vêzes, a tendência de gozarem com o sofrimento uns dos outros e procurarem motivo para zombarias em qualquer ação que um dêles faça ou tente fazer. Seria muito conveniente que um irmão animasse o outro em esfôrço criador, mas quão menos inconveniente seria se resistisse à tentação de desanimá-lo!

Tios, tias e avós se inclinam mais por animar do que desanimar. Um tio teve a surprêsa de ver que o sobrinho, de cinco anos de idade, tinha ido ver um incêncio levando papel e lápis, e desenhara as chamas, as janelas, as escadas. Acreditando firmemente que não pode haver louvor demasiado para animação das chamas criadoras nos jovens, escreveu-lhe a primeira carta datilografada que o menino recebeu, na qual lhe dizia:

"Os seus desenhos do incêndio estavam tão bons que os mostrei ao pessoal do escritório. Todos foram da minha opinião a respeito da maneira por que você representou realmente o incêndio. Fico satisfeito em saber que você gosta de desenhar e espero que continue. Talvez um dia você se torne grande artista e todos nós nos orgulharemos de você. No dia de seus anos vou mandar-lhe uma caixa de lápis de côres. E no Natal vou pedir a Papai Noel que lhe mande uma caixinha de tintas."

Um modo de garantir a vontade contra o desânimo consiste em lembrar que algumas das melhores idéias foram a príncipio saudadas com motejos. Quando John Kay inventou a lançadeira, consideraram-na ameaça tal à mão-de-obra que os tecelões o atacaram e destruíram o modêlo. Quando Charles Newbold realizou a idéia de uma aiveca de ferro fundido, os lavradores recusaram-na, dizendo que o ferro poluía a terra e fazia aparecerem ervas daninhas. Em 1844, o Dr. Horace Wells foi o primeiro a empregar gás em pacientes, enquanto lhes arrancava dentes. Os médicos desprezaram essa nova idéia como mistificação. Quando Samuel P. Langley construiu o seu primeiro aeroplano mais pesado do que o ar — acionado a vapor — os jornais o apelidaram de "loucura de Langley" e ridicularizaram a idéia de aviões acionados por fôrça própria.

Devemos lembrar que podemos sopitar o talento criador próprio incutindo-nos desânimo. Por igual, também, poderemos sopitar em outros o talento criador. Para todos nós, a boa regra está em animar sempre as idéias — animar tanto a pensá-las como a manifestá-las. Qualquer outro procedimento não tem significação, porquanto a essência da criatividade está em experimentar e continuar a experimentar, cada vez com maior esfôrço — e será quase impossível esperar tal atitude da natureza humana se, além de todos os outros obstáculos ao esfôrço criador, tivermos também de superar a maldição do desânimo.

A combinação de um clima favorável à criatividade e do uso constante de procedimentos criadores pode favorecer muito o desenvolvimento de um negócio. Por exemplo, há dez anos W. J. Lutwack organizou uma pequena companhia, que hoje em dia figura entre as primeiras no ramo. Assim o explica êle:

"O clima favorável à criatividade, que nos esforçamos em criar, fói a chave do nosso sucesso. Os chefes de serviço e os empregados se reunem regularmente para imaginar maneiras de resolver os problemas de produção, criar novos artigos, explorar e desenvolver novos mercados e novos usos. A regra absoluta é a animação mútua. Não se permite nunca uma atitude negativa senão depois de se terem pensado muitas idéias, entre as quais se possa escolher."

TEMAS

1. Distinguir entre meditação judiciosa e meditação criadora. Discutir.
2. Qual a atitude que se deve tomar para com uma idéia nova? Discutir.
3. Como se deve controlar o julgamento ao aplicá-lo à meditação criadora?
4. Os produtores de fitas adotam, em geral, um título diverso para um filme quando o extraem de um livro. Por quê? Como decidir?
5. Por que o desânimo representa ameaça tão grande à eficácia criadora? Discutir.

EXERCÍCIOS

1. Relacionar cinco idéias que se poderiam usar para diminuir a intolerância para com os negros na América do Norte.
2. Se o leitor tivesse de lecionar um curso de álgebra, o que faria para torná-lo mais interessante e mais importante para os estudantes?
3. Escreva o título do último filme a que assistiu. Depois indique cinco outros títulos que poderiam ter sido escolhidos.
4. E. M. Statler tornou-se famoso pelas idéias novas que introduziu no serviço de hotéis. Quais as novas idéias do leitor nesse rumo?
5. Quais as maneiras diferentes pelas quais se poderia melhorar o aspecto dos manuais comuns?

REFERÊNCIAS

HART, HORNELL and OTHERS — "Preliminary Conclusions from a Study of Inventors". *Proc. American Soc. Society*. 1927, págs. 21, 191-194.

HASBROOK, E. — "The Conditions of Criative Work". *Progressive Education*. December 1931, pág. 648-655.

LIGON, ERNEST — *A Greater Generation*. New York. Macmillan Company, 1948.

LIPPITT, R. — "An Experimental Study of the Effect of Democratic and Authoritarian Group Atmospheres". *University of Iowa Studies in Child Welfare*. 1940, págs. 16, 145-196.

McHEACHRON, K. B. Jr., — "Developing Creative Ability in an Educational System". *Journal of Engineering Education*. 1947-1948, págs. 55, 122-128.

MEARNS, HUGHES — *Creative Youth*. New York. Doubleday and Company, 1930.

MEARNS, HUGHES — "Demon of Inhibition". *Junior-Senior High School Clearing House*. February 1930, págs. 346-359.

MEARNS, HUGHES — "Providing for Creative Self-Expression". *New York State Education*. December 1936, págs. 201-203.

NEF, JOHN U. — *War and Human Progress*. Cambridge. Harvard University Press, 1950.

OVERSTREET, HARRY ALLEN — *The Mature Mind*. New York. W. W. Norton and Company, 1949.

STEVENSON, A R., JR. and RYAN, J. E. — "Encouraging Creative Ability", *Mechanical Engineering*, September 1940, págs. 673-674.

THURSTONE, L. L. — "Creative Talent". *Psychometric Laboratory, University of Chicago*, N.º 61, December 1950.

WIGGAM, ALBERT EDWARD — *The Marks of an Educational Man*. Indianapolis. Bobbs-Merrill Company, 1930.

CAPÍTULO IV

*Nosso nôvo ambiente - efeito
sobre a criatividade*

PARA AQUÊLES que, dentre nós, exercem atividades não-criadoras, o ambiente hodierno oferece muito pouco exercício imaginativo. Era diferente há uma geração, ou mais. As circunstâncias forçavam os nossos antepassados, na quase totalidade, a praticar criatividade quase a cada passo, independente da capacidade que tivessem. Podiam conservar em movimento o engenho, sem terem de recorrer a exercício imaginativo.

O espírito de esfôrço que levou os nossos antepassados a tirarem máximo proveito do talento criativo proveio, em parte, do ambiente, e em parte, da hereditariedade. De acôrdo com as palavras de Edna Lonigan, proveio principalmente "dos navegantes inglêses que se aventuraram saindo da ilha enevoada em busca de meios de vida, aprendendo a exercer empregos novos e estranhos, nos quais a penalidade pelo fracasso era a morte".

Antepassados como os que vieram da Inglaterra foram os primeiros a enriquecer-nos o sangue com engenho. Com o correr do tempo, quase todos os países contribuíram para a herança americana. O apêlo do Nôvo Mundo chegou aos ouvidos surdos dos preguiçosos e dos poucos imaginativos,

41

embora êsse mesmo apêlo se revelasse verdadeiro clangor para os de maiores ambições. De tais fontes, veio dar à América, conforme diz Paul Hoffman, "o espírito descontente, jovem, pioneiro, que está sempre em busca do que é melhor". A essência de tal espírito era o trabalho intenso. A conseqüência foi um clima que cultivou a imaginação criadora como nunca antes se fizera, em qualquer parte do mundo.

Boas razões assistiram aos que chamaram de ianque o engenho americano. Foram os fundadores·da Nova Inglaterra que contribuíram, criadoramente, com maior abundância para o desenvolvimento inicial dos Estados Unidos. "A terra dos ianques", disse Arnold Toynbee, "era a região mais áspera de tôdas." O poder criador dêles resultou da necessidade de vencerem os obstáculos que se lhes contrapunham.

Durante o período colonial, tôda atividade manufatureira era proibida no país pelo Parlamento inglês. De sorte que os ianques não tinham experiência alguma para guiá-los quando deram início à industrialização, no comêço do século XIX. Era preciso imaginar quase todos os detalhes para a fabricação de qualquer artigo — quase como se nunca se tivesse pensado fabricar qualquer artigo usual em outro qualquer lugar. Uma idéia seguiu-se a outra; imaginou-se e criou-se uma emprêsa após outra.

A descoberta do Oeste veio trazer nôvo impulso ao esfôrço criador americano. Mais uma vez irmãos e irmãs, cheios de iniciativa e imaginação, deixaram o confôrto do lar, tomando a mesma direção para o Oeste que os antepassados europeus tinham tomado. Como êstes, eram obrigados a forçar os músculos e o espírito até o extremo ou fracassar; tinham de imaginar novas maneiras para resolver novos problemas. Aguçava-lhes o instinto criador a pedra da adversidade.

Entrementes, muitos dos primeiros imigrantes tinham-se tornado homens de sete instrumentos, e daí resultou ainda maior disposição para inventar, conforme exemplificado por Thomas Davenport, o jovem ferreiro de Vermont. Êle mudou a face do mundo com a invenção do eletro-íma, do qual resultou o motor elétrico. Não tinha conhecimentos científicos de eletricidade nem de qualquer outra ciência. Começou a fazer trabalho de adulto com a idade de dez anos e como aprendiz de ferreiro serviu gratuitamente até completar 21 anos. Lia muito, mas acima de tudo fazia de tudo com as próprias mãos, guiado tão-só pela imaginação e pela vontade. Homens como Davenport provocaram a revolução industrial americana sob a forma de produção em massa.

2. Urbanização contra imaginação

"O interior gerava a cidade", dizia Oswald Spengler, "e a alimentava com o melhor do seu sangue.* Hoje, a cidade enorme esgota a terra, exigindo e devorando, insaciável e incessantemente, novas levas de homens."

Enquanto há 50 anos dois têrços da população americana viviam em fazendas e vilas rurais, atualmente mais de dois têrços se concentram nas áreas metropolitanas. E já está à vista o dia em que até mesmo 77 por cento da população viverão em cidades.

A vida urbana tende a estiolar a fôrça imaginativa em tódos, menos nos poucos que trabalham nas artes e em fases criadoras do negócio ou da ciência. Em grande parte, os que vivem em ocupações rotineiras exercitam muito menos o engenho do que os que trabalham na lavoura. Uma das provas de que antecedentes não-urbanos se prestam mais ao desenvolvimento da criatividade está na preponderância desproporcionada de líderes nascidos no campo entre os que registra o Who's Who.

Um grupo de educadores, apoiado pela Carnegie Foundation, terminou recentemente um levantamento que levou cinco anos, com o fito de determinar a origem geográfica e os antecedentes econômicos dos que tiveram êxito como cientistas criadores. Interpretando os resultados do grupo, o *Newsweek* comentou em editorial: "Chega-se à conclusão de que a pesquisa criadora tem raízes nos campos... Viceja onde ainda pairam recordações dos dias da fronteira."

A maior parte dos moradores das metrópoles não tiveram necessidade de ser artífices. Na primeira esquina encontram especialistas que consertam os encanamentos de água, forram as casas, pintam as portas e janelas, e tudo mais. A própria velocidade do telefone e o automóvel ampliaram a especialização, contribuindo para diminuir a criatividade. Nos primeiros tempos do automóvel, os motoristas tinham de arcar com todos os riscos pessoalmente; hoje, quando enguiçam, basta telefonar-se à garagem mais próxima para vir o

43

socorro. Até mesmo os profissionais não mais afiam o saber nos desarranjos do motor. Uma vela que falha é o bastante para paralisar um táxi hoje em dia. "A civilização moderna", diz o Prof. Alexis Carrel, "parece incapaz de produzir gente dotada de imaginação..." E, a acreditar-se no que diz Spengler, constituiu fase verdadeiramente destrutiva da civilização americana o êxodo dos campos para a cidade — com o conseqüente enfraquecimento do poder criador pela moléstia que se poderia denominar de "urbanite".

3. Declínio do incentivo criador

Quando comparados aos antepassados e ao resto do mundo, quase todos os americanos são relativamente prósperos. A facilidade em viver não sòmente amortece a criatividade, mas tende a tornar o indivíduo excessivamente crítico — arrogante para com os que "esticam o pescoço". Esta atitude tende a embotar o poder criador, não do zombado mas, por igual, também do zombeteiro.

O espírito de grupo costumava animar os que mais se esforçavam. O empreendedor era requestado; o domador, admirado. Hoje em dia não mais acontece isso; de fato, o oposto é quase sempre verdadeiro, como no caso do soldador que foi multado pela união dos soldadores por trabalhar com demasiado ardor, a fim de ganhar mais dinheiro para a família.

Investigações recentes revelaram que mais de metade de todos os americanos não mais acredita que valha a pena trabalhar com afinco. Esta idéia traz no bojo séria ameaça ao poder criador. É evidente que a confiança na recompensa do trabalho intenso muito influiu para formar o engenho do povo americano; e o desaparecimento dessa opinião pode contribuir muito para a destruição do impulso criador.

A nova filosofia do "Por que tentar?" importa em um complexo de "Nada de correr riscos". Quase tôdas as investigações, entre estudantes do último ano dos cursos superiores, trazem em primeiro lugar o emprêgo público. Mania semelhante, para situações mais seguras e mais fáceis, foi uma das causas do declínio da França, segundo a opinião de Henri Le Chatelier.

44

Os impostos muito contribuíram para reduzir o incentivo à criação. Quando o Senado estava discutindo o impôsto de renda, em 1909, um senador declarou que se Tio Sam podia tirar um por cento da renda de um cidadão, tiraria 10 ou mesmo 50 por cento. A isto o Senador Borah respondeu indignado: "É loucura falar dessa maneira. O povo americano nunca admitiria uma taxa de 50 por cento." E atualmente o impôsto de renda em rendimentos elevados chega a 94,5 por cento.

A guerra, principalmente, causou os impostos elevados. Dessa maneira, tão bem como em outras, as duas guerras mundiais contribuíram para o declínio do poder criador, embora estimulassem o espírito criador dos cientistas. A América dependeu inteiramente da Alemanha, no que tange a vidros para laboratórios, até a Primeira Guerra forçar o engenho americano a resolver êsse problema. O mesmo aconteceu com as anilinas.

Todavia, a guerra exerce efeito paralisador sôbre artistas e escritores. "O declínio qualitativo da imaginação criadora no campo da literatura e do teatro durante a guerra", disse Leslie Pearl, "é um dêsses fenômenos tão freqüentemente observados e tão amplamento discutidos, que quase se converteu em truísmo."

Na Segunda Guerra Mundial, mais de onze milhões de americanos passaram, em média, ano e meio sob o uniforme. Na sua maior parte nunca foram convocados para exercerem a imaginação; tinham apenas por obrigação fazer conforme lhes mandavam. Assim se gastaram uns 50 bilhões de homens-hora entre 1940 e 1945.

Exceto no que diz respeito aos incentivos favoráveis ao pensamento criador de chefes militares e, inventores, o efeito líquido global da luta consistiu em tornar cada vez menos criador o ambiente nacional americano.

4. *A tendência criadora na educação*

Muitos educadores opinam que o ambiente assim modificado exige maior treino em criatividade. Alguns acreditam mesmo que os programas educacionais tendem a estiolar a imaginação — que, enquanto os jardins de infância cultivam essa faculdade, os cursos primário e secundário tendem a sufocá-la.

Warren W. Coxe, Diretor de Pesquisas Educacionais do Estado de Nova Iorque, constituiu-se em figura notável na pesquisa de soluções para êste problema. As energias do seu departamento, na maior parte dedicam-se atualmente à verificação dos meios de que se deve lançar mão para que as escolas de todo o Estado modifiquem os programas dos cursos, no sentido de assegurarem menos impedimento à imaginação e mais estímulo à criatividade.

Algumas autoridades em educação superior se preocupam, igualmente, com êste problema, em parte porque experiências científicas revelaram não se colocarem os alunos de cursos superiores acima de pessoas sem cursos, em aptidão criadora. De acôrdo com as 'palavras do Dr. J. P. Guilford, a queixa mais comum a respeito dos alunos de cursos superiores como pesquisadores é que "embora executem as tarefas que lhes são confiadas com grande mestria, aplicando as técnicas que aprenderam, ficam sem saber como atuar quando chamados a resolver problemas que exigem novas diretivas". Um estudo levado a efeito pelo Brookings Institute confirmou êste paradoxo.

Com tôda certeza, é essencial à criatividade ter o espírito bem fornido, já que os fatos são a fonte das idéias. Oculta-se, porém, grave perigo no processo de sobrecarregar a memória. Na obra *The Tims of Education*, Alfred North Whitehead recomendou: "Devemos precaver-nos contra o que denomino de "idéias inertes" — idéias que se recebem simplesmente no espírito sem utilizá-las nem verificá-las, nem tampouco lançá-las em novas combinações." Entretanto, quase todos os cursos insistem na aquisição e retenção de tais dados.

Outra inibição consiste no que um educador chamou de "atitude acadêmica — aquisição de certo espírito de branda tolerância e discernimento' erudito, com o sacrifício do impulso criador". A verdade é que a geração de idéias exige muitas vêzes quase entusiasmo irracional, pelo menos até que a verificação revele têrmos errado de pontaria. Conforme disse Charles Kettering, até mesmo o inservível pode tornar-se escada por meio da qual se alcancem idéias aproveitáveis.

"A *passividade* é o escolho mais perigoso na educação contemporânea", tal a conclusão de um grupo de professôres de curso superior. Com o propósito de afastar esta inibição, os estudantes devem adquirir verdadeiro conceito do papel que representa o esfôrço, especialmente na criatividade. É por isso que um professor de inglês se empenha em arrasar a noção corrente de que os escritores "nascem", e o que escrevem se escreve por si. Cita as autobiografias de autores como prova em contrário. Está de acôrdo com Thomas Huxley em que um objetivo fundamental da educação é ensinar aos estudantes que a característica mais valiosa que possam adquirir é "a capacidade de fazer o que se tem de fazer, quando deve ser feito, gostando ou não".

O curso secundário tende a tornar-se anticriador, via de regra, mesmo no ensino das artes, conforme diz Stanley Czurles, Diretor de Educação Artística no Colégio Estadual de Nova Iorque, para professôres.(*) Afirmou êle: "A criança é altamente imaginosa até entrar para o colégio. Em seguida, sob processos tradicionais, quase todo o ensino tende a estiolar-lhe a imaginação. Por exemplo, quando, na maneira tradicional, todos os alunos recebem pedaços de papel da mesma côr e do mesmo tamanho; quando se lhes diz como dobrá-los e marcá-los sempre da mesma forma; quando se lhes indica que os cortem, igualmente, todos pelo modêlo; o resultado é que todos os alunos produzem exatamente o mesmo desenho. Não há estímulo algum à imaginação, incentivo algum à criatividade. Quão melhor seria se o aluno escolhesse a côr, cortasse e dobrasse de sorte o explorar várias possibilidades, de acôrdo com a própria iniciativa individual! Dêsse modo, inflamaria a centelha criadora, enquanto que, mediante a padronização, estamos procurando estiolá-la."

Algumas escolas progressivas se apresentam como expoentes de exercício criador. Assim também algumas escolas comerciais. O Comissário Grace, do Connecticut, declarou: "Recentemente visitei uma das melhores escolas de comércio. O laboratório tinha sido construído com peças de ferro velho, com materiais refugados da indústria e de tudo quanto fôra possível encontrar na comunidade. Os rapazes projetaram os instrumentos e as aplicações: o laboratório foi criado por êles. É preciso imitar êste exemplo. A oportunidade de criar deveria existir em cada escola ou classe." O Deão John E. Wilbur, do M. I. T., escreveu o seguinte: "A educação tem a obrigação especial de animar e ajudar os estudantes a desen-volverem as respectivas faculdades mentais; em resumo —

(*) Teachers' College (N. do T.)

mas não exatamente — se deve ensinar os estudantes a pensarem." Continuava salientando a necessidade de desenvolver "os processos mentais não-formais" por êle descritos como "julgamento, por meio do qual a reflexão sôbre a experiência anterior conduz à formulação de valôres por meio da comparação e da discriminação... imaginação, por meio da qual certos processos do espírito conduzem à formulação de imagens mentais ou conceitos".

TEMAS

1. Até que ponto o leitor concorda com Thomas Huxley com relação ao objetivo fundamental da educação?

2. Acredita que o trabalho intenso compensa, na escola ou no emprêgo, como anteriormente? Por quê?

3. Diria que o descontentamento estimula o espírito criador? Por que sim ou não?

4. "A pesquisa criadora tem raízes profundas." Concorda? No caso afirmativo, por quê? No caso negativo, por quê?

5. Se a adversidade foi a fôrça que impulsionou muitos dos povos mais criadores do mundo, como puderam conservar e aumentar a criatividade muito depois de se tornarem famosos e prósperos? Discutir.

EXERCÍCIOS

1. Pense em cinco maneiras, pelo menos, que não estiverem em uso atualmente, para reforçar o espírito de escola que freqüente ou freqüentou.

2. Indicar cinco invenções que o mundo poderia usar com vantagem e que ainda não se fizeram.

3. Quais os melhoramentos em um ônibus, que o leitor sugeriria para maior confôrto dos passageiros?

4. Escrever cinco títulos imaginários que desejaria ver no jornal do dia de amanhã.

5. "O espírito assemelha-se a um pára-quedas; só tem utilidade se aberto". Com um resultado semelhante, complete as seguintes frases: "A vida é como uma Bíblia; ....."; "O amor assemelha-se a um disco voador; ....."; "O amor é como os óculos da avó; ....." (Exercício sugerido pelo *The London Spectator*).

REFERÊNCIAS

BROWN, K I. — "To Greate: to Cause to Come into Existence; Place of Creativity in the Liberal Arts". *Journal of General Education*, October 1948, págs. 34-40.

DONHAM, W. B. — *Education for Responsible Living*, Cambridge. Harvard University Press, 1944.

ELLINGER, R. G. — "Education for Creative Thinking". *Education*. February 1946, págs. 361-363.

GREENSLET, FERRIS — *The Lowells and Their Seven Worlds*. Boston Houghton Mifflin Company, 1946.

MCCONNELL, T R. — "Learning by Thinking". *School and Society*. March 18, 1939, págs. 343-347.

MEARNS, HUGHES — "Creative Education in College Years". *Progressive Education*. May 1946, págs. 268-269.

MEARNS, HUGHES — "Creative Learning". *Challenges to Education, War and Post-War*. Philadelphia. Pennsylvania University Scholl of Education, 1943, págs. 157-166.

ROGERS, D. — "Teaching Children to Think Creatively". *Peabody Journal of Education*. March 1952, págs. 268-273.

SPENGLER, OSWALD — *The Decline of the West*. New York. Alfred A. Knopf, 1926.

STEWART, G. W. — "Can Productive Thinking Be Taught?" *Journal of Higher Education*. November 1950, págs. 411-414.

STEWART, G. W. — "Higher Education in Creativeness". *Journal of Higher Education*. January 1946, págs. 31-39.

THORNDIKE, ROBERT L. — "How Children Learn the Principles and Tecniques of Problem-Solving". *Yearbook National Society for the Study of Education*. Bloomington. Public Scholl Publishing Company, Part I, 1950, págs. 196-216.

WHITEHEAD, ALFRED NORTH — *The Aims of Education*. New York. MacMillan Company, 1929.

WOOLRICH, W. R. — "Creative Engineering Research: Its Stimulation and Development". *Journal of Engineering Education*. 1945-1946, 53, págs. 565-571.

CAPÍTULO V

*Maneiras por que se pode
desenvolver a criatividade*

"Nosso negócio é o talento", disse Gustave Flaubert. Podemos deixar o dom de criação estiolar-se por falta de uso, ou podemos formá-lo exercendo as atividades mais capazes de cultivar nossa imaginação — fornecendo-lhe matéria para exercitar-se.

Não há dúvida alguma que se pode desenvolver tal talento. Há muito aceitaram os psicologistas a opinião de que qualquer capacidade primária é suscetível de treinamento — mesmo qualquer qualidade em estado potencial pode desenvolver-se por meio do exercício. Praticando cálculo mental, qualquer um pode mais do que duplicar a capacidade em calcular. Quanto ao efeito do exercício sôbre a memória, muitas pessoas, por meio da prática, dobraram a faculdade de lembrar.

Até mesmo certos aspectos distintamente emocionais podem mudar para melhor, por meio do exercício. Quanto mais praticamos a bondade, mais bondosos ficamos. Praticando a gentileza, tornamo-nos mais gentis. Pode-se, inclusive, desenvolver um sentimento de humor por meio de exercício — pelo menos assim o acredita a Universidade da Flórida. O curso experimental dêsse assunto logrou tal êxito que atualmente faz parte do ensino dessa universidade.

O exercício é necessário para desenvolver tanto o corpo como o espírito. Walt Disney aconselha considerar o aparelho da imaginação como músculos mentais. "Quanto mais trabalha um músculo" disse o Dr. Carrel, "tanto mais se desenvolve. A atividade o reforça, ao invés de desgastá-lo Igual a músculos e órgãos, a inteligência e o senso moral atrofiam-se por falta de exercício."

Quando Shakespeare se refere à "rica vantagem do bom exercício" indica variar a prática em graus de valor. O melhor de todos, sem dúvida, é *fazer* realmente — combinação real de esfôrço com imaginação. De tal maneira pode reter-se ou recuperar o poder criador — que "se pode mesmo estimular-lhe o crescimento", conforme afirmam o Prof. H. A. Overstreet e muitos outros estudiosos do espírito.

2. *A experiência fornece combustível à ideação*

A fim de desenvolver a criatividade, o espírito precisa não sòmente de exercício mas também da aquisição de materiais, com que formar idéias da melhor maneira. O combustível mais rico para ideação é a experiência.

A experiência de *primeira mão* fornece pròpriamente o combustível mais rico, desde que é mais capaz de ficar conosco e vir à tona quando dêle precisarmos. A experiência em segunda mão — resultante de leituras superficiais, ouvir ou ver — provê combustível menos forte.

Aos doze anos de idade, Thomas Alva Edison era vendedor de doces nos trens do Grande Tronco. Publicou um jornal antes de completar 14 anos. Vez por outra comprava e vendia hortaliças, e pela mesma época trabalhou em um escritório telegráfico. Aprendeu tanto em primeira mão que, aos 22 anos de idade, tinha inventado o receptor telegráfico universal, vendendo-o à Western Union por 40 mil dólares. Essa experiência em primeira mão explica o recorde durante tôda a vida de Edison em triunfos criadores.

Viajar é uma espécie de experiência que tende a alimentar a imaginação. As cenas mais belas gravam-se na memória e reforçam-nos o poder de associação — tanto que, anos depois, podem dar origem a uma idéia que não nos teria acudido se não tivéssemos ido a certo lugar e visto certo espetáculo.

O valor criador de viagens depende do esfôrço que se lhes dedica. Quando meu sócio, Bruce Burton, fêz há muitos anos uma viagem em roda do mundo, redigiu um diário, no qual registrou não sò a experiência própria mas também as idéias que lhe vinham à mente todos os dias. Êsse registro acentuou grademente o valor da viagem. Vi-o muitas vêzes tomar do diário para colhêr alguma idéia para os artigos que escrevia semanalmente para mais de 50 jornais de todo o país.

Percy Grainger, enquanto viaja de recital em recital — escreve música. Assobia e cantarola enquanto trabalha. Essa atividade criadora não despertaria grande atenção em um "pullman". Mas Grainger prefere viajar em carros comuns, onde a concentração é quase impossível, despertando zombarias e motejos dos companheiros de viagem com a cantoria e o assobio.

Certa mulher, tendo de viajar 10 horas por trem em companhia de dois filhos pequenos, estava preocupada com a pergunta que iriam dirigir-lhe constantemente: "Que é que vou fazer agora, mãe?" Disse-lhes então, antes de partir: "Vou dar a cada um um bloco e um lápis. Vocês vão escrever tudo quanto imaginarem durante a viagem. Vou dar dez cents para cada idéia boa que tiverem." Em conseqüência, pagou ao de 10 anos 2,30 dólares e ao de sete 1,20. Examinei as 35 idéias que registraram. Algumas poderiam figurar em folhetos para distribuição nos trens.

O bispo episcopal Edward R. Welles é partidário de um tipo de viagem que força o trabalho da imaginação a cada momento. No último verão êle e a espôsa, acompanhados dos quatros filhos, foram fazer uma excursão ao Alasca. Discutindo essa experiência, a Sra. Welles observou: "Quanto mais uma pessoa depende de si, tanto mais capaz se torna de imaginar idéias. Tal o motivo de escolhermos viajar com os filhos, pela maneira por que o fazemos, a lugares afastados para experimentar de tudo. Acreditamos que, com isso, desenvolvemos a fôrça imaginativa não só nos filhos mas também em nós."

A vida errante tem contribuído para tornar muitos homens muito mais criadores do que o teriam sido em outras circunstâncias. Eugene O'Neill confirma-o de maneira notável. Viajou tôda a América do Sul e cruzou o Atlântico, de sorte que, aos 24 anos de idade, tinha acumulado enorme soma de conhecimentos, sólida base para a elaboração das esplêndidas obras teatrais que escreveu. Lowell Thomas também formou a imaginação perambulando fora dos caminhos trilhados. A viagem mais sensacional que empreendeu foi ao Tibete misterioso, em companhia do filho. O livro escrito por Lowell Jr., sôbre êste país, não pode deixar de despertar a imaginação do leitor. Dá que pensar o que fizeram essas experiências em primeira mão para enrijar os músculos imaginativos dos dois Thomas! Quer se viaje pelo mundo a fora, quer tão-só pelos subúrbios, amplia-se nossa experiência; amplia-se nosso conhecimento, com o qual a imaginação gera idéias. E aumentamos igualmente o poder automático de associação. As viagens também tendem a esclarecer-nos o espírito, de sorte que contribuem à ideação.

Os contatos pessoais também contribuem muito para alimentar e estimular a imaginação, especialmente quando se fazem com os muitos jovens.

Os adultos, cuja profissão os leva constantemente a entrar em contato com crianças, oferecem prova viva de que a imaginação lucra com tais contatos. Os professôres de jardins de infância e dos primeiros anos do curso primário mostram-se criadores a um ponto excepcional. Verificações de aptidão revelam que 58 por cento acusam taxa excepcionalmente elevada em imaginação, comparativamente a outros grupos.

Para tirar maior proveito do poder de criação das crianças, é preciso ir-lhes totalmente ao encontro e comungar mentalmente com elas, conforme costuma fazer certa senhora de minhas relações, que escreve para jornais. Procura manter desperta a imaginação, inventando com os filhos maneiras figuradas de falar. Quando passeiam, num domingo à tarde, procuram descrever o que vêem — não em têrmos literais de descrição, mas por associação de idéias.

"Fred, do que você se lembra quando vê êste vale?"

"Lembra-me a colcha da cama de Tom, a maneira em que estão dispostos os campos."

"Parece com os dados de côr, lado a lado", comenta Johnny, de sete anos de idade.

Um céu coberto de nuvens brancas e volumosas revela-se campo fértil para a imaginação — cheio de chefes índios, búfalos, pássaros e peixes. Um pôr-do-sol torna-se "uma soda com morangos, passando a chocolate".

53

O Dr. Rudolf Flesch chamou a atenção para o fato de o valor dos contatos com as crianças depender, em grande parte, da atitude do adulto: "Se a pessoa tentar falar *de cima* com as crianças, desmascaram-na ràpidamente e reduzem-na ao silêncio. Mas largando rédeas à imaginação de adulto — que reino maravilhoso se descortina, então!"

3. Jogos de diversão — solução de enigmas

Quase todos gastam o tempo de lazer de que dispõem em jogos. Alguns contribuem para desenvolver a imaginação, mas nem todos.

Existem uns 250 jogos que praticamos sentados em tôrno a mesas. Dêstes, cêrca de 50 importam em exercícios criadores.

Entretanto, tudo depende de como se joga. No xadrez, por exemplo, há quem siga quase sempre os manuais, mas há também quem transforme cada movimento em aventura criadora, como acontece com um cientista que é um dos melhores enxadristas que conheço. "Ao invés de inspirar-me nos manuais", disse-me êle, "esforço-me contìnuamente por descobrir jogadas novas e arrasadoras para realizar os meus planos. O jôgo torna-se, por êsse modo, mais divertido, e constitui melhor exercício mental."

Há quem julgue que o jôgo de damas proporciona maior exercício criador do que o xadrez. É também a opinião de Edgar Allan Poe: "No xadrez, em que as peças têm movimentos diferentes e esquisitos, toma-se a complicação por profundidade. No jôgo de damas, qualquer vantagem conseguida por um dos jogadores tem de atribuir-se a sagacidade superior."

Entre os jogos de salão, o das "Vinte perguntas" não proporciona exercício imaginativo aos que se limitam a responder "sim" ou "não". Exercício muito melhor é a charada, segundo a revisão de Elza Maxwell, que lhe deu o nome de "O Jôgo". Todos os que dêle participam são obrigados a esfôrço criador. Não sòmente desafia o engenho dos que interpretam, mas obriga os espectadores a imaginarem o significado de cada gesto ou expressão do rosto.

Os esportes ao ar livre obrigam o espírito a entrar mais ou menos em ação, conforme os encaramos. No basebol, por exemplo, o captor(*) tem de fazer o máximo uso da imaginação. Tem de imaginar uma lista sem fim de alternativas, antes de abaixar-se. Tôda a estratégia da equipe gira em tôrno dêle. O treino criador que o captor recebe compensa mais tarde, conforme demonstra a longa relação de captores que se tornaram gerentes de grandes ligas.

No futebol, o zagueiro tem de invocar a imaginação criadora a cada instante em que a equipe respectiva está na ofensiva. Pode agir em grande parte por intuição, entretanto, mesmo quando volta para o arco, o bom zagueiro tem de esforçar-se por pensar qual a melhor maneira de jogar na próxima vez. Os repórteres esportivos o reconhecem. É comum descrever os zagueiros como Don Holland fêz em relação a Ray Ryan: "Jogava com ousadia e imaginação."

Ollie Horward, que se encarrega de irradiações sôbre pescarias, afirma fazer-se uso de mais imaginação na pesca do que em qualquer outro esporte. Diz êle: "Desde a Idade da Pedra, quando a própria sobrevivência dependia da imaginação do homem primitivo, até os dias atuais dos que se têm por Izaak Waltons(*), o êxito na apanha de peixes sempre dependeu da habilidade com que o pescador usa o espírito criador."

Thomas Edison, segundo diz seu filho Charles, acreditava firmemente que a resolução de enigmas constituía exercício criador. Hoje em dia pode-se combinar a prática criadora com o descanso resolvendo problemas de palavras cruzadas, comuns nas revistas e nas edições domingueiras dos jornais. Para decifrá-los é preciso esforçar o espírito em todos os sentidos, mas principalmente se trata de fazê-lo *trabalhar*, o que, já por si, nos reanima a fibra criadora.

Exercício mais exigente é a solução de *Double Crostics*, imaginados por Elizabeth Kingsley, senhora de 80 anos de idade. Ela afirma, com razão: "Simples conhecimento não dá para resolver êsses problemas. Eu os construo de modo a exigirem, antes de tudo, pensamento criador."

Exercício ainda mais trabalhoso é a criação e decifração de códigos. Como passatempo, essa ciência oculta de comunicações secretas é tão antiga como o Egito. As pessoas que escolhem criptogramas como passatempo, não sòmente exer-

---

(*) No original, catcher.
(*) Issak Walton — Autor de um livro famoso, "The Complete Angler" (O Completo Pescador). (N. do Ed.)

citam ao extremo a criatividade, mas preparam-se para servir na defesa da nação. Quando rebenta a guerra, muitos recebem do dia para a noite enormes tarefas.

4. Passatempos e belas-artes

Contam-se talvez uns 400 passatempos que, na maior parte, dizem mais respeito à aquisição do que à criação. As coleções destinam-se mais a acumular conhecimentos e treinar o julgamento do que a estimular a imaginação. Como diferem largamente no grau de exercício criador, podemos escolher, dentre êles, os que exigem esfôrço imaginativo.

De modo geral, os trabalhos manuais proporcionam exercício criador em maior extensão do que fazer coleções. Parece existir influência recíproca entre a atividade mental e a atividade manual de natureza conveniente. Conforme diz Alfred North Whitehead: "O desuso das artes manuais é uma das causas que contribuem para a letargia mental das aristocracias."

As artes manuais trazem-nos maior contribuição criadora quando imaginamos os planos a executar. Tal se dá com a confecção de cestas, gravação em relêvo, obra de talha, trabalhos em metais, modelagem e muitos outros. Implica em criatividade a transformação de refugos em objetos úteis ou ornamentais. Livro recente de Evelyn Glantz mostra como se podem produzir mais de 400 objetos diferentes com pedaços de madeira, papel, pano, garrafas, caixas e outros refugos. Com o auxílio da obra *Workbook*, de Peter Hunt, qualquer pessoa "pode tirar alguma coisa de nada" e, ao fazê-lo, deparar com saída feliz e proveitosa para a energia criadora.

Podemos exercer vigorosamente a imaginação tentando criar novos passatempos. Assisti a uma dessas tentativas no laboratório de pesquisas para a indústria do vidro da General Electric. Durante a hora do almôço, um jovem cientista estava fazendo o modêlo de um navio todo de vidro. Que exercício rigoroso para a imaginação formar o projeto no pensamento e depois, a cada momento, inventar maneiras de formar as velas, os mastros e o cordame, tudo com sílica fundida!

A. Edward Newton recomendava: "Arranje uma parelha de cavalos de passatempo que se possam cavalgar com segurança em direções opostas." Muitos dos gigantes imaginosos da literatura possuíam cavalariças de tais ginetes. Vitor Hugo não fazia apenas móveis; também os inventava. Não pintava sòmente quadros; comprazia-se em transformar um borrão, ainda úmido, em desenho fascinante. Uma dessas rápidas criações dêle representava uma aranha na teia, com pequenos diabinhos agarrados aos fios.

As belas-artes exigem imaginação — para "dar existência a alguma coisa", nas palavras de Aristóteles. Tal é verdade para a música, a escultura e a pintura, até mesmo para a dança estética. Mas o benefício criador que nos traz uma arte depende da maneira pela qual nos aproximamos dela. Por exemplo, quando ouvimos música passivamente, estamos fixando certa atitude para a imaginação; quando, entretanto, tentamos fazer uma composição, exercemos ativamente a criatividade — como faz Eugene MacQuade, advogado de Nova Iorque, que muitas vêzes passa o tempo no trem de subúrbios escrevendo música.

A pintura e o desenho não podem deixar de assinalar a sua passagem com imaginação. Cada pincelada, cada risco, cada traço, tem de revelar essa fôrça automática que se chama associação de idéias. Eugene Speicher comparava a pintura à eletricidade. "Toque-se uma parte qualquer da tela", dizia, "e imediatamente haverá uma reação em qualquer outra parte."

5. A leitura desenvolve a criatividade

Na opinião de Francis Bacon "a leitura torna o homem completo". Fornece pão para alimentar a imaginação e ossos para ela roer. Mas, para tirar o maior proveito da leitura, é indispensável selecioná-la; e uma boa prova a que se pode sujeitar o que se deve ler, é perguntar: "Será favorável à imaginação a leitura que vou fazer?"

Esmera-se a imaginação com a leitura da ficção conveniente, como a escreveram Dickens, Dumas, Conrad e Kipling. Contudo, a maior parte das novelas de segunda ordem fornece pouco mais que agradável diversão. Todavia, os melhores mistérios proporcionam bom material para exercício — se tivermos o cuidado de lê-los mais como participantes do que espectadores, interrompendo a leitura logo que se tenham em mão os indícios, para imaginar "quem o fêz".

As pequenas histórias são pequenas(*) principalmente porque deixam tanto à imaginação. Para tirar delas o maior proveito, como exercício, pode tentar-se exceder o autor em astúcia lendo a primeira metade e depois imaginando e escrevendo o nosso próprio enrêdo para a segunda metade. Tomando por modêlo os finais imprevistos de O'Henry, pode-se proporcionar à imaginação vigoroso exercício.

Segundo a opinião de Harry Emerson Fosdick, "a forma de leitura mais recompensadora é a biografia". Qualquer vida que mereça publicar-se não pode deixar de revelar dados inspiradores de ideação. O Dr. Albert G. Butzer acha que a Bíblia pode tornar-se fonte de desenvolvimento criador para quem souber lê-la convenientemente. William Lyon Phelps recomendou, igualmente, a leitura da Bíblia para treino mental.

Entre as revistas, Walt Disney recomenda *The Reader's Digest* com as seguintes palavras: "A imaginação de qualquer pessoa pode ser falha, tímida, enfezada ou congelada nas articulações. *The Reader's Digest* pode servir como ginásio para treiná-la." Revistas de viagens como a *National Geographic Magazine* e *Holiday* enchem-nos os tanques de combustível da imaginação. As revistas para o sexo feminino não só preenchem êsse fim, mas também publicam muitas vêzes artigos que inspiram esfôrço criador. Revistas do gênero da *Popular Science* proporcionam atmosfera criadora e servem como montras de novas idéias.

As pessoas, em sua quase totalidade, deixam o espírito servir tão-só de esponja durante a leitura. Ao invés dessa passividade, Elliott Dunlap Smith, da Universidade de Yale, recomenda esfôrço ativo — "bastante energia para que se exerça o poder do pensamento criador". George Bernard Shaw foi mais longe escrevendo o seu próprio plano geral de cada livro que ia ler, antes mesmo de abri-lo.

Em *How to Read a Book*, Mortimer Adler distingue entre *informação* e *iluminação* como resultado da leitura — distinção que determina a extensão a que a leitura pode levar a imaginação criadora. A fim de conseguir iluminação é necessário pensar enquanto se lê. Dêsse modo, maior número de idéias nos acodem com a leitura. Muitas vêzes resultam

---

Aqui há, no original, um jôgo de palavras, em tôrno da expressão short story (história curta) que em verdade significa conto.

58

de passagens que não apresentam qualquer correlação com o pensamento por elas originado.

A leitura proporciona muito melhor exercício criador quando se tomam notas enquanto a fazemos. Em primeiro lugar, induz-nos maior energia. Na biografia de Mark Twain escrita por Albert Bigelow encontra-se: "Sôbre a mesa, junto à qual se sentava, sôbre a cama e nas prateleiras da sala de bilhar, conservava os livros que mais lia. Todos tinham anotações — notas à margem espontâneamente registradas, preliminares ao título, ou comentários conclusivos. Eram os livros que lera repetidamente, e rara era a ocasião em que não tinha mais alguma nota a juntar em nova leitura."

O Prof. Hughes Mearnes, o mais proeminente professor de criatividade, resumiu estas observações dizendo: "A espécie conveniente de leitura é rica em vitaminas. Os que se viram privados dessas unidades criadoras de energia poderão sofrer mais tarde, tendo a vida encurtada. Devemos, contudo, admitir honestamente que muitos são capazes de se desenvolver com o seu quase substituto, uma rica leitura de experiência; mas neste caso o progresso é muito mais longo."

6. *A produção literária como exercício criador*

Escrever concorre grandemente para treinar a imaginação. Exames científicos consideram a "facilidade em escrever" como índice fundamental de aptidão criadora. Arnold Benett insistia em que o "exercício de escrever constitui parte indispensável de qualquer esfôrço genuíno no sentido de eficiência mental".

Não é preciso ser escritor "nato", a fim de escrever. Todos os autores começaram como amadores. Matthew Arnold, inspetor escolar itinerante, repentinamente se viu saudado como homem de letras. Anthony Hope era rábula sob o nome de Hawkins. Joseph Conrad viajou em navios mercantes durante 16 anos, antes de descobrir que era romancista. Conan Doyle, médico, criou Sherlock Holmes como passatempo. A. J. Cronin era igualmente médico, com clínica particular, e assim também era Oliver Wendell Holmes. Charles Lamb funcionava como escriturário na India House e começou a escrever para vencer o tédio. Stephen Leacock foi professor na Universidade McGill, durante muitos anos, antes de verificar que sua pena poderia interessar a um grande público. Longfellow era professor de línguas. Anthony Trollope foi inspetor do correio. Herman Melville foi, durante 20 anos, obscuro funcionário de alfândega.

Verificações recentes revelam que perto de dois milhões e meio de americanos estão tentando escrever para ganhar dinheiro. Muitos, com tôda certeza, alimentam grandes esperanças de muito em curto prazo, e ficarão pelo caminho — retidos pelo desânimo. Mas outros muitos chegarão ao fim da caminhada, segundo afirma A. S. Burack, editor do *The Writer*. Assim se exprime: "Para cada pessoa bem sucedida como autor, conseguindo dinheiro e fama, contam-se pelo menos 30 a 40 que recebem somas razoáveis ou melhoram os vencimentos escrevendo algumas páginas por dia."

Alguns autores que conseguiram grande êxito ainda se conservam nos empregos que escolheram. Ed Strecter, que escreveu *Dere Mabel* e *The Pather of the Bride*, muito cedo tornou-se banqueiro, e permaneceu como vice-presidente de uma companhia de seguros de Nova Iorque muito tempo depois de ter sido proclamado grande escritor.

Se fizermos uso da imaginação, é preciso que não nos apavorem as rejeições. Antes de tudo, devemos lembrar os maiores autores, que tiveram de continuar produzindo sob uma barragem de rejeições. W. Sommerset Maugham começou a escrever com 18 anos de idade; mas decorreram dez anos antes que pudesse fazer o bastante para sustentar-se com as suas obras.

Mesmo quando não se escreva como profissão, há muitas formas como amador que servem para afiar-nos o espírito. Até mesmo escrever cartas pode proporcionar bom treino, quando se sabe atacar convenientemente o gênero.

Um dos meus jovens amigos pratica escrevendo piadas para caricaturas de revistas, e às vêzes consegue acertar no título escolhido pelos editôres. Outro tira qualquer figura de revista e a toma por motivo de uma historieta. Uma senhora que se irrita fàcilmente com os anúncios pelo rádio, costuma dar-lhes nova redação, conforme gostaria de ouvi-los.

Um engenheiro industrial que nunca havia tentado escrever fêz um curso de criatividade na Universidade de Búfalo. O professor, Robert Anderson, pediu-lhe que escrevesse uma história para crianças. Vi o manuscrito conforme lhe saiu das mãos. É a história de uma galinha — conto de fadas com o título de "Chickendrella". Passa-se com Coop Town. Os personagens principais são "Flossie Feathers" e "Brewster Rooster", que vivem na Avenida Cockscomb. Qualquer criança gostaria dessa história. Serve como prova de .que quase todos têm elementos necessários para escrever — mesmo que nunca o tenham tentado, nem pensado que fôssem capazes de fazê-lo.

Também se pode exercitar a imaginação com jogos de palavras. Por exemplo, a procura de sinônimos pode constituir uma brincadeira interessante, conforme provou um grupo de pessoas de tôdas as idades que passou parte da noite imaginando as maneiras de dizer-se "superficial". Encontraram 27 sinônimos, diversos dos que constam do dicionário.

Esta espécie de divertimento também se presta a duas pessoas. Dois dos meus jovens associados resolveram pensar em sinônimos para *acume*. Sabiam que um professor e eu tínhamos pensado 38, de sorte que queriam ultrapassar êsse número. Ganharam. Em três horas (durante uma viagem de trem) relacionaram 72 palavras, frases e figuras com o significado de acume — mais 34 do que o Prof. Arnold Verduin e eu tínhamos sido capazes de pensar em uma hora dedicada a tal projeto.

Outro bom exercício consiste em imaginar frases figuradas. Podem ser bastante simples, como os seguintes exemplos: "Tão superficial como um biquini..." "Tão superficial como um banho de gato." Ou podem compreender um tom irônico, como quando Dorothy Parker comparou a superficialidade com "tocar a escala de lá a si". Julio Boraas no livro *Theaching to Think* recomenda insistentemente como exercício criador o esfôrço para imaginar frases figuradas.

7. *Prática da criatividade na solução de problemas*

A maneira mais direta para desenvolver a criatividade consiste em *praticá-la* — imaginando realmente soluções para problemas específicos.

Tal exercício forma a essência de mais de mil cursos sôbre pensamento criador. Em *todos* êles, a exposição usual fica subordinada à participação do estudante — preponderantemente sob a forma de ideação por grupo de problemas determinados, bem como pela ideação individual.

Na pesquisa científica conduzida pelos Drs. Arnold Meadow e Sidney Parnes, da Universidade de Búfalo, formaram-se pares de estudantes que tinham feito um curso semestral de solução de problemas de criatividade, com estudantes que se lhes podiam comparar mas não tinham feito o curso. O resultado mostrou, claramente, que a capacidade criadora pode melhorar substancialmente por meio de um curso de 13 sessões, no qual se tome esta obra por manual.

A experiência mais significativa mostrou que os rapazes que tinham feito o curso revelavam-se 94 por cento melhores na produção de boas idéias do que os outros, que não o tinham feito.

Basearam-se tais experiências no volume de boas idéias apresentadas durante o mesmo período. Os pesquisadores marcaram como boas sòmente as idéias que fôssem potencialmente úteis e relativamente originais.

Verificações, antes e depois, também forneceram índices do progresso dos alunos em fluências de idéias. Em uma dessas classes, o aperfeiçoamento médio subiu a 79 por cento, conforme refere E. R. Kline, diretor de Treinamento Educacional da National Cash Register Company. Na Universidade de Wayne, o instrutor verificou exceder 100 por cento o melhoramento médio em fluência de idéias. Nas classes da Universidade de Búfalo as verificações, antes e depois, indicaram percentagem ainda mais elevada nos progressos dos estudantes, sob êste aspecto.

Reconhecidamente, êsse tipo de verificação antes e depois é mais indicativo do que conclusivo. Além disso, mede ùnicamente a fluência das idéias. Por outro lado, pode avaliar-se o progresso dos estudantes com mais profundeza e maior segurança, em relação a um curso mais longo e mais completo, como o do Programa de Engenharia Criadora da General Electric Company. Neste, o progresso do estudante em capacidade criadora, sob todos os aspectos, pode medir-se objetivamente em têrmos de empreendimentos subseqüentes. Relatou-se resultado dêste tipo de treino a longo prazo, como se segue: os estudantes que terminaram o curso acima referido da General Electric revelaram-se quase três vêzes mais produtivos, em novos processos e idéias patenteáveis, do que os que não o tinham feito.

O treino em primeira mão para solução consciente de problemas de criatividade pode contribuir grandemente para desenvolvê-la, quer se trabalhe isolado ou em companhia. O capítulo seguinte tratará de colaboração dual. E o posterior apresentará as bases da ideação por grupos, mediante o que se denominou de "brainstorming".

TEMAS

1. De todos os passeios que tem dado, qual o que mais contribui para desenvolver-lhe a imaginação? Analisar as razões e dizer por que outros não tiveram a mesma influência.
2. Acredita que devemos animar ou desanimar as crianças em suas pretensões? Discutir.
3. Até que ponto concorda com Francis Bacon em que a "leitura completa o homem?"
4. Acha que é capaz de escrever um livro? Por quê?
5. Verdadeiro ou falso: "Quanto mais se pratica a bondade, mais bondoso se fica"? Discutir.

EXERCÍCIOS

1. Deposite um pouco de tinta sôbre um pedaço de papel e bata com o mata-borrão em cima dêle, ràpidamente. Faça uma relação dos objetos parecidos com a figura resultante.
2. Corte seis caricaturas de uma revista, suprimindo os títulos originais. Sugerir outro título para cada uma.
3. Em menos de cem palavras, esboce uma história para crianças.
4. Faça uma relação de palavras, frases comuns e figuradas (incluindo gíria) que se podem usar em lugar da palavra "absurdo".
5. Em um dia chuvoso e frio pense em dez maneiras diferentes para uma criança divertir-se dentro de casa.

REFERÊNCIAS

ADLER, MORTIMER — *How to Read a Book*. New York, Simon and Schuster, 1940.

ALGER, JOSEPH — *Get in There and Paint*. New York. Thomas Y. Crowell Company, 1946.

BARTLETT, G. M. — "Can Inventive Ability be Developed in Engineering Students?" *Journal of Engineering Education*. 1933-1934, págs. 41, 276-288.

BOWER, MARVIN — The *Developmet of Executive Leadership.* Cambridge. Harvard University Press, 1949.

CHURCHILL, WINSTON — S. "Painting as a Pastime", from *Amid Those Storms.* New York. Charles Scribner's Sons, 1932.

CORNELL, P. — "Where to Find Sellin and Advertising Ideas". *Printers Ink.* May 13, 1926, págs. 17-20.

GOLDSTEIN, J. J. AND OTHERS — "Thinking Can Be Learned". *Educational Leadership.* January, 1949 págs. 235-239.

GREGG, ALAN — "Travel and Its Meaning". *Scientific Monthly.* March 1950, págs. 151-156.

HUNT, PETER — *Peter Hunt's* Workbook. New York. Prentice-Hall, Inc., 1945.

LIGON, ERNEST — *Their Future Is Now.* New York. Macmillan Company, 1939.

CAPÍTULO VI

Colaboração criadora por equipes

A MAIORIA DAS MELHORES idéias é agora produzida por pessoal de laboratório, mediante pesquisa organizada. Iniciou-se essa espécie de esfôrço conjunto sòmente há poucos séculos, mas os primeiros inevstigadores trabalhavam isoladamente. Eram, as mais das vêzes, amadores que colaboravam, ou antes cooperavam, em "sociedades científicas". Em 1651, alguns italianos se reuniram e mais tarde fundaram a Accademia del Cimento, que ultrapassou a British Royal Society daqueles tempos em brilhantismo e continuidade de esfôrço.

Essa espécie de livre organização era tudo quanto havia até 50 anos atrás, quando começou a aparecer a pesquisa organizada, conforme a conhecemos hoje; e neste meio século essa pesquisa tornou-se o manancial da maior parte das novas idéias.

Fundamentalmente, o pessoal dos modernos laboratórios de pesquisa é constituído de grupos. Por exemplo, no nôvo Centro de Pesquisas de B. F. Goodrich, que emprega 250 pesquisadores na busca constante de novas idéias, divide-se o pessoal em 12 grupos especializados — cabendo a cada qual uma seção, como seja física, química e assim por diante.

65

Compõem os grupos uns doze cientistas, dirigidos por um supervisor de pesquisa.

2. Ainda é essencial a meditação pessoal

Apesar do adiantamento da pesquisa organizada, o poder criador *individual* conserva tôda a importância. Reconhecem esta verdade todos os chefes de grandes departamentos de pesquisa. É comum assegurar-se, mesmo ao mais jovem pesquisador, a prioridade de qualquer idéia que lhe tenha acudido à mente. Em qualquer outro assunto deve reportar-se ao chefe do grupo; mas tem autorização para ir diretamente ao encarregado de patentes e depositar nas mãos dêle as idéias próprias.

"Dessa maneira", diz o Dr. Howard Fritz, "sabemos sempre de quem partiu certa iniciativa e em que data; mas o mais importante é que êsse sistema anima cada indivíduo a dedicar os maiores esforços no que lhe é próprio, mantendo o poder criador desperto, não só durante as horas de trabalho, mas em qualquer ocasião."

Aos vastos grupos de pesquisa da Du Pont, o Dr. Ernest Benger, já falécido, assim expunha essa filosofia: "Nunca se gerou qualquer idéia senão em um único cérebro... Não importa como se agite um pensamento para todos os lados ou como se procure que outras pessoas coordenem esforços em tôrno dêle; a verdade é que uma idéia é sempre produto de um único cérebro."

Nesse sentido, a História cintila de nomes de pensadores solitários de primeira ordem. Paul de Kruif, com razão, chamou Robert Koch de "pesquisador solitário, que nada entendia da arte de fazer experiências". Desconhecido médico clínico, dotado de grande impulso criador, não tinha mesmo qualquer aparelhamento experimental. Entregue a si mesmo, contra os protestos da espôsa, abriu caminho de uma idéia a outra, até isolar bactérias por tipos. "Peço licença", disse Paul de Kruit, "para tirar o chapéu e curvar-me respeitosamente ante a figura de Koch — o homem que provou, realmente, serem os micróbios os nossos mais temíveis inimigos."

A. Atwater Kent era a única pessoa do laboratório de pesquisa que montara. Em concorrência com as maiores companhias conquistou o primeiro lugar na indústria do rádio.

Mesmo depois de ter laboratório bem provido de pessoal ainda projetava sòzinho qualquer modêlo nôvo. Da mesma sorte que uns, segundo o temperamento que lhes é próprio, podem fazer os melhores esforços criadores sòzinhos, outros também isolados resolvem os problemas atinentes à profissão. Entre êstes estão os pastôres. Inúmeros advogados estão no mesmo caso, especialmente no interior. Em um distrito rural, perto da minha casa de veraneio, um advogado local mostrou como a criatividade solitária pode ganhar questões. Uma mulher estava sendo julgada por crime de morte. O advogado, falando ao júri, fê-lo de maneira a terminar exatamente ao meio-dia, quando os sinos da igreja em frente tocavam o *Rock of Ages*. Mais tarde atribuiu a absolvição da acusada à coincidência.

3. *Trabalho conjugado a dois*

Uma das maneiras de entrar pelo caminho da criatividade é marcar uma data — escolher um lugar onde concentrar-se ou unir-se, em colaboração, a alguém. Foi o que fêz Irving Berlim. Enquanto servia em um restaurante de China Town imaginou a primeira linha de uma canção. Procurou Nick, o vizinho músico, e pediu-lhe que o ajudasse. Juntos escreveram as palavras e a música de *My Sweet Mary from Sunny Italy*, sucesso que o lançou na brilhante carreira da criatividade.

Há muitas pessoas que trabalham melhor, criadoramente, quando associadas a outra, porque a colaboração tende a provocar esfôrço, bem como despertar o poder automático de associação. Com relação a êste último ponto, escreveu Thomas Carlyle: "A centelha do pensamento, gerada no espírito solitário, desperta a própria imagem em outro espírito."

Na produção de comédias são comuns as parcerias de autores. Duas pessoas de temperamentos afins, trabalhando em uníssono, despertam mùtuamente o espírito uma da outra. A crítica deixa de ser desagradável, dada a sua espontaneidade — uma piada desenxabida despertando só um mero sorriso, mas o gracejo bem lançado provocando a gargalhada franca do companheiro de trabalho.

Os que escrevem para rádio e televisão quase sempre se combinam aos pares para redigir textos. Quase doze pessoas fornecem idéias semanalmente a Bob Hope. Dêsse material, o redator principal, como acontece nos jornais, escolhe um gracejo aqui, uma historieta acolá. Depois reune-se com a estrêla e os produtores para preparar o espetáculo.

Durante muitos anos, Robert Tallman escreveu sòzinho para o rádio; mas hoje é de opinião que, com um sócio afim, lhe é mais fácil produzir. "Tentamos várias espécies de colaboração", disse Tallman, "e afinal achamos uma que é inteiramente satisfatória". O processo consiste em preparar, em conjunto, um esbôço — fornecendo o comêço e o fim, de modo a ficarem sabendo os dois para onde se vai. Depois de discutirem mùtuamente cada cena, dividem entre si a tarefa de dar uma primeira redação à composição.

Em negócios, uma vela de ignição e um freio podem formar um bom par — como Hull e Dobbs, de Mênfis, que montaram duas grande cadeias de produtos alimentícios em tôrno da idéia da "Toddle House"; venderam mais carros Ford do que qualquer outra firma de automóvel do mundo e forneceram refeições diárias a 14 emprêsas de navegação aérea. Arthur Baun assim descreve êste dois gênios opostos: "Jimmy Dobbs é afável, persuasivo, tipo de vendedor. Horácio Hull gosta da exatidão, da perfeição, é engenheiro. Dobbs anda de um lado para outro, agita o maço de chaves, choca idéias sem fim. Atira em qualquer alvo em movimento. Hull fica sentado calmamente, analisa e critica. Não atira sem alça de mira, depois de verificar duas vêzes."

John Winthorp Hammond assim se referiu a um famoso trio da General Electric: Êstes três formavam um grupo cuja fama penetrou por tôda parte do reino da eletricidade. Juntos, criaram uma linha completa de equipamento para corrente alternada, anunciado sob as iniciais "SKC" — Stanley, Kelly, Chesney. Constituíam triunvirato agressivo, e o trabalho dêles muito contribuiu para acelerar o emprêgo da corrente alternada."

O maior elogio que se possa fazer às relações entre homem e mulher consta da longa lista de equipes criadoras de mulher e marido. No campo da literatura notam-se muitas dessas duplas — os Lockdriges, autores de *Mr. and Mrs. North* e os Goetz, que escrevem peças teatrais. Outros exemplos compreendem os distintos historiadores Dr. Charles A. Beard e a Sra. Mary Ritter Beard. Trabalharam juntos em umas doze histórias publicadas sob o nome dêle, e foram co-autores em mais umas cinco.

Na pesquisa científica, já houve mais de um casal como a Sra. Curie e o marido, Paul Curie. Os Davi Bruces salientaram-se como pioneiros criadores. Davi Bruce não poderia ter chegado à descoberta da causa da moléstia do sono sem o auxílio da espôsa. Mas, que contraste entre ela e a Sra. Koch! Esta estava sempre apoquentando o marido para que abandonasse a autópsia de animais pelo mau cheiro que lhe ficava nas roupas, enquanto a Sra. Bruce não só animava o marido como se encarregava do trabalho mais pesado.

Cêrca de 12 anos depois de o Dr. Fleming ter descoberto a penicilina, os nazistas deixavam morrer milhares de inglêses, que poderiam ter-se salvado com essa droga. Mas dispunha-se de quantidade muito pequena, a qual estava no laboratório do Dr. Howard Florey, em Londres. Para conseguir aumentar a produção em larga escala, o Dr. Florey teve de mostrar a eficiência daquele antibiótico em número suficientemente grande de pessoas. A espôsa, médica, conseguiu fazê-lo sòzinha quase do dia para a noite. Empregou-a, com êxito, em 187 casos; e com isso se deu início à produção da penicilina em quantidade e em tempo para o milagre com a recuperação das vítimas da guerra. Howard e Ethel Florey merecem bem um lugar na galeria da fama de marido e mulher.

4. Técnica para dois

Com o fim de assegurar o máximo de criatividade cada colaborador deve dedicar algum tempo à meditação isolada. Trabalhando juntos, em seguida separados e novamente juntos, um par fica em melhores condições para conseguir resultados mais valiosos em pensamento criador.

Para esclarecer êste ponto, vamos considerar o *modus operandi* de um médico de família e um especialista, quando a moléstia exige conferência. Os dois médicos examinam juntos os sintomas, estudam as chapas de raios X e finalmente chegam a um *diagnóstico*. Esta fase exige principalmente *julgamento*. Mas a questão do *tratamento* muitas vêzes exige *imaginação;* e embora dois espíritos dêem melhor resultado, em se tratando de julgar, pode acontecer que às vêzes entrem em choque, quando se trata de imaginar.

Em tal caso, seria preferível que o médico da família dissesse ao doente: "O especialista e eu estamos de acôrdo

69

quanto ao diagnóstico. Quanto ao tratamento, vamos examiná-lo com tôda atenção. Cada um de nós vai concentrar-se separadamente sôbre o que se deve fazer para conseguir a cura mais rápida. Amanhã nos encontraremos e cada um trará uma relação das idéias mais promissoras. Vamos compará-las para ver se chegamos a um plano ainda melhor. Voltarei amanhã às 10 horas dar início ao tratamento."

Êste caso hipotético assinala o perigo de um dos colaboradores entorpecer o poder criador do outro. Quanto mais confiança um dêles tiver no companheiro, tanto mais pode dizer-lhe o instinto: "Para que esforçar-me? Êle trará a resposta."

A intensidade 'do esfôrço é condição indispensável para se imaginarem soluções de problemas difíceis — temos de sentir a "obrigação" de ficar nas melhores condições para imaginar. Se estivéssemos em um navio e alguém perguntasse: "O que fariam se o navio esbarrasse em um *iceberg?*", muitos responderiam: "Não tenho idéia alguma. O que faria o senhor?" Mas se alguém estivesse sòzinho no camarote, ouvisse um ruído ensurdecedor e, olhando pela vigia, visse um *iceberg,* sentindo faltar-lhe o soalho sob os pés — a intensidade do interêsse' o forçaria no mesmo instante a imaginar um expediente qualquer. Por outro lado, se no camarote estivessem duas pessoas, poderia acontecer que se olhassem, atônitas, cada qual esperando uma sugestão da outra.

Êsses riscos do trabalho em grupo podem evitar-se mediante processos simples. Antes de tudo, durante certos períodos em pesquisa criadora, cada membro do grupo deve agir por si, esforçando-se por chegar a alguma idéia. Quando se reunirem em seguida, verificarão terem acumulado mais idéias dignas de consideração do que se tivessem ficado em íntima e constante colaboração.

Em outros casos, é conveniente que os membros de um grupo alterem os papéis respectivos. Primeiramente, A atuará como criador e B como crítico, invertendo-se em seguida as posições. Contudo, mesmo lançando mão dêsses recursos, é preciso precaver-se contra julgamentos prematuros. É indispensável evitar a crítica até que a corrente criadora tenha tido tôda a oportunidade para fluir.

Acima de tudo, os membros de um grupo têm de evitar a discussão destruidora. Salientou-o Davi Victor. Êste e Herbert Little são autores que vão regularmente ao escritório para escreverem em conjunto. Depois de discutirem e se fixarem em um enrêdo, esboçam-no por escrito. Em seguida falam o mais possível enquanto escrevem, mas nunca discutem; quando um dêles não aprova alguma idéia ou linha, abandonam logo o assunto e põem-se a pensar em outra melhor que a substitua. "Se entrássemos a discutir, passaríamos a teimar e não colaboraríamos", explicou Davi Victor. Evitam dessa maneira o desânimo mútuo, que mata tantas vêzes idéias em embrião.

Chegados a êste ponto, é conveniente dar ênfase ao princípio: podemos prejudicar ou facilitar a fluência das idéias, conforme o que fazemos conscientemente. Das muitas maneiras por que podemos guiar a meditação, a mais importante consiste em evitar de ser criador e crítico simultâneamente.

Inevitàvelmente, se permitirmos ao julgamento intrometer-se antes do tempo, tenderemos a fazer abortar idéias que poderiam vir a ser, afinal, as mais valiosas. Portanto, devemos conscientemente afastar para mais tarde o julgamento. Desta maneira podemos pensar idéias muito melhores e em maior quantidade, joeirando-as e ponderando-as mais judiciosamente noutra altura.

Com isso não queremos de modo algum diminuir o valor do julgamento. De fato, estou convencido de que imaginação sem julgamento é mais deplorável do que julgamento sem imaginação. Mas, por que não fazer uso de ambos? E por que não um de cada vez?

Quem quer que participe de uma sessão de "brainstorm" lançar-se-á à idéia. Mas deve lembrar-se: "Não tente correr com os freios apertados!"

Êsse princípio reveste-se de grande importância. No capítulo seguinte esboçaremos um procedimento experimentado para sua aplicação, em correlação com a colaboração ideadora por grupos.

TEMAS

1. Qual a vantagem de formar grupos para o estudo de um projeto Criador? Discutir.
2. Quais os perigos a evitar em trabalho criador por grupo? Discutir.
3. Quais as vantagens da mudança de papéis? Discutir.

4. Por que a meditação a sós é de grande importância mesmo no esfôrço criador em conjunto? Discutir.
5. Indique pares de associados cuja colaboração foi bem sucedida nos seguintes campos: a) palco e tela; b) ciência e medicina; c) literatura; d) negócio.

EXERCÍCIOS

1. Imagine títulos para seis canções.
2. Faça um mapa indicando as partes essenciais de uma revista mensal a chamar-se "Duplicadora de Idéias".
3. Um clube para desenvolvimento de esportes contribuiria para estimular o interêsse de adultos pela escola superior local. Quais os passos que daria para iniciar um clube dêsses?
5. Escolha um associado e juntos pensem outros problemas, semelhantes aos acima mencionados.

REFERÊNCIAS

DE KRUIF, PAUL — *Microbe Hunters*, New York. Harcourt, Brace and Company, 1928.

HAMMOND, JOHN W. — *Men and Volts* — the Story fo General Electric. Philadelphia. J. B. Lippincott Company, 1941.

HUSBAND, R. W. — "Cooperative versus Solitary Problem Solution". *Journal Social Psychology*. 1949 11, págs. 405-409.

KITTREDGE, J. W. — Is It Good-Bye to the Attic Genius?" *Mechanical Engineering*. April 1947, págs. 302-305.

OSBORN, ALEX F. — *How to Think Up*. New York. McGraw-Hill Book Company, 1942.

PALUEV, K. K. — "How Collective Genius Contributes to Industrial Progress". *Advancement Management*. June 1948, págs. 76-83.

RATCLIFF, J. D. — *Yellow Magic, the Story of Penicillin*. New York. Random House, 1945.

SHAW, M. E. — "Comparison of Individuals and Small Groups in the Rational Solution of Complex Problems". *American Journal of Psychology*. 1932, págs. 44, 491-504.

WOOLLCORR, ALEXANDER — *The Story of Irving Berlin*. New York. G. P. Putnam's Sons, 1925.

CAPÍTULO VII

Colaboração criadora
por grupos

EM 1938 O AUTOR EMPREGOU, pela primeira vez, ideação organizada na companhia que então dirigia. Os primeiros participantes aceleraram os nossos esforços em "brainstorms", que neste caso bem corresponde ao significado literal: usar o *cérebro* para *tumultuar* um problema.

Desde aquela altura essa operação passou a princípio — o do julgamento suspenso. Atualmente se reconhecem dois tipos — ideação por grupo e ideação individual, aplicando-se o princípio a cada tipo de esfôrço. Neste capítulo vamos ocupar-nos da ideação por grupo.

Eventualmente, deve ter-se sempre em vista que a parte produtora de idéias do processo criador, na solução de problemas, exige o esfôrço individual seguido pelo esfôrço do grupo, voltando novamente àquele.

Na América do Norte foram realizadas inúmeras sessões de grupos de "brainstorming", de costa a costa, e quase tôdas compensaram em têrmos de idéias produzidas. Deve-se geralmente o insucesso a erros de liderança. Por exemplo, se o presidente do grupo assume atitude preponderante, os membros mais tímidos ficam receosos de abrir a bôca. Assim também, desde que se permitam manifestações críticas, o grupo deixa de apresentar os melhores resultados. É indispensável insistir sempre em julgar as idéias produzidas — não durante a sessão, mas *em seguida*.

As conferências comuns não são criadoras, e assim sempre tem acontecido. Mesmo nas conversas em tôrno às fogueiras de Mohawks e Sênecas, havia poucos tições acesos sob a forma de idéias e muita água fria sob a forma de julgamento. Os nossos antepassados usavam os paços municipais, principalmente como lugares de reunião para discutir idéias, mas não para imaginá-las.

Conforme disse James L. Wright, ex-presidente do National Press Clube, os gabinetes federais revelaram-se bons ou maus segundo tinham animado ou não as idéias. "O gabinete do presidente funciona da melhor maneira quando todos os membros se sentem à vontade para exprimir idéias relativamente a qualquer problema nacional, e não quando cada um se limita à pasta particular que lhe incumbe, como agricultura ou interior", conclui Wright.

Contudo os gabinetes têm de resolver muitas questões; portanto, têm de concentrar-se em julgamentos, de preferência a novas idéias brilhantes, enquanto um grupo criador de idéias se entregar apenas ao pensamento criador. Só uma exceção oficial se conhece para êsse fim nos Estados Unidos, que foi o "Grupo de Estudos Superiores" criado pelo General Eisenhower em maio de 1947.

A única função atribuída a êsses jovens oficiais era imaginar a maneira de fazer a guerra no futuro e, conseqüentemente, quais as sugestões convenientes. O presidente exigiu que êsse grupo ficasse "divorciado de quaisquer questões práticas e atuais". De acôrdo com o que diz o redator do *"Army, Navy Journal*, "é a única *unidade* de serviço na história dedicada exclusivamente a pensar idéias".

Isso era verdade naquela época. Mas, a começar de 1954, introduziu-se o "brainstorming" em muitos departamentos federais, até nas fôrças armadas.

2. *Explicação da fluência do grupo*

São indiscutíveis os resultados quantitativos da ideação em grupo. Um dos nossos grupos realizou sete sessões dentro de um único mês. Uma reunião desenvolveu 45 sugestões para um cliente de artigos domésticos, outra produziu 56 idéias para um campanha de levantamento de fundos, outra ainda trouxe 124 idéias novas para a venda de lençóis. Para outro cliente organizamos 150 dos nossos empregados em 15 grupos, para estudar o mesmo problema. Atividade múltipla produziu mais de 800 idéias, 177 das quais se escolheram para apresentar sob a forma de sugestões concretas.

Um grupo de engenheiros da Carborundum Company fêz um curso de criatividade e em seguida submeteu-se a uma experiência de produção em grupo contra ideação individual. O problema escolhido consistia em saber que emprêgo adicional podia dar-se a certo equipamento manufatureiro, que não se estava usando ao máximo de capacidade. Formaram-se dois grupos com os vinte engenheiros. O conjunto do primeiro grupo aplicou-se ao pensamento criador, com relação ao problema, enquanto a outra seção imaginava sugestões, individualmente, sem submetê-las à discussão de grupo. Quando verificadas cientìficamente, as descobertas revelaram que o "brainstorming" produziria 44 por cento mais idéias valiosas do que o método individual.

Além de produzirem grande quantidade de idéias essas reuniões contribuem favoràvelmente para os que tomam parte nelas. Os participantes só podem ganhar em poder criador. Verificam ser possível abundar em idéias, quando querem. Adquirem um hábito propício à carreira que escolheram, tanto como à vida particular.

São várias as razões que concorrem para tornar altamente produtivo o processo de "brainstorming" em grupo. Até certo ponto, o poder de associação constitui uma corrente de duplo sentido. Quando uma idéia se manifesta em um membro do grupo, êle quase automàticamente incita a própria imaginação para outra. Ao mesmo tempo, as suas idéias estimulam o poder associativo de todos os outros. Fred Sharp descreveu tal contágio nas seguintes palavras: "Quando se está realmente incorporado em uma sessão de "brainstorm", a centelha de um espírito inflama uma série de outras idéias em outras pessoas, como se fôsse uma carteira de bichas". Outra autoridade chamou êste fenômeno de "reação em cadeia".

A *facilitação social* constitui princípio que a experiência científica provou. Demonstrou-se, por meio de exames, que a "livre associação" por parte de adultos é de 65 a 93 por cento mais abundante em atividade de grupo do que quando cada um trabalha isoladamente. Confirmou-o igualmente o

Laboratório de Engenharia Humana do Instituto Stevens. Conforme as palavras do diretor Johnson O'Connor, homens e mulheres revelam maior criatividade em grupos do que individualmente.

Outra explicação da produtividade de grupos em "brainstorming" diz respeito ao efeito estimulador da rivalidade. Desde 1897 experiências psicológicas mostraram o poder da rivalidade. Psicologistas posteriores provaram que a concorrência aumenta em mais de 50 por cento a eficácia do trabalho mental, seja em adultos ou em crianças. Tal motivação tem maior importância em ideação do que em qualquer outra atividade mental, por isso que a verdadeira criatividade depende mais intimamente da aplicação do esfôrço.

3. Guias para sessões de grupos

Conferências destinadas a produzir idéias revelam-se geralmente infrutíferas, a menos que certas regras sejam compreendidas por todos os presentes, e que as respeitem fielmente. Aqui estão quatro regras fundamentais:

1. *Banir a crítica.* Deve suspender-se o julgamento contrário às idéias até mais tarde.

2. *Aceitar de bom grado a "polia louca".* Quanto mais extremada a idéia, tanto melhor; é mais fácil diminuir-lhe a intensidade do que aumentá-la.

3. *Procurar quantidade.* Quanto maior o número de idéias, tanto mais fácil será encontrar as convenientes.

4. *São desejáveis combinação e melhoramento.* Além de contribuírem com as próprias idéias, os participantes devem sugerir como as idéias de outros podem transformar-se em idéias *melhores*; ou como duas ou mais idéias podem juntar-se para formarem outra melhor.

Tais são as guias. O diretor dos trabalhos deve explicá-las com suas próprias palavras, tendo em vista que a sessão deve conservar-se sempre não-formal. Aqui está como um diretor interpretou a primeira regra para um dos grupos:

"Se quisermos tirar água quente e água fria, ao mesmo tempo e da mesma torneira, só tiraremos água morna. Tentando criar e criticar simultâneamente, não se pode chegar a crítica bastante *fria* ou a idéias bastante *quentes*. De sorte que vamos preocupar-nos sòmente com *idéias* — vamos afastar *qualquer* crítica no decorrer desta sessão."

Alguns críticos incuráveis ainda continuarão a desprezar esta regra, criticando o que outros sugerem. A princípio, tal transgressor deve ser admoestado com gentileza; mas, se persistir, será preciso fazê-lo cessar as críticas. Em uma de nossas sessões, quando um membro continuou a criticar, o diretor intimou-o: "Pense e feche a bôca."

Decompor o grupo em grupos menores é outro risco; e também neste caso pode tornar-se necessário um pouco de disciplina. O diretor deve ter em mente que a sessão é sempre uma única reunião, na qual todos os espíritos trabalham conjuntamente.

A única característica estritamente formal consiste em manter um registro por escrito de tôdas as idéias sugeridas. Essa relação deve ser mais de reportagem do que estenográfica. Às vêzes, as idéias borbotoam tão depressa que mesmo um taquígrafo hábil difìcilmente poderia registrá-las palavra por palavra. O diretor deve providenciar para que todos os membros do grupo recebam uma cópia dessa relação. Deve também providenciar o envio de bilhetes de agradecimento por parte dos que aproveitam as idéias dos companheiros.

É de grande importância o *espírito* de uma sessão de "brainstorm". A auto-animação é quase tão importante como a animação mútua. Um perfeicionismo completo sufoca o esfôrço e aborta as idéias. Um dos membros mais hábeis de uma das nossas sessões ficou a murmurar durante todo o tempo. Interpelei-o mais tarde e pedi-lhe que manifestasse claramente qualquer idéia que lhe acudisse à cabeça no próximo encontro.

"Está bem, vou tentar", disse êle, "mas aqui está o que aconteceu. *Depois* do nosso último encontro, rabisquei umas 15 idéias, com a intenção de trazê-las para a próxima sessão; mas quando as examinei mais tarde verifiquei que eram imprestáveis e rasguei o papel."

Foi preciso algum tempo para convencê-lo de que algumas das suas idéias "sem valor" podiam ser melhores do que muitas das nossas ou poderiam ser melhoradas ou combinadas em uma que se tornasse a melhor de tôdas.

"Quando conseguimos que o grupo sinta estar-se *divertindo*, atingimos certo resultado", disse um dos diretores mais bem sucedidos. "Cada sessão deve ser um jôgo com bastante rivalidade, mas ao mesmo tempo com a mais completa cordialidade". Paradoxalmente, podemos imaginar mais idéias quando nos esforçamos com afinco, tendo, porém, o cuidado de nos mantermos em uma atitude despreocupada. Bom artifício consiste em criar a atmosfera de um piquenique. Algumas das nossas melhores sessões consistiram em lanches de sanduíches no escritório. Depois do café com bolos, reunimo-nos, estabelecemos as regras para o grupo e apresentamos o problema. Começam a aparecer as sugestões. Qualquer idéia, por mais estapafúrdia que pareça, registra-se por escrito.

4. *Assuntos e pessoal*

Quanto aos assuntos que melhor se prestam à sessão de "brainstorming", a primeira regra consiste em que o problema deve ser de preferência *específico* e não geral — devendo-se restringir de tal maneira que os membros do grupo possam atirar as idéias a um alvo único.

Um fabricante desejava idéias com relação a nome, invólucro e plano para a introdução de produto nôvo. Caímos no êrro de organizar uma sessão para êste múltiplo problema. Logo depois de começar a sessão, um dos membros sugeriu vários nomes. Estávamos começando a produzir alguns mais, quando outro membro sugeriu certa idéia para o acondicionamento. Antes de têrmos entrado um pouco mais a fundo nesta idéia, alguém passou a sugerir a maneira de vender. A sessão foi tão pouco eficaz que resolvemos nunca mais atacar um problema complexo em uma única sessão — antes subdividi-lo, dedicando uma sessão separada a cada problema específico.

Quando um problema exige o uso de papel e lápis, pode igualmente falhar a sessão. Pedimos erradamente a um grupo que produzisse versinhos sôbre certo tópico. O diretor não teve meios de inflamar o necessário fogo cruzado; os membros estavam por demais ansiosos, pensando e escrevendo em silêncio. Teriam produzido melhores versos em maior quantidade se trabalhassem de per si.

É conveniente que o assunto seja familiar, bem como simples e fácil de exprimir-se. Procurávamos sugestões para a abertura de nova farmácia. Em 90 minutos, dez pessoas apresentaram 87 idéias — muitas sem qualquer valor, algumas meritórias e umas poucas verdadeiramente brilhantes.

Leo Nejelski, referindo-se à maneira de lançar uma conferência qualquer, assim declarou: "As reuniões arrastam-se sem objetivo quando não se declara nìtidamente o problema. Declarando de início qual o objetivo da reunião, estabelece-se uma estrutura, para dentro da qual podem dirigir-se todos os pensamentos."

Essas declarações iniciais podem ser muito mais curtas para conferências criadoras do que para conferências julgadoras. Os fatos constituem os elementos com que se constroem os julgamentos; mas tratando-se de pensamento criador, servem principalmente como trampolins. Fatos em demasia sufocam a espontaneidade necessária em trabalho de grupos. A justificação mediante fatos pode vir mais tarde, quando se avaliam as idéias.

Quanto ao número de membros do grupo, o ideal são doze. Quanto ao calibre dos espíritos, não há regra: há grupos que se saem bem compostos simplesmente de neófitos, noutros casos de neófitos e veteranos. E pouco importa que sejam formados só de homens, só de mulheres ou de uns e outros. É conveniente que figurem no grupo alguns membros de iniciativa, devendo entrar em ação no momento em que se propõe o problema. Contudo, devem êles abster-se cuidadosamente de dominar a sessão, uma vez em andamento.

Provàvelmente, os membros mais difíceis do grupo são chefes de serviço que tenham tomado parte em conferências não-criadoras. Verifiquei-o quando convoquei dez dos nossos líderes de negócios, com o fito de estudarem em grupo problemas da cidade. Mesmo depois das dez primeiras sessões, não se podia ainda conseguir que alguns dêles sugerissem espontâneamente idéias durante os lanches. Um dos elementos era vice-presidente de enorme companhia. Depois de compenetrar-se do espírito das sessões, disse-me:

"Foi-me difícil entrar na cabeça o que o senhor estava tentando fazer conosco. Quinze anos de conferência, na companhia, habituaram-me a não fazer qualquer sugestão. Quase todos nós nos avaliamos em têrmos de *julgamento* — sentindo ter muito mais capacidade em respeitar um dentre nós que não se engana, do que apresentar qualquer número de idéias. De sorte que sempre me abstive de fazer qualquer sugestão, com receio de ser ridículo. Gostaria que a nossa gente sentisse bastante liberdade para lançar idéias, à maneira do que estivemos fazendo nestas sessões de "brainstorming".

Se a direção é conveniente, pode ser criadoramente produtivo um grupo de qualquer tamanho e formado de qualquer espécie de pessoal. A Sra. Jean Rindlaub tem organizado e conduzido com êxito sessões em que tomam parte até 150 môças. Nesses "brainstormings" em massa, o pronunciamento de sugestões cerca-se de anonimato; predomina a não-formalidade, livre e agradável; prevalece certo andamento e rapidez que fazem as idéias voar. Como também é conveniente para os grupos pequenos, o diretor deve reduzir o problema aos têrmos mais simples. Têm que observar-se rigorosamente as regras fundamentais, especialmente a de supressão de crítica. Deve registrar-se cada idéia por escrito.

No "brainstorming" em massa, é conveniente que o diretor prepare o grupo formulando, de início, algumas sugestões. A Sra. Rindlaub começou uma sessão com o seguinte: "O problema de hoje é simples — trata-se de personagem conhecida, a Chiquita Bacana. Todos já lhe ouviram a voz no rádio, cantando anúncios. Viram-na, talvez, em fitas curtas. O que se precisa fazer para torná-la ainda mais conhecida? Montar uma Chiquita animada em luzes elétricas em Times Square? Ou representá-la nos cardápios dos carros-restaurantes?" O grande grupo da Sra. Rindlaub produziu, sòmente sôbre êste assunto, mais de cem sugestões em 40 minutos.

5. *Aplicações de ideação por grupo*

Não há motivo algum para que se limite o grupo de "brainstorming" a questões de negócios. Pode aplicar-se técnica semelhante a problemas científicos, como acontece nas sessões de "polia louca" no Instituto de Tecnologia do Massachusetts. E a mesma técnica pode ser aplicada a problemas pessoais ou domésticos.

Um dos nossos diretores de sessões vivia com os pais e cinco irmãos solteiros. Era família explosiva, inclinada a rixas. Revestiu-se de coragem para formar um grupo criador em que tôda a família tomou parte. Reuniam-se regularmente e atacavam de cada vez um problema doméstico.

"Algumas das nossas idéias foram bem sucedidas e melhoraram a harmonia do lar", afirmou. "Com grande surprêsa, todos nos divertimos bastante nessas reuniões."

Até mesmo um grupo de clube ou de igreja pode dedicar uma tarde, vez por outra, a esta espécie de ideação. Davi Beetle era presidente de um clube de excursões. Os membros tinham sempre imaginado os planos de excursões. Mas resolveram distribuir todos os sócios em dez grupos para criarem idéias. Resultado? "Temos planos em maior quantidade e melhores do que nunca antes", declarou o Sr. Beetle. "E como tem sido divertido para os dez grupos — sem mesmo mencionar a vantagem que colheram de maior flexibilidade de imaginação."

Um advogado de Chicago, Samuel Starr, que tinha tratado de mais de três mil casos de divórcio, organizou o "Divorciados Anônimos" — grupo de divorciados que se reunia criadoramente com êle para imaginar os meios de evitar que os casais se divorciassem. Conforme informou o *Chicago Daily News*, esta institiuição tem evitado divórcios à razão de mais de um por dia.

As possíveis aplicações do "brainstorming" em grupo são quase indefinidas, mesmo em negócios públicos. Por exemplo, o embaixador do Brasil nos Estados Unidos podia organizar um de cinco brasileiros e cinco americanos, que se reunisse uma vez por mês, a fim de produzir idéias destinadas a fazer com que os dois países se aproximassem cada vez mais. Há centenas de oportunidades semelhantes para o pensamento criador concentrado na linha de frente internacional americana.

Precisamos de novas idéias para ganhar as guerras. Precisamos ainda mais de novas idéias para ganhar a paz.

6. *Alguns casos recentes*

Nesta sessão, que agora aparece nesta edição revista, mostra-se a grande variedade de problemas a que podemos aplicar o "brainstorming", apresentando casos específicos desde 1954.

O emprêgo do "brainstorming" nos negócios públicos constituiu desenvolvimento inesperado. Apresentado em 1954, diversos departamentos federais de Washington logo adotaram essa forma de ideação organizada. Ao todo, mais de duzentos diretores de treinamentos identificaram-se com os respectivos príncipios e métodos. Em uma das sessões da Conferência de Treinamento de Funcionários, apresentou-se o seguinte problema: "O que podem fazer os funcionários federais para proporcionar aos visitantes de Washington melhor e mais verdadeira impressão do govêrno americano?" Dentro de 30 minutos colheram-se 121 idéias.

Em uma sessão do pessoal do Tesouro americano, sujeitaram-se três problemas a "brainstorming". O primeiro foi: "Como conseguir que maior número de empregados federais venda mais bônus?" Resultado: 103 idéias em 40 minutos. O segundo problema era: "Como reduzir o absentismo?" Resultado: 80 idéias em 30 minutos. O terceiro: "Como liberar os empregos encarregados da venda de bônus das obrigações do serviço nas repartições?" Resultado: 61 idéias em 30 minutos.

As fôrças armadas também têm feito uso crescente do "brainstorming". Por exemplo, o chefe do Quartel-General da Fôrça Aérea, John E. Ehremantraut, relatou estas duas sessões, relativas a questões educacionais: um grupo atacou o problema: "O que pode fazer o pessoal civil do Quartel-General para facilitar a ampliação de Programas de Desenvolvimento executivo em tôda a Fôrça Aérea?" Essa sessão produziu 57 idéias em cêrca de 45 minutos. Outro grupo atacou o problema: "O que se pode fazer para conseguir e manter apoio superior, em todos os níveis de comando, ao nôvo curso para supervisores de administração da Fôrça Aérea?" Êste grupo produziu 75 idéias em perto de 30 minutos.

A Escola de Comando no Forte Benjamin Harrison dá-nos um exemplo de como aplicar o "brainstorming" em assuntos militares. Em um curso de pensamento criador dirigido pelo Cel. William H. Hunt, duas classes atacaram, separadamente, os dois problemas seguintes: "Como pode um recruta melhorar a técnica de prospecção?" "Qual a melhor maneira de desenvolver centros de influência?" Dedicaram, em cada classe, 12 minutos a cada pergunta. Os resultados foram os seguintes: uma classe produziu 91 idéias para o primeiro problema e 85 para o segundo. A outra classe apresentou 89 para o primeiro e 83 para o segundo.

Tem-se aplicado o "brainstorming" em quase tôdas as fases do comércio e da indústria. A Scott Paper Company tem feito sessões para melhorar os métodos de comprar. Várias companhias têm feito uso do "brainstorming" para resolver problema de emprêgo. Em uma companhia telefônica, um grupo imaginou mais de cem novas maneiras de angariar novos empregados. O chefe de serviço encarregado, depois de examinar a relação, escreveu ao diretor do grupo: "Podem usar-se muitas dessas idéias como estão. Outras precisam de algumas alterações para solucionar casos particulares. Estou planejando expedir uma circular aos encarregados de recrutamento do pessoal, na qual incluirei muitas das idéias constantes dessa relação."

Tem-se adotado o processo de "brainstorming" em dezenas de indústrias em várias fases tecnológicas das operações. Muito favoreceu a aceitação do processo ter o M. I. T., em 1954, incluído o pensamento criador como parte importante do curso de engenharia.

C. M. Sinnett, da Secção de Desenvolvimento Superior da Divisão de Televisão da R. C. A. Victor, relatou exemplo característico de aplicação tecnológica. O grupo era formado por cientistas pesquisadores. Uma sessão de "brainstorming" produziu 200 idéias diferentes para aperfeiçoamentos em receptores de televisão. De acôrdo com Sinnett, "algumas eram excelentes, outras boas, outras ainda impraticáveis no momento". Foi de opinião que a maneira de proceder dêste grupo na ideação representava um melhoramento em relação a qualquer tentativa anterior para obter idéias mediante esfôrço individual.

Naturalmente, o processo também penetrou o campo das vendas. Relatório característico é o de Lee H. Bristol Jr., da Bristol-Meyer Company: "Colhemos bons resultados com o processo de "brainstorming". Por exemplo, algumas reuniões fizeram surgir novas idéias no sentido de estimular maior uso de loções para as mãos durante os meses de verão, quando tradicionalmente se verifica queda nas compras de tôdas as marcas. Outra sessão produziu tantas idéias novas para historietas de publicidade, com relação a outro produto, que mesmo durante um ano não seria possível usar nem as melhores. E as técnicas de "brainstorming" permitiram-nos organizar uma relação interessantíssima de estimuladores para as vendas de pós medicamentosos."

Durante os anos de 1954 e 1955, o uso do processo nas vendas a varejo ampliou-se ao ponto de, em abril de 1956, a Escola de Vendas a Varejo da Universidade de Pitsburgo realizar um seminário de dois dias destinado especialmente à ideação em grupo. Cêrca de 150 chefes de lojas de departamentos compareceram, vindos dos Estados Unidos, Canadá e Europa.

Exemplo pouco comum do emprêgo do processo foi referido por R. G. Seymour, do Colégio de Comércio e Administração de Negócios da Universidade de Illinois. Chegou ao escritório uma senhora procurando aconselhar-se sôbre a maneira de ampliar a freqüência à loja de novidades que possuía. Seymour pediu a oito membros do escritório que sujeitassem o problema a uma sessão de "brainstorming". Em cêrca de 30 minutos surgiram 49 idéias aproveitáveis. Mais tarde, o diretor Seymour comentou: "O número de sugestões foi muito maior do que a senhora poderia esperar por qualquer outro processo. Conseguiu, assim, sólida base para que o seu próprio pessoal utilizasse idéias novas no desenvolvimento do negócio."

Em muitos casos o "brainstorming" mostrou como pode ser útil na imaginação de novos produtos para o mercado. Outro exemplo incomum nesse gênero foi referido por Edward F. Dorset, presidente dos Christmas Clubs of America. Na convenção anual, treinou os vendedores nos princípios e procedimentos de "brainstorming". Ao segundo dia da conferência, os membros tiveram a tarde livre. Ao invés de irem divertir-se, dedicaram espontâneamente o tempo a aplicar o processo à questão: "Que novos artigos poderiam ser adicionados ao nosso ramo?"

Em Nova Iorque, a 30 de janeiro de 1956, o Clube de Diretores de Vendas reuniu-se em uma convenção durante meio dia, a fim de aplicar o processo à direção de vendas, arte de vender e treinamento em vendas.

Mesmo em questões de transporte, o "brainstorming" encontrou aplicação. Por exemplo, na "Conferência de Serviço Melhor" da Chesapeake and Ohio Railway, 25 participantes em 25 minutos produziram 54 idéias no sentido do melhoramento de questões propostas.

E no campo da publicidade, o processo está-se revelando útil. Duas publicações que o aplicam são *Better Homes and Gardens* e *Chicago Tribune.* Tem-se assinalado o emprêgo do "brainstorming" repetidamente com relação a publicações industriais.

Em assuntos urbanos, tem-se salientado o Dr. Dan Pursuit, diretor do Instituto de Contrôle da Criminalidade da Universidade da Califórnia do Sul. Êle faz uso do "brainstorming" em tôdas as classes, de sorte que os estudantes (todos funcionários da polícia) podem aplicar o processo nos respectivos departamentos, após deixarem o curso. Os problemas escolhidos pelo Dr. Pursuit apresentam grande variedade, embora quase todos digam respeito à lei e à ordem. Um dêles era: "Como se podem melhorar as relações públicas dos departamentos policiais?" Nessa sessão os estudantes imaginaram 96 idéias.

Em círculos filantrópicos, o processo tem sido empregado de várias maneiras. Para *New York Herald Tribune*, um grupo produziu 86 idéias destinadas à comemoração do 80.º aniversário do Fresh Air Fund. Em campanhas de levantamento de fundos comunais, tem-se aplicado o processo para melhorar a técnica de ação.

Apontam-se muitos casos em relações humanas. Um dos mais interessantes é o do Couples' Club, de Asbeville, na Carolina do Norte — grupo de vizinhos que se reúne uma noite por semana em casa de cada um, para eventualmente estudar criatividade, e principalmente para aplicar o processo a problemas pessoais.

Igualmente existem muitos casos de "brainstorming" em círculos domésticos. Um dêles relatou-o Robert T. Early, professor de pensamento criador na Universidade de Northeastern. Durante uma excursão de férias de duas mil milhas sua família dedicou-se à solução de problemas, um após outro. Dois dos participantes mais interessados foram as filhas de 7 e 10 anos de idade. Um dos resultados foi o de como fazer os trabalhos caseiros em menos tempo.

Exemplo de relações humanas de matiz internacional reporta-se à introdução do "brainstorming" na Noruega, pela Sra. John Hader, mulher de um chefe da Fôrça Aérea. Depois de cursar o Instituto para a Solução de Problemas de Criatividade, na Universidade de Búfalo, em julho de 1955, a Sra. Hader deu início ao emprêgo de "brainstorming" entre grupos de senhoras na terra natal. Dedicam as sessões, principalmente, a problemas cívicos e relações humanas.

TEMAS

1. Quais as regras fundamentais para grupos de "brainstorming"?
2. Qual a regra mais importante para o sucesso de um encontro de "brainstorming"? Por quê?
3. Que significa *facilitação social?* Como e por que leva à ideação? Discutir.
4. Quais os tipos de assuntos que melhor se prestam a "brainstorming" em grupo? Por quê?
5. Quais os outros empregos da técnica de "brainstorming" em grupo?

EXERCÍCIOS

1. Imagine três pontos sôbre os quais a Voz da América poderá falar proveitosamente, a fim de impressionar a audiência atrás da Cortina de Ferro.
2. Se tem havido "discos voadores", vindos de Marte, para que fins "úteis" poderiam ter sido lançados? Indique três.
3. Quais as três maneiras pelas quais se poderiam melhorar as cerimônias de colocação de grau?
4. Sugerir pelo menos três maneiras pelas quais se poderia melhorar êste curso.

REFERÊNCIAS

BALES, R. F. e STRODBECK, F. L. — "Phases in Group Problem-solving". *Journal Abn. and Soc. Psychol.* October 1951, págs. 485-495.

CARTWRIGHT, DORWIN — "Achieving Change in People: Some Applications of Group Theory". *Human Relations.* 1951, 4, págs. 381-392.

HANNAFORD, EARLE S. — *Conference Leadership in Business and Industry.* New York. McGraw-Hill Book Company, Inc. 1945.

HEISE, G. A. e MILLER, G. A. — "Problem-Solving by Small Groups Using Various Communications Nets". *Journal Abn. and Soc. Psychol.* July 1951, págs. 327-335.

MAIER, N. R. F. e SOLEM, A. R. — "The Contribution of a Discussion Leader to the Quality of Group Thinking: The Effective Use of Minority Opinions". *Human Relations.* 1952, págs. 277-288.

PETERSON, E. I. — "Cost-Cutting Conferece Brings out and Idea a Minute; Bigelow-Sanford Carpet Company." *Factory Management.* May 1948, págs. 94-96.

ROYCE, JOSIAH — "Psychology of Invention". *Psychol. Review.* March 1898, págs. 113-114.

SOUTH, E. B. — "Some Psycholigical Aspects of Committee Work". *Journal of Aplied Psychology.* 1927, 11, págs. 348-368, 437-464.

STEWART, L. — *Organizing Scientific Research for War.* Boston. Littler, Brown and Company, 1948.

"The Dynamics of the Discussion Group" *Journal of Social Issues.* Spring, 1948.

"The National Training Laboratory in Group Development", a report to the adult education profession in *The Adult Education Bulletin.* February 1950.

WATSON, G. B. — "Do Groups Think Nore Efficiently Than Individuals?" *Journal Abn. and Soc. Psychol.* October 1938, págs. 328-336.

"What is Group Dynamics?" *The Adult Education Journal.* April 1950.

WOLF, JACK L. — *The production conference.* Boston. Houghton, Mifflin Company, 1944.

CAPÍTULO VIII

*Formas criadora e
não - criadora da imaginação*

ÊSTE CAPÍTULO abrange principalmente o tipo criador da imaginação, especialmente no que respeita à solução de problemas. Apesar disso, e objetivando um conhecimento mais completo, será conveniente esboçar outras formas de imaginação. Primeiro, porém, á guisa de perspectiva fundamental, há que considerar as aptidões essenciais da mentalidade humana. De acôrdo com as palavras de Donald Cowling e Carter Davidson, diretores de colégio, podem relacionar-se tais funções conforme se segue:

1. Capacidade de concentração.
2. Precisão na observação.
3. Capacidade de retenção da matéria.
4. Raciocínio lógico.
5. Julgamento.
6. Sensibilidade de associação.
7. Imaginação criadora.

Funcionalmente, estas faculdades imbricam-se. A criatividade exige, por igual, concentração e observação. O raciocínio lógico, particularmente a síntese, requer imaginação;

e o julgamento judicioso torna-se insuficiente, a menos que imagine os "que mais" e os "que se...".

Devemos reconhecer, contudo, que a classificação acima é apenas uma aproximação destinada a facilitar a compreensão. A verdade é que ainda resta muito a descobrir com respeito à maneira de trabalhar do espírito humano. Embora os escalpelos tenham reduzido muito a nossa ignorância, relativamente à matéria cinzenta, ainda não se conseguiu esclarecer qual o motor que nos põe em movimento as funções pensantes nem como trabalha o espírito.

Por outro lado, os cérebros eletrônicos, feitos de metal e plástico, podem executar quase tôdas as operações do espírito humano. Até certo ponto chegam mesmo a levar a efeito julgamentos. Todavia, conforme a opinião do Dr. Howard H. Aiken, chefe do Laboratório de Cálculo da Universidade Harvard, êsses espíritos mecanizados *nunca* chegarão a conseguir o tipo mais elevado da maneira humana de pensar — a imaginação criadora.

2. Trabalho "não-controlável" da imaginação

Como vocábulo, a imaginação abrange campo tão vasto e tão nebuloso que um grande educador já o designou por "área que os psicologistas, temem palmilhar". Porquanto a imaginação toma muitas formas — algumas desordenadas, outras fúteis, outras ainda em parte criadoras, outras mais verdadeiramente criadoras. Tais formas, por sua vez, entram em duas amplas classes, consistindo uma, essencialmente, naquelas que por si *se concebem* e às vêzes nos consomem, e a outra nas que podemos formar — que podemos *dirigir*, se e quando quisermos.

O grupo menos controlável compreende formas doentias como alucinações, delírios de grandeza, complexos de perseguição e outras moléstias. O delírio constitui fase menos crônica. Os pesadelos aproximam-se do delírio.

Os complexos de inferioridade constituem ainda outra forma. Até recentemente, tais afeções pareciam fora de qualquer contrôle. A psiquiatria encontrou, contudo, meios de corrigi-los; e os Drs. Harry Fosdick e Henry Link contribuíram para isso, reforçando a terapia psiquiátrica com a religião.

Ainda outra forma de imaginação deslocada é o complexo de martírio, às vêzes denominado complexo do "herói ferido". Consiste em ofensas imaginárias ao amor-próprio e no exagêro de tais ofensas a ponto de causar compaixão consigo mesmo. A hipocondria é forma semelhante, mas faz com que a vítima "goze" os males imaginários.

Segundo a opinião da Dra. Josephine A. Jackson, a causa de tais complexos é o desejo de deixar para trás as dificuldades — empregar mal a imaginação como meio de escapar à realidade. Esta opinião está de acôrdo com a teoria de Freud, segundo a qual "tôda neurose tem como resultado — e, portanto, provàvelmente, como objetivo — obrigar o paciente a sair da vida real, alheando-o da atualidade".

Os sonhos constituem forma um tanto mais comum de imaginação não-controlável; têm-se considerado êsses fenômenos como uma das fases mais místicas do espírito humano. No quinto século antes de Cristo, Heráclito observa: "Os que estão acordados têm um único e mesmo mundo; os que dormem viram-se as costas, tendo cada um o seu mundo próprio."

A rapidez dos sonhos é muito enganadora. Quando criança sofri um ataque de gripe e, ao baixar a temperatura, agasalharam-me e trouxeram-me para a mesa. Tentei tomar um caldo mas estava muito debilitado. Ouvi meu pai começar a contar uma história qualquer, em que havia um bonde elétrico; em seguida, só tive conhecimento de estar deitado no soalho. Tinha caído, desmaiado. Meu pai pulara da cadeira, embebera um lenço em água fria e me esfregara o rosto. Tinham decorrido sòmente poucos segundos entre o desmaio e o despertar, mas sonhara tanto no intervalo — conforme me foi possível lembrar detalhadamente depois — que teriam sido necessárias horas para viver tudo quanto me passara pela cabeça. Havia mais ação naquele sonho do que em um drama comum. Que espécie de mágica não deve possuir a imaginação para, em dois segundos, podermos sonhar o equivalente a duas mil palavras?

O devaneio constitui o uso mais comum da imaginação não-criadora. Podendo chamar-se de "sonho acordado", representa, para algumas pessoas, a forma usual da meditação. Não há esfôrço para realizá-lo. Basta deixar que a imaginação se junte às lembranças, pairando aqui, ali, por tôda parte — sem objetivo e sem direção, segundo tão-só preconceitos, desejos ou temores.

A Dra. Josefina Jackson adverte que o devaneio pode tornar-se doentio quando, "ao invés de focalizar um telescópio sôbre o mundo da realidade — conforme faz a imaginação positiva — esta variedade negativa recusa mesmo olhar com a vista desarmada". Victor Wagner denominou o devaneio "toca de ratos em que se escapa às realidades ferrenhas do dia a dia". Mas, para as crianças, o devaneio é natural e menos inconveniente do que para os adultos. A juventude se compraz no prazer inocente de imaginar a satisfação dos próprios desejos. Contudo, quando êste hábito se prolonga durante a vida de adulto, o devaneio corre o risco de transformar-se em fantasia perniciosa.

O *aborrecimento* representa forma não-criadora da imaginação, aceita como não controlável, mui normal e freqüente. O Dr. Harry Fosdick cognominou-o de "temor ansioso". Como parece que os animais são relativamente imunes a esta característica humana, o Dr. Fosdick considera-o "tributo a um dos dotes supremos do homem — a imaginação". Compara-o à passagem de fitas mórbidas de cinema através do espírito. "Mas", diz êle, "temos o poder de *mudá-las*. Podemos substituir as imaginações destrutivas e terríveis por imagens positivas e construtivas da vida, tanto em significação como em possibilidades. Fica-se dêste modo, afinal, em condições de provar que "assim como pensa, é o homem".

Quando baseado em perturbações imaginárias, o aborrecimento constitui fase exagerada do temor. Quando êste é real, revela-se emoção mais profunda. E quando se baseia em fatos ou probabilidades, o temor constitui forma de imaginação antecipadora, que pode fazer surgir em nós o que há de melhor, mental ou fìsicamente. Pode fazer com que nos preparemos para o pior, enquanto esperamos pelo melhor.

Há também o que se chama melancolia. Por vêzes, essa espécie de depressão deve-se a acontecimentos desagradáveis ou outras causas externas. Outras vêzes resulta do próprio quimismo individual, como se dá durante a convalescença de gripe. Seja, porém, qual fôr a origem, é quase sempre verdade que a melancolia persiste porque a imaginação foge de nós, quando a devíamos dominar com tôda nossa fôrça.

91

3. *Funções que tendem à criatividade*

"Imagine só!" Quando se ouvem essas palavras, supomos que elas estejam referindo formas de imaginação *quase* criadoras, inteiramente controláveis, e em geral aprazíveis — como sejam *fantasias visuais*. Tal o poder de ver com "o ôlho do espírito". Por meio dêste talento, qualquer de nós pode criar representação mental de quase tudo quanto quiser. Êsse tipo fotográfico de imaginação pode tomar várias feições. Aquela em que a memória representa papel pouco importante denominar-se-ia *fantasia especulativa*. Alguém que nunca tivesse visitado as quedas do Niágara poderia deitar-se, olhar para o céu e esforçar-se por "ver" a grande cachoeira.

Outra fase da fantasia poderia chamar-se *imaginação reprodutora*. A imaginação especulativa pode trabalhar em qualquer tempo, mas a reprodutora trabalha ùnicamente em relação ao passado. Torna-nos deliberadamente capazes de fazer voltar imagens ao espírito.

Embora essas duas espécies de imaginação tenham a tendência de aparecer ou desaparecer caprichosamente, podemos, contudo, dirigir êsses podêres fotográficos quase à vontade. O mesmo acontece com a terceira fase de fantasia visual, denominada *visualização estrutural*. Experiências científicas emprestam grande valor a êsse talento. Johnson O'Connor descreve-a como "sentido inerente da forma em três dimensões, capacidade instintiva para construir no ôlho do espírito nítida representação de um objeto sólido, a partir de um desenho". Essa habilitação é importante para físicos e outros cientistas, diz ainda aquêle autor, "os aviadores provàvelmente a empregam para trazerem um avião ao chão — com tôda certeza em vôo cego".

Essas três formas formas visuais de imaginação — sejam sofrìvelmente fotográficas ou quase matemàticamente exatas — prestam-se altamente a contrôle, conforme bem o sabemos, dada a maneira pela qual fazemos funcionar à vontade as nossas máquinas fotográficas mentais.

Certa forma de imaginação, mais aproximadamente criadora, serve de *ponte* por meio da qual nos colocamos em lugar de outrem. Todos nós fazemos uso dessa imaginação *por delegação*, na maior parte do tempo. Uma das suas facêtas é a simpatia. Sem essa espécie de imaginação não poderíamos "sentir por outrem".

Emprega-se muitas vêzes essa mesma forma para fingir que somos outra pessoa, como quando as crianças brincam. Um menino apresenta-se como maquinista de trem. A menina gosta de vestir os trajes de gala da mãe. Durante a vida inteira esta forma passiva faculta-nos mudar agradàvelmente de lugar — fato que explica, em grande parte, por que se vendem por semana mais de cem milhões de entradas de cinema na América do Norte. Não há dúvida, conforme disse Walt Disney, de que as pessoas vão ao cinema principalmente para se perderem na vida daqueles que vêem e ouvem. O mesmo tipo de imaginação explica por que tôda semana 45 milhões de mulheres americanas ouvem pelo menos uma novela pelo rádio.

A imaginação por delegação tende também a determinar o que o público prefere ler. Certo dia os jornais lançam com grandes títulos a notícia de que o déficit orçamentário do país vai atingir tantos e tantos milhões. Na mesma página encontra-se a história de três meninos que conseguiram encanar a perna quebrada de um cachorro. Uma mulher qualquer se coloca mais fàcilmente no lugar dos meninos, do que no do presidente da República. Verificou-se que sòmente oito por cento das mulheres se lembravam daquela declaração, enquanto 44 por cento se recordavam perfeitamente dos meninos.

O preceito áureo do Evangelho encerra o mais nobre uso da imaginação por delegação. Para "cuidar dos outros" temos de imaginar como *os outros* gostariam de ser tratados, tanto como *nós* gostaríamos de ser. Necessidade semelhante de imaginação assinala qualquer ato de gentileza, como a escolha de presentes. Esta, não sòmente exige que alguém se imagine no lugar de outrem, mas também que formule longas listas de alternativas. Até certo ponto, essa operação impõe a necessidade de criatividade, visto que raramente se escolhe o presente conveniente sem certo esfôrço imaginativo.

Para ter tato, é igualmente necessário colocar-se alguém no lugar de outrem; e o tato importa no que se faz — ou não se faz — tanto quanto no que se diz. O ambiente e o treino tornam o tato mais ou menos instintivo. Contudo, êsse emprêgo da imaginação por delegação exige a vontade de agradar, ou mesmo o esfôrço para isso. Quanto maior nossa fôrça criadora, tanto maior tato poderão esperar que tenhamos.

4. Formas criadoras da imaginação

Embora o que acabamos de dizer muito nos aproxime da criatividade, vamos primeiramente considerar outra fase, que se poderia denominar *imaginação antecipadora*. Na sua aplicação mais passiva, consiste na previsão que impede às crianças tocarem em brasas. Se dissermos a um lançador de basebol: "Vá lá e use imaginação", provàvelmente responderá, "Como é?" Embora não possua qualquer parcela de imaginação inventiva, pode ser rico de imaginação antecipadora. Tem de pensar à frente de cada lance. Auxiliado pelo captor, tem de adivinhar melhor que o batedor. Qualquer adivinhação' exige imaginação antecipadora. Quase todos nós temos uma idéia para que lado pulará um gato. O prazer proporcionado por esta forma de imaginação é o sal do jôgo.

A forma mais elevada da imaginação é a *expectativa criadora*. "Quando esperamos que um nosso desejo se torne realidade, e o acreditamos firmemente, podemos muitas vêzes fazer com que se realize." Tal o nó da expectativa criadora, conforme as palavras do Dr. Albert Butzer. É faculdade característica do campeão, seja Babe Ruth, Henry Ward Beecher ou Abraham Lincoln.

Quanto à verdadeira imaginação criadora, as suas funções principais são de duas espécies. Uma consiste em *buscar;* outra, em *alterar* o que se encontrou.

Na primeira, a nossa faculdade pode servir como farol que nos permite descobrir aquilo que, não sendo realmente nôvo, entretanto é nôvo para nós. Quando exploramos por essa forma, convém lançar os raios luminosos do farol para os cantos escuros. Foi assim que homens como Newton trouxeram a lume verdades existentes, muito embora desconhecidas, como a lei da gravidade. Nesse sentido, trata-se mais de *descoberta* do que de invenção. Contudo, para a descoberta ou para a invenção, seremos sempre obrigados a lançar o facho de luz do farol — aqui, ali, acolá. Quanto maior o número de alternativas que descobrimos, tanto mais provàvelmente descobriremos o que procuramos — e muitas vêzes vamos encontrá-lo no que é óbvio.

Sentindo-nos esmagados por problemas pessoais, muitas vêzes nos lastimamos: "Oh por que, por que não pensei nisso?" Deploramos a falta de capacidade da imaginação criadora para iluminar-nos o caminho, quando, ao contrário, deveríamos encarar a *nossa* falta de capacidade para imaginar bastantes alternativas.

Não se deve separar, acentuadamente demais, a função de busca da função de alteração. Vamos, contudo, examinar está última um pouco mais de perto, por um momento. Pode usar-se a imaginação, tanto para iluminar como para aquecer. Como se fôsse uma cozinheira, a imaginação é capaz de reunir os elementos ou os pensamentos, que não sendo novos em si podemos juntar para formar um prato *nôvo*. Dêsse modo, pode fazer-se mais do que descobrir — pode inventar-se, produzir idéias nunca dantes existentes.

Certa manhã, ao sair de casa, passei pela cozinha. A mulher e a filha estavam de bloco e lápis na mão, discutindo o problema dos pratos do dia. Passeavam os faróis mentais sôbre todos os tipos de carne, peixe e aves. Nessa busca, descobriram os materiais necessários. Depois cortaram, misturaram, cozinharam e juntaram tal ou qual têmpero. A farinha de trigo foi transformada em bolos. Os frangos, as ervilhas e o talharim formaram um prato de resistência. A imaginação das duas tinha aplicado o poder da busca e o da mistura. A técnica final resultava em *combinação* — que muitas vêzes se chama a essência da imaginação criadora.

Quando aplicado à ideação, o têrmo *síntese*, usado comumente, é impróprio. Até mesmo o ato de reunir elementos para formar novas combinações pode exigir mais do que simples síntese. Muitas vêzes exige a decomposição do problema em elementos distintos, que se tornam a agrupar em seguida.. Análise, busca, combinação e mudança constituem elementos da pesquisa criadora. A experiência científica põe em jôgo tôdas essas atividades, além de muitas outras.

Ao revés de outras formas, a imaginação verdadeiramente criadora poucas vêzes é automática. Mesmo quando parece trabalhar sem que o tivéssemos ordenado, tal se dá porque estivemos tentando fazê-la trabalhar. Portanto, a criatividade é mais do que simples imaginação: é esta reunida inseparàvelmente à intenção e ao esfôrço.

O fisiologista R. W. Gerard descreveu a imaginação criadora como "ação do espírito para produzir nova idéia ou vislumbre". A palavra-chave dessa definição é *ação*. E é de notar que, quando Joseph Jastrow se refere ao esfôrço criador como "imaginação que prevê, supre, completa, planeja, inventa, resolve, adianta, origina", não se aponta um único verbo na voz passiva.

Embora se compreenda, em grande parte, como trabalha a imaginação e como fazer para que trabalhe melhor — o misticismo da centelha criadora não pode deixar de impressionar quem quer que o pondere. Pode-se perguntar: "Que é que inflama a centelha?" Talvez o homem nunca consiga responder. É segrêdo mais profundo do que a própria vida; e ainda não sabemos por que o coração pulsa. Henry Morton Robinson descreve a fôrça ativadora como "uma espécie de aparelho elétrico de marcar tempo". Mas que é que ativa o ativador?

A imaginação criadora é tão mística, ou mais, do que isso. Conforme diz Richard Roberts, só podemos compreendê-la como mais uma prova da divindade. "Existe no mundo", diz êle, "uma influência que se pode descrever como criadora, seja onde fôr que opere. É capaz de reforçar a vida e animar a faculdade natural. As provas são evidentes."

TEMAS

1. Dentre ás aptidões essenciais do espírito, qual a mais importante? Por quê?
2. A imaginação, é indispensável ao preceito áureo? Por quê?
3. Que é expectativa criadora? Até que ponto se pode voluntàriamente fazê-la atuar a nosso favor?
4. Citar, pelo menos, cinco tipos de imaginação não controlável.
5. Distinguir entre imaginação especuladora, reprodutora, estrutural e por delegação, dando exemplo de cada uma.

EXERCÍCIOS

1. Suponha o leitor encontrar-se a sós com um estranho. Fazer uma relação de cinco assuntos de interêsse para conversa, mas que não se prestem a discussão.
2. Sugerir uma palavra de invenção própria que descreva cada uma das seguintes expressões: ceia composta de restos... pontas de cigarros e cinzas deixados em um cinzeiro depois de longa conversa... migalhas de pão na cama... multidão invàdindo um campo de futebol antes de terminar o jôgo... grupo de 10 homens e uma mulher.

3. Redigir um anúncio oferecendo à venda um estôjo de bôlso para exercícios, um veneno não-identificável, uma máquina de fazer camas (Sugerido por *The London Spectator*).
4. Indicar combinações úteis dos seguintes objetos: bola de vólei e mola de aço..: 13 garrafas vazias e ´72 onças de água... uma vara, dobradiça e uma tábua de meia polegada de espessura e três pés quadrados de superfície.

REFERÊNCIAS

ABT e BELLAK — *Projective Psychology*. New York A. A. Knopf, 1950.

ANASTASI, ANNE e FOLEY JR., JOHN P. — "A Survey of the Literature on Artistic Behavior in the Abnormal". *Psychological Monographs*. 237, 1940.

BARTLETT, F. C. — "Types of Imagination". *Journal of Philosophical Studies*. January 1928, págs. 78-85.

CASON, HULSEY — "The Nightmare Dream". *Psychological Monographs*. 1935, pág. 209.

COWLING, DONALD e DAVIDSON, CARTER — *Colleges for Freedom*. New York. Harper and Brothers, 1947.

DEXTER, EMILY S. — "What is Imagination?" *Journal of General Psychology*. January 1943, págs. 133-138.

DOWNEY, J. E. — *Creative Imagination, Studies in the Psychology of Litterature*. New York. Harcourt, Brace and Company, 1929.

FERNALD, M. R. — "Diagnosis of Mental Imagery". *Psychological Monographs*. 1912 pág. 58.

GERARD, R. W. — "The Biological Basis of Imagination". *Scientific Monthly*. 1946, págs. 477-499.

GORDON, K. — "Imagination; a Psychological Study". *Journal of General Psychology*. January 1935, págs. 194-207.

HARGREAVES, H. L. — "The Faculty of Imagination". *British Journal of Psychology Monograph, Suplement* 10. 1927.

MEIER, N. C. — "Reconstructive Imagination". *Psychological Monographs*. 1939, pág. 231.

PEAR, T. H. e OUTROS — "The Relevance of Visual Imagery to the Process of Thinking". *British Journal of Psychology*. July 1927, págs. 1-29.

ROE, ANNE — "A Study of Imagery in Research Scientists". *Journal of Personality*. June 1951, págs. 459-470.

SQUIRES, P. C. — "The Evolution of the Creative Imagination". *Scientific Monthly*. May 1931, págs. 447-453.

STETTSON, R. H. — "Types of Imagination". *Psychological Review*. July 1896, págs. 398-411.

CAPÍTULO IX

*Variam amplamente os
processos de ideação*

NÃO EXISTE FÓRMULA fixa para a produção de idéias. Um laboratório de pesquisas pode aplicar aos problemas que estuda programa mais ou menos formal de procedimento, mas mesmo êste terá de alterar-se freqüentemente. O problema comum, pessoal ou de negócios, exige, principalmente, concentração contínua, na qual, de modo genésico, um passo sugere outro. E assim é que, em quase todos os processos de ideação, o talento que representa o papel mais importante é o que se conhece por *associação de idéias,* ou *reintegração.*

A associação de idéias é o fenômeno em virtude do qual a imaginação se entrosa à memória, fazendo com que um pensamento conduza a outro. Há mais de 2.000 anos que se lhe reconhece a fôrça. Platão e Aristóteles atribuem-lhe papel de relêvo como princípio fundamental da psicologia humana.

A associação de idéias atua mais profundamente naqueles em que o impulso imaginativo é mais intenso e cujo espírito está melhor armado. Quanto mais vívida a memória, tanto mais se presta ao processo associativo. Por exemplo, recentemente disse à espôsa de um velho amigo: "Isto me faz lembrar o jantar naquele domingo em sua casa, quando

Richard Washburn Child nos contou o que Woodrow Wilson lhe tinha dito em particular, a respeito do Tratado de Versalhes." Estas palavras não lhe despertaram qualquer idéia. Tendo esta senhora recebido inúmeros personagens famosos, Chid tinha sido para ela um simples hóspede, esquecendo completamente a ocorrência. Como eu, porém, nunca tivera ocasião de sentar-me à mesa com um embaixador, ficara tão impressionado com o acontecimento que, 30 anos depois, voltou-me ao espírito por causa de outro fato semelhante.

A associação representa papel importante no fator *acidental* da criatividade. Enquanto meditava sôbre os trabalhos do pensamento em cadeia, dirigi-me ao consultório do dentista. Durante o tempo em que êle aplicava a broca, movi ao acaso a mão esquerda, que foi tocar o tubo de gás para o bico de Bunsen. Pensei: "Que borracha delicada e macia — parece a pele do rosto de uma criança!"

Êsse contato com a borracha fêz-me lembrar como os nazistas, na véspera da invasão da Normandia, tinham sido enganados por balões do tamanho de verdadeiros navios, tanques e grandes canhões. Essa associação de idéias entre os embustes na Inglaterra e o tubo que tocara com a mão atravessou meu espírito em menos de um segundo.

Alguns dias antes tinha ido a uma loja especialista de modelos, para exposição em vitrinas. Depois tinha visitado uma loja de roupas feitas, onde encontrei o encarregado das vitrinas. Assim mui naturalmente, enquanto o dentista aplicava a broca, atravessou-me o espírito: "crianças... borracha... enormes brinquedos... modelos de roupas". Passei então a formular a mim mesmo a pergunta: "Em lugar de fazer manequins de massa, por que não fazê-los de borracha, enchendo-os de ar quando os levarem à vitrina?"

Enquanto o espírito trabalhava divagando por êsse modo, analisei as minhas divagações; dentro da mesma hora, começava a escrever o que acabo de relatar. Meu filho, chegando do colégio, veio ver-me. "Em que está trabalhando?" perguntou. Disse-lhe. Alguns minutos depois lembrou: "Diga-me, papai: não se recorda daquelas figuras cheias de ar que vimos na parada das Lojas Macy, no Dia de Ação de Graças, há uns dez anos?" Sem dúvida que me lembrava. Assim, o que eu pensava fôsse idéia "nova" surgira-me do subsolo do pensamento — de semente que lá se lançara havia dez anos.

99

2. Leis de associação

Os antigos gregos estabeleceram como três as leis de associação: contigüidade, semelhança e contraste. Por *contigüidade* queriam dizer proximidade, do mesmo modo que um sapatinho nos lembra a criança. Por *semelhança* queriam simplesmente reportar-se à impressão que a imagem de um leão nos dá de um gato. Por *contraste* queriam dizer que um anão pode fazer-nos lembrar de um gigante. Têm-se sugerido muitos outros princípios de associação, mas os três originais ainda são considerados fundamentais.

A associação pode atuar de muitos modos diversos. As maneiras de falar proporcionam um paralelo que esclarece a diferença de ação. Sem dúvida, a semelhança é a primeira lei de associação, e um símile é a mais simples das figuras baseadas na semelhança. Lírio gracioso pode lembrar a filha delicada. Comparando, pode dizer-se: "Helena parece uma flor."

A metáfora *implica* similaridade. Assiste-se a uma peça em que acontece de tudo, do nascimento à morte, e vem à mente o mundo. "O mundo é um palco" seria a metáfora. Vê-se um velho encarquilhado e acode a idéia da morte. Junta-se uma foice e, personificando, chama-se a morte de "ceifeira sinistra". Alegorias, fábulas e parábolas se baseiam, igualmente, na semelhança. Atingem o alvo, principalmente, por fazer com que outros pensamentos nos venham ao espírito, seja de forma direta, seja por efeito moral.

A associação atua mediante identidade parcial e esta, por sua vez, é a base de, pelo menos, duas figuras de retórica. Quando uma parte sugere o todo, como em "a mão que balança o berço governa o mundo", trata-se de sinédoque. Quando vemos um berço e nos lembramos da genitora, verifica-se associação por identidade parcial. Quando uma palavra sugere outra, como em "a pena é mais poderosa do que a espada", está-se diante de metonímia.

A associação também opera mais por meio de sons do que por palavras, e neste caso assemelha-se à onomatopéia. Ouve-se certa melodia que a noiva tocava e vem à mente o dia do casamento. Ouve-se o zumbido de um aspirador de pó e vem à idéia a broca do dentista — embora não haja qualquer ligação entre êles.

Outras figuras de retórica se baseiam no contraste, que Aristóteles indica como a terceira lei de associação. Na ironia emprega-se o oposto do que se quer significar, como em: "A voz mais alta tem sempre razão." Pela mesma característica, a associação atua por contraste, como acontece quando encontramos um labrego barulhento e nos lembramos de pessoa gentil e sossegada. A antítese, outra figura de contraste, reúne palavras opostas, como: "O que é meu é seu, e o que é seu é meu." Por igual, uma tempestade acompanhada de nevadas pode lembrar a sêca de zona desértica.

A hipérbole exige exagêro proposital. O biógrafo, ao contar a vida do Barão de Munchausen, procurou representar uma nevada ridìculamente profunda. "Bancos de neve da altura de flechas de igrejas", podia ter pensado de si para si. "Mas então onde poderia o Barão amarrar o cavalo?" E a resposta foi: "Sem dúvida, na ponta do campanário." Assim, pelo exagêro, o pensamento em cadeia do autor conduziu-o a uma representação agradàvelmente exagerada.

"A tirania das palavras" resulta da associação das idéias. "Comunismo" significa modo de vida cristão nos dias da comunidade Oneida, enquanto atualmente a interpretação européia da mesma palavra significa ateísmo. Por outro lado, quando solicitaram a 645 estudantes que escrevessem a palavra mais importante de nossa língua, o maior número escolheu "mãe". Quase todo o resto citou "lar". Não existem duas outras palavras que despertem tantas recordações.

Os cheiros também despertam cadeias de pensamento. O aroma que se desprende de uma xícara de café leva-nos a um acampamento na mata, mesmo quando provém de máquina de coar em um grande café-restaurante.

3. Estágios do processo criador

Há muitos fatos físicos que não sabemos até hoje como se originam. Não é de admirar, portanto, que não se saiba exatamente como se originam as idéias. Talvez mesmo nunca se consiga explicar perfeitamente como se processa a criação das idéias. Daí também, não ser provável que se possa formular rigorosamente o procedimento criador.

Há uns 50 anos, Henri Poincaré expôs o processo mental da criação matemática. Pôde fazê-lo mui precisamente, pois tinha em vista elementos tangíveis e constantes. Contudo, quase todos os problemas não-matemáticos estão sobrecarregados de elementos intangíveis e variáveis. Êste é outro motivo de não ser possível metodizar rìgidamente o procedimento criador. Tanto assim é que os que estudam e praticam a criatividade verificam ser êste processo uma espécie de "catch-as-catch-can" — que não será nunca tão exato que se possa considerar científico. O mais que se pode dizer, honestamente, é que em geral compreende algumas ou tôdas as seguintes fases:

1. *Orientação:* Assinalar o problema.
2. *Preparação:* Reunião dos dados pertinentes ao problema.
3. *Análise:* Decomposição do material de importância.
4. *Ideação:* Acúmulo de alternativas por meio de idéias.
5. *Incubação:* Descanso, para introduzir iluminação.
6. *Síntese:* Reunião dos elementos.
7. *Avaliação:* Julgamento das idéias resultantes.

Na prática cotidiana não se pode, em geral, seguir estritamente essa seqüência. Podemos começar a adivinhar mesmo enquanto estamos preparando. A análise pode conduzir-nos diretamente à solução. Depois da incubação pode-se passar novamente a procurar fatos que, de início, não se sabiam necessários. E, sem dúvida, pode-se focalizar a verificação nas idéias conjecturais, de sorte a separar as "extravagantes" e prosseguir sòmente com as mais favoráveis.

Em todo o percurso teremos de mudar de velocidade, avançando, ladeando, depois avançando novamente. Impelindo um espírito consciente em busca dos fatos adicionais e idéias conjecturais, desenvolvemos uma concentração de pensamentos e sentimentos bastante forte para acelerar a nossa bomba automática de associação e fazer que ela transborde ainda mais idéias. Assim, por meio de um esfôrço aturado, induzimos indiretamente a iluminação.

O acúmulo de idéias conjecturais é, provàvelmente, a parte mais indispensável em qualquer projeto destinado a resolver problemas, seja na criação de nôvo produto químico, seja na correção do comportamento de um filho. Quase sem-

102

pre temos de imaginar um certo número de idéias inúteis a fim de chegar à que serve. Mais adiante, neste volume, trataremos desta questão com maiores detalhes.

Nem se pode desprezar a análise em qualquer processo criador. Em muitos casos, a mera decomposição do problema revelou a resposta ou mostrou o problema verdadeiro, não o que se tinha imaginado atacar.

Quanto a outras fases do processo criador, a síntese combina as peças de um quebra-cabeça. Se prepararmos convenientemente, se estabelecermos corretamente o objetivo e considerarmos bastantes alternativas, poderemos proceder à síntese em qualquer estágio — mesmo durante a incubação.

A avaliação exige realismo, conforme Luís Galvani aconselhou: "É fácil enganarmo-nos acreditando ter achado aquilo que tínhamos fixado como alvo."

Quando aplicamos o nosso próprio julgamento, podemos perfeitamente analisar a nossa solução registrando numa fôlha de papel todos os prós e contras. Sem dúvida, também devemos registrar o julgamento de outros. O processo mais seguro de avaliação, contudo, consiste em examinar as próprias idéias. E a tarefa de imaginar a melhor maneira de proceder a êsse exame é em si mesma um desafio à imaginação.

4. Estabelecendo a "atitude de trabalho"

Quanto à orientação, o primeiro passo é situar-se, fixar uma "atitude de trabalho".

Fazê-lo, pode assemelhar-se a esticar o corpo puxando os cordões das botinas, mas há diversas maneiras de fazer exatamente isso, e pessoas altamente criadoras lançam, conscientemente, mão dessas maneiras. Pode-se até induzir em si mesmo a autoconfiança, até certo ponto. Em se tratando de esfôrço físico, há provas científicas de que, dentro de certos limites, poderemos realizar se pensarmos que podemos. Por exemplo, os psicologistas Muller e Schumann provaram, na Alemanha, que o nosso espírito pode fazer um pêso parecer mais leve. Mandaram algumas pessoas levantarem um volume pouco pesado, depois um volume três vêzes mais pesado e finalmente um pêso leve. Embora êste último fôsse trinta por cento mais pesado do que o primeiro, quase tôdas as pessoas que tomaram parte na experiência o acharam muito

103

mais leve do que o primeiro. Exatamente como procedem certos jogadores de basebol, precisamos flexionar a imaginação quando encaramos uma tarefa criadora. Tive ocasião de observar dia a dia o redator de anúncios Allen Ward, durante vinte anos. Nunca me cansava de admirar como êle podia atacar simultâneamente tantas tarefas criadoras. Difìcilmente se acreditaria que tivesse de lutar consigo mesmo, sempre que atacasse um projeto qualquer, mas é isso que alega. Quando lhe perguntei como procedia, explicou:

"Não tenho meio seguro de me interditar no pensamento criador, mas verifiquei que uma boa maneira de conseguir uma atitude de trabalho é fechar a porta e esforçar-me por esquecer tudo menos a tarefa que está na minha frente. Puxo então a máquina para perto, enrolo as pernas em tôrno à mesa e ponho-me a escrever. Registro qualquer linha que me venha à cabeça — amalucadas, estúpidas, ou seja lá o que fôr. Verifiquei que, se o não fizer, poderá ficar retida e prejudicar as outras. Escrevo tão depressa quanto possível. Então, depois de um longo intervalo, algumas engrenagens que não tinham trabalhado começam a movimentar-se e algo de impressionante passa a estampar-se sôbre a fôlha amarela de papel diante de mim — como uma mensagem telegráfica. Êste é o caminho árduo, e quase o único que conheço."

A faculdade de ter o espírito aberto é tão essencial à criatividade que às vêzes temos de afastar influências que poderiam obstruir-nos o espírito enquanto procuramos idéias. Teria sido fácil a Pasteur aceitar a alegada causa da moléstia do bicho-da-sêda, quando visitou o sul da França, para salvá-lo da ruína. Os criadores locais tentaram explicar-lhe como era a moléstia e o que a causava. Se tivesse prestado atenção a essas teorias, talvez nunca tivesse encontrado a resposta que tanta significação teve para a França.

Por vêzes, temos de conservar o espírito aberto, evitando o ambiente, conforme faz o hábil chefe de uma grande fábrica. Todo sucesso que conseguiu consistiu em baixar custos, reduzindo o número de operações sôbre um produto qualquer. Tinha resolvido não atacar nunca tal problema enquanto estivesse na fábrica: ao invés, levava-o para casa. "Quando tentava fazer esta espécie de trabalho na fábrica", disse-me, "ouvia as máquinas zumbindo tão belamente e via o produto fluindo tão suavemente, que havia a tendência de fechar-se-me o espírito. Enquanto houver na fábrica qualquer objeto, que pudermos produzir com uma operação a menos, vou trabalhar sôbre êle em casa, onde o espírito pode raciocinar mais claramente."

O Dr. Suits, da General Electric, frisa a grande importância de ter o espírito aberto aos próprios palpites. "Esforce-se por conservar o espírito aberto", recomendava. "Fiquei alerta para palpites, e sempre que encontrar algum a pairar-lhe no limiar da consciência dê-lhe as boas-vindas de braços abertos. Fazê-lo não o transforma em gênio do dia para a noite. Mas êles lhe dão a garantia de localizar o cofre de idéias, que está escondido no fundo do espírito."

5. Não há fórmula possível

Juntou-se esta parte ao texto original porque, apesar dos avisos do nosso manual de instruções, parece ter havido tendência indevida para tentar a codificação do processo criador.

Em alguns casos, os chamados estágios do processo criador, conforme indicados no comêço dêste capítulo, foram errôneamente considerados como fórmula científica — chegando mesmo certos professôres ao ponto de fazer com que os estudantes decorassem aquela relação.

Os passos não são "científicos" nem "fórmulas". Apresentamo-los simplesmente como um meio auxiliar para a compreensão das várias fases da solução do problema criador.

Outros autores elaboraram muitas listas diferentes de tais estágios. E essas listas são exatamente tão aceitáveis como a nossa. De fato, uma dessas séries, imaginada por C. F. Hix e D. L. Purdy, da General Electric, é òbviamente preferível à minha, para uso quando se' ensina engenharia criadora — e tal foi o objetivo específico para o qual imaginaram essa relação.

A prova de que minha lista está longe de ser sagrada está na maneira como a tenho alterado desde a primeira edição dêste livro. O estágio que chamamos agora de "Ideação", primeiro era denominado "Hipótese". Verificou-se que êste último têrmo indicava padrão por demais fixo. Por outro lado, ideação significa a imaginação de idéias sem limites; e é isto o que esta parte do processo exige.

Assim também, em edições anteriores, relacionamos o último passo como "Verificação". Mudamos agora essa denominação para "Avaliação", têrmo que parece mais compreensivo; bem como mais indicativo.

Conforme se disse no parágrafo seguinte à relação dos chamados estágios, "não podemos seguir tal seqüencia de um — dois — três". Basta êste fato para negar a possibilidade de uma fórmula.

Talvez o aspecto mais significativo da relação seja indicar as duas fases do processo criador que em geral precisam de maior ênfase — orientação e ideação.

Tem-se desprezado grandemente a ideação. Até agora, muitas pessoas têm tido a tendência de imaginar número muito reduzido de, idéias conjeturais como possíveis chaves de soluções. A vantagem de alternativas múltiplas foi em larga escala recentemente reconhecida. Por exemplo, no Instituto de Tecnologia de Massachusetts se exige dos estudantes de engenharia criadora a apresentação de mais do dôbro, do que anteriormente, de soluções conjeturais para um certo problema.

Quanto à razão de ter-se desprezado tanto a parte de ideação do processo, um dos motivos é permitir a intromissão concorrente do julgamento, sufocando a geração de idéias. Outro motivo é a exigência de esfôrço extra para imaginar idéias conjeturais em numero suficiente. Orientação, preparo, análise, e, sem dúvida, incubação — são comparativamente fáceis. Funções como síntese e avaliação vêm naturalmente. Sendo até certo ponto habituais, exigem menos esfôrço do que geralmente se aplica à ideação adequada.

A outra parte mais desprezada do processo de solução do problema criador consiste na fase de orientação que exige a decomposição do problema em subproblemas específicos. Tal processo implica esfôrço analítico; mas também exige criatividade reforçada. Por exemplo: o problema geral da criminalidade juvenil. Êste se poderia dividir em cêrca de dez problemas maiores, cada um dos quais se decomporia, em seguida, em outros tantos dez subproblemas. Um grupo estudou um dêstes subproblemas, e ràpidamente imaginou 52 fases daquilo que poderia ser bem ideado.

Esta maneira de processamento de problema é contrária ao hábito normal; exige esfôrço consciente em proporção à importância do passo preparatório. No capítulo seguinte discutiremos esta e outras fases da orientação.

TEMAS

1. Deve ter-se confiança nos palpites? Por quê?
2. Como se poderá descrever o fenômeno conhecido por associação de idéias?
3. Indique três leis de associação e dê um exemplo de cada uma.
4. Discuta a analogia entre leis de associação e figuras de linguagem.
5. Quais devem ser os primeiros passos no processo de ideação?

EXERCÍCIOS

1. Imagine uma matáfora original para cada um dos seguintes assuntos: amor, vida, morte, futebol, imaginação.
2. Escreva a palavra "mãe". Debaixo dela escreva a primeira palavra que aquela lhe faz vir ao espírito. Repita o processo com a segunda e com as palavras sucessivas até completar seis. Identifique a lei de associação que lhe serviu de guia para cada uma.
3. Quais os "slogans" de anúncio que se apresentam mais prontamente ao espírito? Com que produto o serviço de cada um dêles se associa?
4. Faça uma relação de tôdas as maneiras em que a energia atômica poderia ser útil em um mundo pacífico.
5. Imagine-se pastor de uma igreja em que a freqüência de jovens está diminuindo. Descreva, pelo menos, seis medidas que poderia tomar para corrigir a situação.

REFERÊNCIAS

ALBRIGHT R. W. e ALBRIGHT J. B., — "Chain associations of pre-school children picture stimuli". *Pedagog. Sem.* September 51, págs. 77-93.

BENTLEY, M. — "Where Does Thinking Come In?" *American Journal Psychology.* July 1943, págs. 358-380.

EPSTEIN, R. G. — "Industrial Invention: Heroic os Systematic? *Quart. J. Econ.* February 1926, págs. 232-272.

HARTER, R. S. — "Study of Individual Diferences in Associative Capacity". *Pedagog Sem.* March 1934, págs. 139-153.

KOHLER, W. — "On The Nature of Association". *Proceedings American Philosopical Society.* 1941, 84, págs. 489-502.

MAY, MARK A. — "The Mechanism of Controlled Association". *Archives of Psychology,* 39. 1917

ROBINSON, EDWARD S. — *Association Theory Today*. New York. Century Company, 1932.

SCHAFFER, R. — "Study of Thought Processes in a Word Association Test". *Character and Personality*. March 1945, págs. 212-227.

THURSTONE, L. L. — *The Nature of Inteligence*. New York. Harcourt, Brace and Company, 1924.

TILTON, J. W. — *The Relation Beetween Association ad the Higher Mental Processes*. Contributions to Education, 218. New York. Teachers College Columbia University, 1928.

WARREN, HOWARD C. — *A History of the Association Psychology*. New York. Charles Scribner's Sons, 1921.

CAPÍTULO X

Sugestões orientadoras para fixar objetivos

EMBORA ÊSTE CAPÍTULO trate de "orientação", cada vez mais está entrando em uso um sinônimo dêste têrmo por muitos professôres. Preferem referir-se ao preparo do problema como "direção" em lugar de "orientação". Será, portanto, necessário considerar êstes dois têrmos como sinônimos. E será preciso lembrar que o preparo do problema pode muitas vêzes abrir caminho à solução final.

Ocasionalmente se tropeça, por acidente, numa nova idéia importante: verifica-se em geral, entretanto, que quem tropeçou há muito estava trilhando a senda. Raramente se dá o caso de uma sorte imprevista, como na história do soldador que, descuidadamente, deixou cair um pedaço de cano de aço numa vasilha com vidro derretido e, ao retirá-lo, verificou que tinha acertado na maneira de fazer tubos de vidro.

Não nos é dado, conscientemente, aumentar a colheita de acidentes felizes; mas podemos produzir mais idéias mediante esfôrço criador consciente, e neste processo compensa focalizar o objetivo. Primeiramente, devemos tornar o alvo o mais claro possível.

Algumas vêzes devemos originar o próprio problema. Em outras ocasiões, a fôrça das circunstâncias lança-nos nos braços os problemas. Em organizações científicas ou de negócios, distribuem-se muitas vêzes os problemas aos chefes, com os alvos bem definidos. Outras atribuições podem trazer sugestões úteis, como se deu com o Conselho Nacional de Inventores durante a guerra, com as listas de "precisa-se de invenções".

2. *Ideando novos problemas*

Um dos motivos por que os americanos adquirem cada vez melhores artigos pelo mesmo dinheiro, é que as nossas fábricas visam a certos alvos — procurando conscientemente problemas cuja solução pode representar oportunidades. Por exemplo, o reconhecimento da retração do tecido das camisas dos homens, com defeito, conduziu à idéia da sanforização, que valeu muitos milhões de dólares. Aqui está a história de como se fixou o alvo e como se atingiu a meta:

O problema originou-se da impossibilidade em que se encontravam os fabricantes em dar aos consumidores camisas que assentassem tão bem como os colarinhos. Tôda a questão era que sempre se lavavam os colarinhos depois de feitos, enquanto que as camisas, se lavadas da mesma maneira, perderiam parte do belo acabamento — pareceriam como se não fôssem novas. Assim sendo, por conta própria, Sanford Cluett resolveu descobrir um modo de encolher o pano sem molhá-lo.

Na fábrica de tecidos, Cluett verificou que no processo de acabamento o pano era sempre puxado nos vários processos de branqueamento e mercerização. De fato, as peças de pano eram costuradas umas às outras, formando tiras de até 22 quilômetros de comprimento, que depois eram metidas nas máquinas. Com isto naturalmente se destorcia o tecido. Êle descobriu que, se fôsse possível suprimir esta distorção, a melhor parte da retração ficaria eliminada. De sorte que construiu uma máquina que automàticamente restabelecia o equilíbrio do pano — em outras palavras, eliminava a retração.

O processo de sanforização se aplicava, a princípio, sòmente a artigos de algodão. O sucesso de que foi coroado conduziu a outros objetivos. Foi assim que se criou processo semelhante denominado "Sanforset" para estabilizar o "rayon". Processo ainda mais recente elimina o fêltro na lã. Êste caso caracteriza como se podem alcançar outros objetivos, considerando os problemas como um objetivo que pode conduzir a outro.

Os triunfos criadores têm resultados também de mergulhar-se a grande profundidade em busca de problemas invisíveis. Faraday atacou o problema às cegas quando, em 1831, descobriu como se podia produzir eletricidade. Não tinha objetivo em vista. Simplesmente queria saber o que aconteceria se entre os pólos de um ímã em forma de ferradura montasse um disco de cobre capaz de girar. Cheio de espanto, verificou que o disco, girando, produzia corrente elétrica.

O Dr. Charles M. A. Stine não sabia o que estava procurando quando começou a pesquisa que deu em resultado o "nylon". Os seus associados disseram-me que aquilo que melhor o caracterizava era a curiosidade. Provàvelmente não haveria "nylon" até hoje se êle não tivesse resolvido dar início a uma pesquisa às cegas.

O Dr. Stine inaugurou um programa de pesquisa fundamental na Companhia Du Pont, sem objetivo específico, mas acreditando que surgiriam importantes desenvolvimentos de novos conhecimentos científicos. Entre os professôres que tomaram parte nesta pesquisa estava o Dr. Wallace H. Carothers, que desejava produzir moléculas maiores do que antes se conseguira, tivessem ou não qualquer aplicação prática. Ultrapassou o recorde mundial para o tamanho molecular de substâncias sintéticas, produzindo poliésteres e poliamidos. O Dr. Julian Hill observou que se podia puxar um dêsses polímeros em condição plástica, formando fibra. Mais de cem químicos, físicos e engenheiros tomaram parte na pesquisa que se seguiu sôbre êstes novos compostos, dando eventualmente ao mundo a fibra sintética, o "nylon".

Vez por outra alguém formula uma pergunta que conduz a resposta preciosa, e entretanto perde-se-lhe o nome. O Departamento de Agricultura cita um dêstes casos. As porcas esmagam muitas vêzes os bacorinhos, rolando em cima dêles. Um pensador desconhecido perguntou se não era possível diminuir a mortalidade dos porcos no chiqueiro, inclinando simplesmente o soalho. Esta sugestão conduziu a um sistema que está dando bom resultado. Como as porcas gostam de deitar-se com as costas para cima e os bacorinhos gostam de passear descendo, o soalho inclinado tende a conservar os porquinhos fora do corpo da genitora. O Departamento da Agricultura informou que a inclinação do soalho reduziu esta causa de mortalidade até de 25%.

3. Clarificação e dissecção

Precisamos não só escolher o problema mas também colocá-lo em seus devidos têrmos. É indispensável tornar claro o alvo. "Especifique o problema conscientemente", recomendava Brand Blanshard, da Universidade de Yale. "Desde o comêço dê-lhe o aspecto de uma questão perfeitamente definida."

Conforme disse John Dewey, "problema bem pôsto já é meio resolvido." A clarificação não sòmente derrama luz sôbre o objetivo, mas contribui ainda para colocá-lo em perspectiva. "Ela o põe em relação com outros fatos conhecidos de sorte a facilitar-lhe o exame" segundo Matthew McClure a formulou.

De qualquer maneira, comecemos por fixar o problema. A fim de provocar a ação criadora, podemos mesmo chegar a escrever a alguém procurando *uma* resposta, se não *a* resposta, numa certa data. E não vamos parar em pôr simplesmente o problema. Certamente, se é verdade que "um problema bem formulado fica meio resolvido", é também verdade que quanto mais o limitarmos, tanto mais nos aproximaremos da solução. De sorte que devemos ficar seguros de estabelecer o objetivo.

O Dr. Walter Reed é um dos nossos imortais, principalmente porque se esforçou em fixar o objetivo da guerra contra a febre amarela. O problema fôra-lhe confiado. Ao chegar a Cuba, como chefe da comissão da febre amarela, examinou a relação das mortes mais recentes, indagando a respeito de cada caso. Verificou que os últimos falecimentos eram de pessoas que não tinham estado perto de qualquer outra vítima.

Perguntou o Major Reed: "Quer dizer que êste homem não teve qualquer contato com a moléstia?"

"Nenhum", foi a resposta. "A vítima estêve no quartel durante seis dias com outros seis homens e foi o único a apanhá-la."

"Bem, se você tem razão", disse o major, "então algum elemento desconhecido deve ter-se esgueirado, pulado ou voa-

112

do através da janela do quartel, mordido êsse prisioneiro e depois voltado para o lugar donde tinha vindo. Estou convencido de que chegou o tempo de pôr de lado os microscópios para saber como a febre amarela passa de homem para homem. Provàvelmente algum inseto carrega o veneno, podendo muito bem ser um mosquito."

Depois de todos os esforços para descobrir a causa da febre amarela por meio da técnica microscópica usual, o Major Reed, com essa única observação, estabeleceu o alvo que conduziu à solução. Graças à descoberta, por êle, do foco verdadeiro — mais o heroísmo dos voluntários que serviram de cobaias humanas — chegou-se a produzir afinal uma vacina contra a febre amarela. E 40 anos mais tarde os soldados americanos foram capazes de perseguir o inimigo, através de matas e pântanos infestados, imunizados contra a terrível doença.

Conforme Charles F. Kettering explicou: "O processo de pesquisa consiste em decompor o problema nos diferentes elementos, a respeito de grande número dos quais já sabemos alguma coisa. Depois de ter procedido a essa decomposição é que se pode iniciar o trabalho sôbre os elementos desconhecidos."

As perguntas podem representar o papel de chaves a esta espécie de dissecção. Por exemplo, se lhe pedirem que imagine nova insígnia para a igreja local, poderá começar por escrever títulos como abaixo: Objetivo? Situação? Desenho? Material? Iluminação? Tipo de letra? Maneira de erigir? Debaixo de cada uma destas palavras podem-se formular subperguntas. Por exemplo, quanto ao objetivo, poderiam ser: 1. Lembrar aos fiéis o serviço religioso? 2. Atrair visitantes? 3. Motivar boa vontade? Em resumo, dessa maneira consegue-se relacionar cêrca de trinta pontos que esclareçam o objetivo, indiquem dados a procurar e favoreçam o aceleramento da imaginação criadora.

Outro exemplo: imaginemos que somos o fabricante de ratoeiras, cuja fama atribuem a Emerson. Talvez no meio do mato pudéssemos estabelecer a maneira de fazer uma ratoeira melhor; mas seria prudente restringir êste nosso objetivo antes de enrolar as mangas da camisa. Poderíamos perfeitamente formular uma série de perguntas específicas. "Como poderei dar-lhe melhor aspecto?"... "Mais barata?"... "Mais fácil de usar?"... "Mais segura para a dona

113

de casa?"... "Mais leve?" Se acaso tivéssemos um grupo de trabalho, poderíamos perfeitamente atribuir cada um dêstes objetivos a cada membro do grupo. Com isto progrediríamos mais depressa do que se disséssemos a todos: "Senhores, desejo que todo mundo venha até à minha porta. Façam-me uma ratoeira melhor. Mãos à obra!" Conforme o Prof. John Arnold assinalou, pode-se perfeitamente dar início a um problema com objetivo menos limitado do que como fazer uma ratoeira melhor. A meta inicial pode abarcar melhor uma necessidade fundamental — neste caso, como acabar com os ratos. Dêsse modo o problema, a princípio, compreenderia todos os meios possíveis de exterminar ratos — tais como envenenamento, asfixia, eletrocução, e até mesmo gatos.

Êste problema integral poderia, então, decompor-se nos componentes fundamentais. "Como fazer uma ratoeira melhor" tornar-se-ia, assim, um problema dentre outros mais específicos. E êste, por sua vez, poderia decompor-se em subproblemas ainda mais específicos, conforme relacionados atrás — cada um a ser atacado criadoramente de per si.

Exemplo recente do processo de decomposição de um problema, de forma que o possamos atacar ilimitadamente — sendo, entretanto, específico quanto ao objetivo — apresentou-o há pouco o grupo de trabalho do Laboratório Geral de Engenharia da General Electric Company. Tendo recebido um pedido de um dos departamentos daquela firma no sentido de sugerirem um dispositivo por meio do qual se pudesse acender uma lâmpada, ao entrar num cômodo, "de modo a não ter que se tatear para descobrir o interruptor da lâmpada, correndo o risco de quebrá-la ou cair de uma cadeira e fraturar a perna" — o grupo levou duas semanas para definir o problema. Ao fim dêsse prazo fizeram uma proposta ao departamento, declarando que por determinada soma e depois de certo período, imaginariam um dispositivo que satisfizesse as especificações exigidas. No período marcado e dentro do orçamento, o grupo apresentou o dispositivo, que desde então passou a vender-se sob a marca registrada de "Touchtron". Toca-se simplesmente a face da lâmpada, e ela acende. Toca-se novamente, e apaga.

Foi C. Frank Hix Jr., diretor da General Electric, quem narrou êste caso. Comentou que "é difícil ir a qualquer parte da fábrica hoje em dia, sem deparar com êste tipo de formulação de problemas, em uso nos grupos de engenharia".

Tôda a questão é que, muitas vêzes, vale a pena gastar bastante tempo para estabelecer um problema.

As experiências de Rokeach, com 250 estudantes do Colégio Estadual de Michigan, revelaram certa razão psicológica para gastar-se tempo na contemplação de um problema. Essas experiências serviram para verificar hipóteses de que, empregando mais tempo para a percepção de um problema, é mais provável conseguir ataque menos rígido e mais criador. Assim sendo, recomenda que, quando um grupo está para realizar uma sessão de "brainstorm" deve-se apresentar o problema por escrito pelo menos um dia antes.

Walter Chrysler guardou o pequeno ordenado, que recebia como mecânico ferroviário, a fim de comprar enorme carro Pierce-Arrow de 5.000 dólares — sòmente para desmontá-lo e montá-lo de nôvo, para ver tudo quanto fôsse possível. Pretendia descobrir a maneira de fazer um carro melhor e atacou o problema, conforme diz Ray Giles, formulando para si mesmo perguntas específicas como: "Por que o carro não pararia melhor com freio nas quatro rodas?" "Por que não conservar o óleo lubrificante em melhores condições, fazendo-o passar constantemente por um filtro?"... "Porventura pneus de maior diâmetro não proporcionariam movimento mais suave?".

"Não admira que quando mais tarde êste rapaz apresentou o primeiro automóvel Chrysler causasse sensação na exposição daquele ano", concluiu Ray Giles.

Os problemas pessoais são, em geral, complexos; e êstes, também, são mais suscetíveis de solução quando decompostos em seus elementos mais simples. Por exemplo: sempre que uma senhora se preocupa com a falta de moral do marido, defronta-se com o problema fundamental de "como torná-lo melhor?" Mas com isto se abrange muito mais terreno para o ataque criador. Seria melhor começar fazendo uma relação das influências que o corrompem, e outra das que poderiam reformá-lo. Poderia, então, separar os objetivos, tais como: "de que modo fazer com que êle vá à igreja comigo?"

O Dr. Edgar E. Robinson, professor emérito de História na Universidade Stanford, observou freqüentemente: "É impressionante quantas idéias temos para ações a serem praticadas por outrem." De sorte que talvez fôsse melhor para esta senhora estabelecer como alvo aquilo que pudesse fazer para ajudar, de preferência a tentar reformá-lo. Por exemplo, poderia considerar como tornar-lhe a vida melhor, ou como conseguir proporcionar maiores oportunidades para êle praticar a pesca, seu esporte favorito.

4. *Um objetivo conduz a outro*

Exatamente como uma idéia conduz a outra, um objetivo muitas vêzes conduz a outro. Tal é a verdade, até mesmo para os maiores cientistas. Conforme Paulo de Kruif já disse, "os caçadores de micróbios, comumente, encontram outros objetivos bem diversos daqueles que estavam inclinados a procurar."

Em junho de 1922 percorri o laboratório de pesquisas de General Motors, em Dayton. O meu guia era o diretor de pesquisas, Charles Kettering. Espiamos para dentro de um cômodo, onde três homens estavam trabalhando em roda de um pequeno motor que deixava escapar os gases através de abertura em uma janela. "Que estão fazendo?" perguntei.

"Oh, disse-lhes que deviam procurar transformar a gasolina, de maneira que o motorista conseguisse cinco vêzes mais quilômetros por litro." Nunca acharam o que estavam procurando, mas acertaram na idéia do chumbo, daí resultando a gasolina-etilo. A pesquisa mudara de objetivo e como resultado, em lugar do aumento do percurso por litro, tinham diminuído a batida.

Os técnicos da Corning Glass pretendiam fazer globos para lanternas de estrada de ferro, tão resistentes que não se quebrassem, mesmo quando bombardeados por granizo. Conseguiram-no, e como resultado o tráfego se tornou mais seguro. Ao fazê-lo, porém, aperfeiçoaram novas espécie de vidro que passou a usar-se em milhões de casas. Desta forma o objetivo de fazer lanternas melhores conduziu ao invento de objetos de vidro que resistissem ao calor do forno. Desde então as mulheres americanas compraram perto de 400 milhões de peças de "Pyrex" para assar, servir e guardar. Esta inovação conduziu, em seguida, à "Flameware" para uso sôbre o fogão.

Os diretores de pesquisas reconhecem que, por vêzes, os objetivos mudam. O Dr. Howard Fritz contou-me como um dos seus cientistas tinha dado início a uma busca que conduziu a um subproduto do seu trabalho que, em seguida, se tornou a ocupação dominante da vida dêle. O subproduto tornou-se o produto conhecido por "Koroseal". Conforme a opinião do Dr. Fritz, tal fato não é um resultado inesperado em criatividade organizada. Segundo o Dr. L. L. Thorstone assinalou, a solução de problemas quase sempre exige "a reformulação do próprio problema e em seguida a solução do nôvo problema".

Não é apenas o objetivo específico, mas até mesmo um objetivo fundamental, que pode mudar. Muito poucas pessoas sabem que Henry Ford tinha idéia de entrar no negócio de locomotiva, não no de automóveis. O seu primeiro feito criador, quando ainda moço, na fazenda do pai, foi construir um motor a vapor. Tinha por objetivo fabricar equipamento ferroviário. Foi sòmente quando estava chegando aos 40 anos que estabeleceu como objetivo a construção de carros de passageiros.

Compensa examinar objetivos. O Departamento de Patentes norte-americano está cheio de "boas" idéias sem valor algum. Inúmeras pessoas têm gasto horas sem conta e quilos de energia criadora em projetos destituídos de qualquer objetivo útil.

Pessoalmente, muitas vêzes tenho partido em busca de verdadeiras quimeras. Por exemplo, tive em mente certa espécie nova de dicionário. Falei com várias pessoas que lidavam com palavras, que ficaram entusiasmadas com o meu projeto. Meti mãos à obra e perdi centenas de horas colecionando as cem primeiras palavras. Procurei depois um editor de dicionários. Verificamos em breve que seriam necessários dez homens trabalhando quase a vida inteira para completar o trabalho; a despesa seria enorme e o mercado por demais reduzido. Se tivesse analisado em tempo aquêle objetivo, teria destinado as horas criadoras que perdi a algo mais promissor.

Portanto, uma das ocasiões em que devemos recorrer ao discernimento é exatamente quando escolhemos por tentativas qualquer objetivo. Neste ponto, o nosso espírito judicioso deve dizer-nos se o objetivo é suscetível de revelar-se digno de nosso esfôrço. Dêsse modo, bem podemos aplicar a avaliação, mesmo durante o período de orientação.

117

TEMAS

1. Quais as funções separadas executadas pelos Drs. Stine e Carothers na criação do "nylon"?
2. Em que problema o Dr. Walter Reed fixou o seu alvo e como restringiu o objetivo?
3. Se tivéssemos de projetar ratoeira melhor, quais os fins específicos em que deveríamos decompor o problema geral?
4. Por que se deve registrar por escrito um problema de ideação?
5. "Que é que está errado na nova geração?" Você considera esta fórmula favorável ao ataque criador do problema? Por quê?

EXERCÍCIOS

1. Imagine, pelo menos, seis problemas criadores para os quais um grupo possa procurar soluções proveitosas.
2. Descreva uma idéia para sessão de televisão, que você ache capaz de atrair grande número de espectadores mas que, segundo sabe, nunca foi tentada.
3. Grandes bandos de pardais se tornaram incômodos em muitas cidades. Imagine seis soluções possíveis para o problema.
4. Cite, pelo menos, três "invenções procuradas", que acredita poderem ser de grande utilidade para o mundo.
5. "Como se poderia melhorar o govêrno local?" Faça uma relação dos subtemas em que se poderia dissecar êste problema, a fim de atacá-lo criadoramente.

REFERÊNCIAS

ARMSRRONG, E. H. — "Vagaries and Elusivenes of Invention". *Electrical Engineering*. April 1943, págs, 147-151.

CARREL, ALEXIS — *Man, the Unknown*. New York. Harper and Brothers, 1935.

DEWEY, JOHN — *How We Think*. New York. D. C. Heath and Company, 1933.

GIBSON, JOHN M. — *Physician to the World — The Life of General William C. Gorgas*. Durham. Duke University Press, 1950.

GILFILLAN, S. C. — "The Prediction of Invention". *Journal of Patent Office Society*. September 1837, págs. 623-645.

LANGNER, LAWRENCE — *The Magic Curtain*. New York. E P. Dutton Company, Inc., 1951.

REID, JOHN W. — An Experimental Study of Analysis of the Goal'in Problem Solving". *Journal of General Psychology.* 1951, págs. 44, 51-69.

ROKEACH, M. — "The Effect of Perception Time Upon Rigidity and Concreteness of Thinking". *Journal of Experimental Psychology.* 1950, 40, págs. 206-216.

SPEARMAN, C. — *Creative Mind.* New York. Appleton-Century-Crofts Inc., 1931.

WEAVER, H. E. e MADDEN, E. H. — "Direction in Problem Solving". *Journal of Psychology.* April 1949, págs. 331-345.

WHITE, W. L. — "Bernard Baruch — Portrait of a Citizen". New York. Harcourt, Brace and Company, 1950.

CAPÍTULO XI

Preparo e análise
andam de mãos dadas

PREPARO, NOMINALMENTE o segundo estágio no processo criador, exige duas espécies de conhecimento — aquêle que acumulamos anteriormente e aquêle que reunimos de nôvo para aplicar ao nosso problema criador. A memória representa o papel de um tanque de combustível. O octana do conteúdo depende da maneira por que o recebemos. O combustível que acumulamos pela luta ativa e pela experiência de primeira mão é capaz de ser muito mais rico do que o que provém da contemplação ociosa, da leitura desatenta e da audição descuidada.

Não há acôrdo com respeito à extensão em que se devem reunir materiais no início de um projeto criador. Muitos criadores bem sucedidos acreditam em se saturarem de fatos. Um escritor observou recentemente: "Julgo-me incapaz de produzir algo de satisfatório sem a agonia acompanhante de interminável descarnação preliminar." Tal se dá especialmente em ciência, de acôrdo com Ivan Pavlov, Prêmio Nobel: "Apesar da perfeição da asa do pássaro, esta nunca poderia elevá-lo sem apoiar-se no ar. Os fatos representam o ar do cientista. Sem êles nunca se pode voar."

120

Henry J. Taylor descreveu uma vez o pensamento criador de Bernard Baruch como seguindo êste esquema: "Coleta os fatos. Estuda-os pacientemente. E em seguida aplica a imaginação." Conversando mais tarde, porém, com Taylor, verifiquei estar êle de acôrdo em que a imaginação do Sr. Baruch devia trabalhar nos três estágios – isto é, depois de ter coletado os fatos fundamentais, tem de imaginar quais as informações subseqüentes de que precisa e, procurando êsses novos fatos, tem de usar igualmente a imaginação.

Muitos, inclusive Charles Kettering, acreditam que se deve limitar a coleta de fatos — pois pode acontecer que se coletem fatos em demasia não apropriados ao estágio respectivo do projeto criador. Conforme John Livingston Lowes observou, "os fatos podem abafar a imaginação".

Assim o verifiquei quando, em uma semana, fui obrigado a criar dois planos – um para um programa de angariação, outro para uma campanha de levantamento de fundos. A fim de preparar o primeiro plano passei alguns dias pesquisando o que outros tinham feito no mesmo sentido. Meu estudo exaustivo de programas comparáveis levou-me a certa disposição de fazer adaptações, e assim me impediu de imaginar qualquer programa realmente nôvo. Ao preparar o outro plano, alinhei os fatos salientes e depois resolutamente pus de lado o que os outros tinham feito. Verifiquei, assim, poder fazer a imaginação trabalhar mais radicalmente. Êste último plano revelou-se preferível ao primeiro.

Tais experiências indicam que, ao invés de levar a efeito uma tarefa exaustiva de busca antes de dar início à criação, pode-se perfeitamente alinhar alguns poucos fatos fundamentais e em seguida começar a imaginar tôdas as hipóteses possíveis. Depois de relacionar cinqüenta ou cem idéias, voltamos à busca de fatos, os que puderem ser úteis, e depois voltamos novamente a imaginar. É mais do que possível que uma idéia primitiva, imaginada enquanto estávamos preocupados com conhecimento de fatos, se revele, afinal, a melhor idéia, tendo ficado no início sufocada sob um excesso prematuro de fatos.

2. *Espécie de dados que convém procurar.*

Por vêzes verificamos a necessidade de novos fatos, mas ficamos na impossibilidade de saber quais os que podem ser

121

encontrados ou onde encontrá-los. Neste caso, podemos perfeitamente prospectar ao acaso. Por exemplo, se o problema consiste em imaginar nôvo acondicionamento, conseguimos, com proveito, percorrer alguns armazéns e observar as embalagens uma a uma. Ou pode-se procurar alguma fonte que sirva de verificação. Assim, tendo em vista uma embalagem ou mesmo a criação de uma bugiganga, o catálogo da Sears é um bom campo de prospecção.

A boa prospecção exige espírito aberto e exposição ampla, e deve aprofundar-se mais do que simples tateamento. Teremos de mergulhar no "como" e no "por quê". A simples contemplação de nôvo tipo de caneta-tinteiro traz muito pouco material para a nossa meditação. Entretanto, descobrindo como funciona a caneta e qual o motivo de a estarem comprando, podemos deparar com uma diretiva que a imaginação transformará em ouro. A prospecção deve compreender também as tentativas inúteis porque se descobrem muitas vêzes boas idéias pesquisando causas do fracasso.

Fatos correlatos são, vez por outra, mais favoráveis do que fatos mais próximos e mais à mão. Antes de ter podido estabelecer a cura da anemia, o Dr. George R. Minot teve de imaginar um meio de observar como as células da medula dos ossos criavam ativamente novos glóbulos vermelhos. Sòmente assim lhe foi possível encontrar os fatos essenciais pertinentes ao problema. Foram-lhe necessários inúmeros fatos novos para descobrir que o ácido fólico era a cura da anemia. E em seguida foram necessários mais fatos novos, juntamente com esfôrço imaginativo, para concluir que o fígado era a melhor fonte daquele ácido.

Novos fatos, quanto à *causa*, revelam-se de grande importância. Quando o Dr. Robert Koch se encarregou de descobrir a cura da difteria, disse que se lastimou: "Como poderei curar a difteria se nem mesmo sei o que a causa?" Problemas pessoais são muito mais simples, mas mesmo êstes exigem novos fatos como causas. Por exemplo, um rapaz não está sendo bem sucedido nos estudos. Cabe aos pais imaginar uma solução. Conversando com o professor e o médico da família, fizeram uma relação de uma dúzia de causas possíveis. Uma delas poderia dizer respeito à vista do rapaz. Em muitos casos semelhantes, verificou-se que os óculos eram a solução mais simples.

A análise médica dá importância aos fatos acessórios. Um bom médico, procurando o tratamento para certa moléstia, quase sempre tem de examinar profundamente os hábitos do paciente. O exame de seguro de vida pode indicar que o indivíduo é um bom risco, e entretanto o pedido pode ser rejeitado por causa de alguns fatos na história dos pais. Uma busca conscienciosa de material estranho pode ser bastante útil, conforme o demonstrou um advogado meu amigo que estava defendendo um senhor idoso e rico, acusado pelos parentes de incapacidade. O advogado sabia que a parte contrária podia apresentar melhores testemunhas. De sorte que perguntou a si mesmo: "Que é que poderia arranjar que êles não têm?" Então se lembrou de que o cliente tinha tido uma dama de companhia. Ficou a pensar o que *ela* diria a respeito do velho. Foi procurá-la para verificar. "Surpreende-me que o senhor me faça tal pergunta", foi a resposta indignada dela. "O senhor deve ficar sabendo que se êle não fôsse cem por cento eu não teria ficado em sua casa durante êstes 17 anos." No julgamento, o testemunho dela alterou a situação. O advogado ganhou por ter ultrapassado o evidente.

A necessidade de novos fatos pode ter tão grande alcance que exija educação nova e completa, conforme demonstra a história de Alexander Graham Bell. "Jovem desconhecido", diz o Dr. Bell, "fui a Washington falar com o Prof. Henry, autoridade em eletricidade, a respeito de uma idéia que eu tivera para transmitir a palavra por meio de fios. Disse-me êle pensar ter eu em mão o germe de uma grande invenção. Disse-lhe, contudo, que não possuía o conhecimento de eletricidade necessário para realizá-la. Respondeu-me: "Vá obtê-lo!" O Dr. Bell tinha estudado o som durante tôda a vida. Mais do que qualquer outro, conhecia a forma das vibrações que atravessam o ar, quando falamos. Mas teve de — e o conseguiu — absorver nôvo assunto, a eletricidade, a fim de transformar no telefone a idéia que tivera.

Paulo Ehrlich teve quase de aprofundar-se igualmente em outros campos, para coligir os dados de que precisava para descobrir o famoso remédio 606 para moléstias venéreas. A pesquisa a que se entregou de novos fatos foi menos ordenada do que a do Dr. Bell, mas igualmente quase tão exaustiva. Leu livros e mais livros em busca de sugestões, relativamente à espécie de micróbios que estava combatendo, e do que pudesse matá-los sem prejudicar o paciente. Percorrendo os relatórios detalhados de Alfonso Laveran, que isolara o micróbio da malária, Ehrlich finalmente deparou a informação que conduziu ao 606. Dizem que esta denominação resultou do número de idéias que êle teve de imaginar para chegar ao resultado final.

Quando Glenn Martin estava trabalhando no primeiro modêlo de aeroplano, estudou a estrutura das pontes a fim de chegar a novos fatos quanto a esforços que se pudessem aplicar aos vôos. Em busca de novos fatos semelhantes Wright construiu grosseira caixa coberta por uma lâmina de vidro, numa das extremidades da qual instalou um ventilador para criar ventos.' Do efeito dêstes ventos sôbre as asas, em miniatura do modêlo dentro do túnel, pôde ver exatamente o que acontecia. Foi êste o primeiro túnel aerodinâmico do mundo. Os irmãos Wright conseguiram com êle os novos fatos necessários – fatos verdadeiros, muito embora discordassem das tabelas científicas dos manuais daquela época. E êsse dia foi sòmente há cêrca de 50 anos.

2. *Importância da análise*

Conforme explicamos no capítulo anterior, a análise representa papel indispensável na orientação — especialmente no esclarecimento dos objetivos, tornando os alvos mais específicos. Dessa' maneira, pode-se dirigir melhor o preparo — economizando tempo e esfôrço, limitando a busca dos fatos ao que melhor se adapta à promoção do pensamento criador.

A análise também representa papel importante no preparo, tanto quanto na síntese e na avaliação. De fato, a análise pode ser tão proveitosa ao pensamento criador como ao pensamento judicioso.

Uma das aplicações da análise, ao atacar-se um problema, consiste na separação dos elementos que exigem idéias em relação aos que exigem adjudicação. Fazendo-o, pode evitar-se certa confusão, que vez por outra impede o pensamento criador.

Confirma-o o caso da môça protestante que desposou um judeu. Ao tempo em que o primeiro filho completou três anos de idade, a desarmonia religiosa quase fêz fracassar o casamento. Quando ela resolveu atacar êste problema de maneira criadora, logo verificou que, antes de tudo, defrontava uma questão que ùnicamente exigia decisão – a questão fundamental de saber se o filho *devia* ser educado como judeu. Depois de análise judiciosa verificou que os prós contrabalançavam de maneira esmagadora os contras. Tendo fixado êste fator perturbador, foi em seguida capaz de atacar as partes restantes do problema de maneira criadora, imaginando programas de ação, mais ou menos nos seguintes têrmos:

1. O que fazer para animar o conhecimento do judaísmo e a respectiva apreciação;
2. O que fazer para favorecer a aprendizagem do filho em judaísmo, em casa;
3. O que fazer para provocar harmonia religiosa entre ela e o marido.

Sob êstes itens imaginou mais de 50 idéias construtivas, que em grande parte exigiam preparo especial. De acôrdo com a verdadeira história dela, o problema da divergência religiosa ficou, em grande parte, eliminado da vida doméstica em menos de um ano.

4. A análise proporciona pistas

A análise de qualquer espécie pode, por si, descortinar indícios que nos favorecem o poder de associação, contribuindo assim para alimentar nossa imaginação. E, por sua vez, a imaginação representa papel importante de guia na análise. Com efeito, em *qualquer* forma de pensamento, "a imaginação fornece as premissas e formula perguntas, por meio das quais a razão chega a conclusões, da mesma sorte que a máquina de calcular fornece respostas". É o dr. R. W. Gerard, da Universidade de Chicago, quem assim se exprime.

Da mesma forma que o esfôrço é o âmago da criatividade, assim também as perguntas constituem o elemento fundamental da análise. "Por quê?" é quase sempre a pergunta principal, porquanto causa e efeito são em geral os fatos mais importantes a determinar. De sorte que temos de nos aprofundar no *por que assim* e no o *que se;* e ao fazê-lo, não abandonemos o lápis e o bloco de papel. Tenhamos em mente o conselho do Dr. Norman Vincent Peale – registremos por escrito todos os fatos e todos os fatôres do problema. Diz o Dr. Peale: "Com isto esclarecemos o pensamento trazendo vários elementos a um sistema ordenado. Torna-se assim o problema objetivo ao invés de subjetivo."

Ao estabelecer um procedimento criador é de importância a análise inicial. Neste ponto o Dr. William Easton frisou a necessidade do que chamou "estrutura" — têrmo natural para o grande engenheiro que era êle. Quando esboçava planos de ataque para projetos criadores, primeiramente estudava "objetivos claramente definidos", e quanto aos estágios seguintes comentou:

"Êstes estágios necessàriamente variarão com as circunstâncias; mas, de qualquer maneira, um dos primeiros consiste em fazer uso da imaginação para construir, lançando mão dos dados fornecidos pela memória e pela observação — estrutura de idéias que servirá de fundamento a trabalho ulterior. É assim que o escritor faz uso da imaginação a fim de esboçar a composição que vai escrever. O inventor a emprega para determinar os detalhes do dispositivo que quer montar. O cientista dela faz uso para tirar inferências que constituirão a base de uma hipótese. Sem imaginação não haveria estrutura, e o pensador não conseguiria nunca dar início ao projeto." E a isso podemos ainda ajuntar: sem análise, não se pode construir qualquer estrutura.

Conforme John Dewey observou, o pensamento criador melhora se relacionamos o nôvo fato com o antigo e todos os fatos entre si. É por isso que, além de procurar novos fatos, precisamos da análise para descobrir *relações*. Por exemplo, procurando *semelhanças*, podemos descobrir um fator comum que sirva como *princípio*, a fim de nos guiar o pensamento criador.

É preciso analisar, igualmente, as diferenças. E para chegar às relações, não só contrárias como semelhantes, as leis de associação devem servir de guia. Isso é lógico, porque o verdadeiro processo de relacionamento entre fatos e impressões é quase função automática do poder associativo.

Por exemplo, vamos travar conhecimento com a lei de contigüidade. (Tal lei compreende a seqüência; portanto, causa e efeito). Formulemos as seguintes perguntas, com relação a quaisquer fatos que tivermos descoberto: "Êste está

perto do quê?"... "Com que isto *combina?*"... "O que é que acontece *antes* ou *depois?*... Isto é *menor* do que o quê, ou *maior* do que o quê?" ... "Qual a *causa* dêsse efeito?". De igual maneira, a segunda lei de associação compreende semelhança, parecença, composição e fator comum. Assim, sob semelhança, relacionaremos os dados perguntando: "Com que se *parece* isto?"... "Qual o atributo que isto tem de *comum* com aquilo?"... "Não será isto *o mesmo* que aquilo?"... "O que dizer das partes *componentes?*".
A terceira lei de associação consiste no contraste. Assim sendo, devemos relacionar os fatos por meio de perguntas tais como: "Qual a *dessemelhança* disto?" ... "Qual a *diferença?*... "O que dizer do *oposto?*"... "E quanto a *viceversa?*"

É é assim que, no preparo de um projeto criador, a análise leva-nos a relacionar os fatos, aumentando a capacidade de formar um *esquema* — o qual servirá como se fôsse um mapa na pesquisa das soluções do problema em foco.

TEMAS

1. Será possível ordenar fatos em demasia, antes de começar a resolver um problema criador? Por quê?
2. Quais as vantagens das relações de verificação no preparo de um problema criador?
3. Quando se descobrem fatos salientes por meio da análise, devem ser estudadas as suas correlações? Por quê?
4. Como tende a análise a revelar indícios de possíveis soluções? Discutir.
5. Na análise dever-se-á dispensar atenção especial às causas que precedem os fatos? Por quê?

EXERCÍCIOS

1. Suponha que tem um filho de mais ou menos 10 anos. Quais os argumentos que imaginaria para convencê-lo que deve ir diàriamente para cama às 10 horas da noite?
2. Muitos "Shopping-Center" atraem os fregueses fazendo a propaganda da variedade e qualidade do que oferecem, além de espaço para automóveis. Quais são os outros aspectos que poderiam tornar ainda mais atraentes as instalações?

3. Imagine, pelo menos, cinco dispositivos que funcionam atualmente tendo por base o princípio da alavanca simples.
4. Indique cinco objetos parecidos com uma garrafa térmica — em cada caso diga de que maneira.
5. Descreva, pelo menos, cinco melhoramentos que se poderiam introduzir na pá comum de neve.

REFERÊNCIAS

BUROCK, BENJAMIN — "The Nature and Efficacy of Attack on Reasoning Problems". *Psychol. Monog.* 313, 1950.

CONANT, JAMES D. — "Scientists, Inventors and Executives". *Chemical and Enginering News.* June 4, 1951, págs. 2262-2264.

CONNELLY, A. G. — "Library vs. Laboratory Research". *Journal of Chemical Education.* November 1943, págs, 531, 533.

COULCON, T. — "Neglected Aspect of Research; Preminary Research". *Journal of the Franklin Institute.* March 1946, págs. 187-193.

DAVIS JR., A. S. — "Library and Research". *Special Libraries.* April 1950, págs. 129-132.

FLESCH, RUDOLF — *The Art of Clear Thinking.* New York. Harper and Brothers, 1951.

GEORGE, WILLIAM H. — *The Scientist in Action.* New York Emerson Books, 1938.

JOHNSON, D. — "Role of Analisis in Scientific Investigation". *Science.* June 16, 1933, págs. 569-576.

MACKENZIE, CATHERINE — *Alexander Graham Bell.* Boston Houghton Mifflin Company, 1928.

POLYA, G. — *How to Solve It.* Princeton. Princeton, University Press, 1945.

VAN ZELST, R. H. e KERR, W. A. — "Some Correlates of Technical and Scientific Produtivity". *Journal Abn. and Soc. Psychol.* October 1951. págs. 470-475.

CAPÍTULO XII

*O valor da
ideação abundante*

CHEGAMOS, AGORA, à fase que provàvelmente constitui a mais importante e, entretanto, a mais desprezada na solução do problema criador. É a ideação — parte do processo que exige imaginarem-se tôdas as idéias conjeturais possíveis, como soluções ou diretivas para outras idéias que, por sua vez, poderão conduzir à solução.

Depois de têrmos estabelecido os nossos alvos e reunido bastante dados, o nosso progresso, no sentido da solução de um problema criador, passa a depender da extensão em que acumulamos hipóteses. Quanto mais idéias concebermos conjeturalmente, por meio de possibilidades alternadas, tanto mais provável é acertar em uma ou mais que nos resolvam o problema.

Um ou mais de um dentre os pensamentos e teorias conjeturais conduzirá às próprias chaves que procuramos. O mais provável é que o acúmulo de idéias conduza a outras, que por sua vez revelem soluções. Vez por outra, também, cada nova idéia pode sugerir uma diretiva de maior investigação, que por sua vez pode resultar no caminho para solução.

Tais idéias podem ser produto de raciocínio lógico ou daquela espécie de cogitação que o Dr. James R. Killian Jr., do Instituto de Tecnologia do Massachusetts, denominou "polia louca". Exigem-se os dois tipos de trabalho mental em todo projeto criador. O emprêgo do raciocínio indutivo pode constituir fator primário. A fim de se descobrirem as idéias fundamentais ao material com que estamos trabalhando, é indispensável integrarmos os específicos no geral; e ao fazê-lo, podemos perfeitamente prestar atenção ao princípio que o Prof. C. Spearman, da Universidade de Londres, descreveu como "edução de correlatos".

Constroem-se hipóteses melhormente pela percepção das relações entre os fatos e entre os pensamentos. Quando pensamos nisto ou naquilo; quando pensamos em tornar algum elemento maior ou menor; quando pensamos em alterar atributos ou repor constituintes — em tôdas estas operações mentais estamos procedendo à "edução dos correlatos", e dêste modo através da indução produzimos hipóteses em maior quantidade e mais prováveis.

Contudo, devemos dizer que as suposições menos lógicas são na maior parte das vêzes a chave para progredir-se em um projeto criador. Mediante êsse processo, acumulamos muito maior número de idéias alternadas. E muito se pode fazer para conseguir que tal conjeturação se torne ainda mais produtiva, se e quando dirigimos a imaginação por meio de certa técnica, que exporemos em capítulos posteriores.

Mais uma vez, neste caso, ao construir hipóteses, seja pela lógica ou pela "polia louca", o poder de associação vem em nosso auxílio a cada momento. Isso é particularmente verdadeiro quando se procede à pesquisa de idéias alternadas juntamente com colaboradores, como se dá em "brainstorming" em grupo.

2. *Pesquisa irrestrita de hipóteses*

Muitos alegam que, na busca de idéias, não pode existir técnica; e, com tôda razão, tal seria o caso se técnica significasse conjunto rígido de regras. Qualquer tentativa para estabelecer um processo fixo para êsse fim nada mais seria do que terminologia mascarada como tecnologia. Contudo, pode haver, e há mesmo, certos princípios sob a forma de diretivas de procedimento.

No acúmulo de idéias alternadas, a *variação* constitui princípio basico. Esta, porém, não se pode trabalhar em qualquer processo direto. Temos de movimentar a imaginação para um lado e para outro, para cima e para baixo; e quase sempre às cegas. Porquanto, conforme o Prof. Harry Hepner proclamou: "Pensadores-criadores dão inicialmente muitos passos em falso, vacilando constantemente entre fantasias incontroláveis e ataque sistemático."

Como se ajusta o princípio da variação abundante com a *correlação* e a *combinação* — os dois princípios mais freqüentemente adotados por estudantes de criatividade? Responde-se, em parte, dizendo que a variação compreende a ambas e mais ainda. Embora, na maioria dos casos, as novas idéias sejam combinação de idéias antigas se limitarmos o esfôrço criador ao campo da combinação, não poderemos deixar de restringir as alternativas resultantes, e portanto, a criatividade.

Na procura de alternativas, nunca devemos desprezar o evidente; porquanto a melhor resposta pode, em muitos casos, ser a mais simples. Além disso, quanto mais irrestritamente procurarmos idéias conjecturais, tanto melhor. "Ninguém se eleva mais alto do que aquêle que não sabe para onde vai", disse Oliver Cromwell; isto se aplica, em grande parte, ao vôo imaginativo exigido pelo esfôrço de acumular hipóteses.

As "idéias" dos loucos resultam muitas vêzes do funcionamento de mecanismos associativos, com as associações da natureza mais superficial — freqüentemente nada mais do que ligações baseadas nos sons das palavras. Contudo, nem mesmo em certos casos as idéias dos loucos são de deprezar. Se, quando estamos em busca de idéias conjecturais, tivéssemos de pensar em voz alta — sem deixar de mencionar qualquer associação "maluca" — poderia acontecer que formulássemos alguma idéia eminentemente sã.

Os cientistas raramente deixam de prestar atenção ao disparatado. Paul De Kruif disse de Pasteur: "Êste homem era apaixonado experimentador, cuja cabeça se comprazia em inventar incessantemente teorias acertadas e conjecturas erradas — atirando-as em tôrno como um fogo de artifício de aldeia que explodisse repentinamente por acidente."

131

Quanto mais livremente agitarmos a imaginação tanto mais provàvelmente a "Sra. Sorte" virá em nosso auxílio, sob a forma do que se chama inspiração. É por isso que Ray Giles recomenda: "Solte as velas! Entregue-se imediatamente ao registro de qualquer resposta possível que lhe vier à mente. Toque o fole da meditação. Esqueça a qualidade; agora, preocupe-se sòmente em conseguir grande número de respostas. Quando tiver terminado, a fôlha de papel poderá estar tão cheia de tolices ridículas que vire a cabeça desgostoso. Não se incomode. Está soltando as rédeas da imaginação acorrentada — fazendo com que o espírito produza."

3. Como a quantidade conduz à qualidade

Quantidade, quantidade e mais *quantidade!* Tal a ordem do dia quando se trata de construir hipóteses. "Como na navegação, quanto mais visadas fizermos tanto mais provàvelmente acertaremos com o pôrto." Tal a analogia usada pelo oficial de marinha John Caples. O princípio da metralhadora é outro semelhante.

Alfred North Whitehead resumiu a sabedoria da ideação abundante nas seguintes palavras: "Costumávamos alimentar tôdas as possibilidades de novidades, tôdas as probabilidades que conduzissem a novas combinações, sujeitando-as a exame mais imparcial. Porque a probabilidade é que noventa e nove delas dêem em nada, seja porque não têm valor em si próprias, seja porque não saberemos como utilizar-lhes o valor; mas seria preferível alimentá-las tôdas, por mais cèticamente que o fizéssemos, porque a milésima poderia ser aquela que mudasse o mundo."

O prefeito de Búfalo pediu-me que presidisse a uma comissão que ia escolher nomes para uma nova ponte sobre o pôrto no valor de 25 milhões de dólares. Se apenas tivéssemos tido cem sugestões, os nomes mais apropriados talvez não figurassem na relação. Mas apresentaram-nos 3.800 alternativas para escolher. Esta quantidade mesma muito contribuiu para assegurar o acêrto da escolha.

Sem dúvida, deveríamos fazer uma relação de tôdas as nossas idéias. Quando tivermos acumulado boa quantidade de alternativas, poderemos utilizá-las como relação de verificação que contribua ao acúmulo de mais outras. Devemos continuar sempre a perguntar à imaginação: *"Que mais?* e ainda *"Que mais?"*

A indústria acredita na acumulação de alternativas, quando se trata de conceber novos produtos. Por exemplo, eis o que acontece quando a fábrica Community Plate trata de lançar nôvo modêlo dos seus artigos. Em primeiro lugar, os artistas produzem centenas de esboços de todos os possíveis novos desenhos. Finalmente, escolhe-se um dêstes esboços como ponto de partida. Fazem-se então centenas de outros esboços, dentro de limites mais cerrados, introduzindo ligeiras mudanças neste ou naquele detalhe. Fazem-se, então, modelos das colheres a mão. Em seguida, alteram-se dezenas dêstes, em tal ou qual maneira, até chegar ao modêlo final.

Ao procurar-se um nome para o modêlo mais recente dessa fábrica, mais de 500 sugestões consideraram-se e verificaram-se em comparação a palavras registradas no Departamento de Patentes norte-americano. E em outra indústria umas 70 pessoas imaginaram e registraram mais de 5.000 nomes possíveis para nôvo produto. Mediante exame científico se escolheu, finalmente, um dêles. Mas, infelizmente, verificou-se que uma pequena companhia já o possuía, tendo sido aquela forçada a adquirir-lhe a propriedade. Mesmo em projeto tão trivial, como achar o título para um dos últimos livros que publiquei, fêz-se a relação de 611 alternativas, que foram tôdas experimentadas.

Pensamos em Irving Berlin como produzindo uma obra-prima atrás de outra. Mas a verdade é que, entre estas, êle faz dezenas de escolhas medíocres. É um demônio para a quantidade, de acôrdo com o que diz Alexander Woollcott: "Nos primeiros tempos escrevia canções tão ràpidamente que os editôres julgaram melhor fingir que eram vários os autores. Pelo menos uma canção foi lançada sob o nome de Ren G. May. Prestando-se atenção às letras dêsse nome esquisito, vê-se que representam a palavra Germany, cuja capital é Berlim.

E quando se trata de escrever, o bom autor imagina alternativas sem fim. Para o título de curto editorial, vi um redator registrar mais de cem têrmos possíveis. Há um século, um romancista francês resumiu numa casquinha de noz a importância da quantidade. "Exijo", dizia Stendahl,

133

"vinte e sete litros de novas idéias por dia, como um navio exige carvão."

De fato, há pessoas que duvidam da necessidade de quantidade na produção de idéias. Uma pessoa que hoje é editor, uma vez fêz a seguinte observação na minha presença: "Não se preocupe em imaginar uma porção de idéias. Pense exatamente uma ou duas boas." Entretanto, é quase axiomático que a quantidade conduz à qualidade na ideação. Não só a lógica e a matemática estão do lado da verdade, mas quanto mais idéias produzimos, tanto mais por igual estaremos em condições de imaginar algumas boas; e é igualmente verdade que as melhores idéias raramente acodem em primeiro lugar. Conforme disse Herbert Spencer: "As primeiras idéias, em geral, não são verdadeiras."

4. A ciência criadora exige quantidade

O princípio da abundância da variação constitui a essência da experimentação científica. A teoria de Edison exige que se experimente de tudo. Não se conseguiu nenhum progresso no alívio da alergia até que os cientistas começaram a arranhar a pele com tal pó ou tal pólen, e inúmeras outras substâncias, a fim de verificarem a causa, e dêsse modo acharem o tratamento.

Quando a experiência exige o preparo de modelos, o mesmo princípio tem aplicação. Meu amigo Dr. C. W. Fuller estava muito ocupado com a mais recente descoberta que fizera, quando perguntei: "Como é que procede nessa espécie de trabalho?" "Oh, se é que tenho qualquer técnica, esta consiste simplesmente em fazer novos modelos, um depois do outro, até que aconteça acertar naquele que parece funcionar melhor."

Leeuwenhoek, famoso pela invenção do microscópio e pelas descobertas relativas ao sangue, não sòmente acredita no acúmulo das alternativas, mas também em lançá-las a êsmo. Numa série de experiências perdeu-se tentando descobrir o que dá à pimenta o sabor especial. Uma das idéias em que tropeçou, enquanto trabalhava, foi que cada grânulo de pimenta possuía espinhos que irritavam a língua, produzindo o sabor peculiar. Mesmo esta experiência inútil se revelou proveitosa para um dos seus últimos sucessos. E todos os cientistas modernos, que conheço, recomendam abundância de alternativas, ou como um dos diretores de pesquisa exprime: "golpes às cegas".

Charles Kettering refere a história de um homem que veio ver o nôvo motor diesel, por êle inventado. "Gostaria de falar ao seu técnico em termodinâmica a respeito do invento", disse o visitante. "Lastimo muito", respondeu Kettering, "não há ninguém aqui que saiba o qué quer dizer termodinâmica, e muito menos um técnico. Mas se o senhor quiser saber como criei êste motor, com prazer lhe mostrarei."

Levou o homem à sala do dinamômetro e mostrou-lhe um dispositivo com um único cilindro. A explicação de Kettering compreendia esta observação: "Experimentamos um dispositivo em seguida a outro, durante seis anos, até que finalmente o próprio motor nos disse com exatidão o que queria."

Seis anos de experiência de um dispositivo atrás de outro, acumulando indefinidamente alternativas – "isto", disse êle, "é o único caminho que conheço".

Proverbialmente, quase todos os triunfos assinalados de cientistas criadores são devidos a uma simples inspiração; enquanto que, na verdade, essa "inspiração" resulta, em geral, de experimentar-se isto ou aquilo — construindo imensa pilha de hipóteses.

Uma razão da dramatização que acompanha essas centelhas brilhantes é o próprio brilho delas, enquanto a' verdade dura que as precede é em geral ignorada. Charles Goodyear encontrou nova maneira de utilizar a borracha, e assim o conseguiu no fogão de casa. É tudo quanto o público sabe a respeito da invenção. Únicamente algumas pessoas imaginam quantos anos de pesquisas, por idéias, precederam êste momento de triunfo.

"Watt inventou o motor a vapor — imaginou-o numa bela tarde de um domingo enquanto passeava." É o que muitos acreditam. O que há de verdade nisto? Em primeiro lugar, êle não inventou o motor — mas sim um condensador que tornou o vapor mais amplamente utilizável. E qual a verdade a respeito da centelha de Watt naquele domingo? Conforme conta a história, não só tinha êle estado a pensar no problema, mas também' trabalhando nêle — acumulando

135

hipóteses — muito tempo antes de ter dado o histórico passeio.

Deve-se a Henri Poincaré o resumo mais claro da crua verdade a respeito da inspiração: "Êsse trabalho inconsciente não é possível, ou de qualquer maneira não é útil, a menos que não seja primeiramente precedido e depois seguido por um período de trabalho consciente."

Quando impossibilitados de prosseguir em um projeto criador, precisamos parar e voltar atrás. Devemos analisar de nôvo o problema, imaginar ainda outras alternativas, e depois retomar de nôvo todo o trabalho. Pode acontecer que estivéssemos trilhando o caminho certo, mas tomado um desvio errado. Conforme Joseph Jastrow disse, a imaginação pode fàcilmente "descarrilar e inutilizar o trem do pensamento".

Quando, ao fim de um projeto criador, verificamos ter sido mal sucedidos, geralmente compensa reprocessar de princípio ao fim. Devemos rever os dados importantes, e mesmo verificar o objetivo; mas, acima de tudo, devemos acumular mais alternativas. Ainda aí devemos procurar *quantidade*, fazendo concessão a quaisquer tentativas. Devemos acompanhar Edison quando diz: "Experimentarei *tudo* — até mesmo queijo parmesão!"

TEMAS

1. Qual o papel que representa a faculdade de associação na elaboração de hipóteses? Discutir.

2. Devemos deixar-nos "explodir" ao procurar idéias conjeturais? Por quê?

3. Por que a quantidade tende a assegurar a qualidade quando se formulam hipóteses? Discutir.

4. Até que ponto a pesquisa científica depende do pensamento "polia louca"? Discutir.

5. Qual é a teoria de Edison? Discutir.

EXERCÍCIOS

1. Se o cachorro do seu vizinho usa seu canteiro favorito de tulipas como atalho, o que faria para impedi-lo?

2. O uso da bengala caiu da moda. O que faria você para torná-la novamente popular?
3. De que novos recursos você lançaria mão, se fôsse o chefe das cerimônias da escola?
4. Aplique o pensamento de "polia louca" ao problema de tornar mais útil a mesa da sala de jantar. Registre as primeiras dez idéias que lhe ocorrerem, não importa quais.
5. Que é que pode imaginar como novos aspectos para as casas do futuro?

REFERÊNCIAS

ASHLEY, C. M. — "Ideas, the Essence of the Development." *Product Enginering.* November 1940, págs. 511-512.

CHAMBERLAIN, T. C. — "The Method of Multiple Working Hypotheses". *Scientific Monthly.* November 1944. págs. 357-362.

DURKIN, HELEN E. — "Trial-and-error, Gradual Analysis and Sudden Reorganization". *Archives of Psichology.* 210, 1937.

HAHN, ARNOLD — *Use Your Min.* New York. Henry Holt and Company, 1931.

JASTROW, JOSEPH — *Managing Your Mind.* New York. Greenberg, Inc. 1935.

KNOWLSON. T. S. — *Originality.* Philadelphia. J. B. Lippincott, 1918.

MEARNS, HUGHES — Creative *Power.* New York. Doubleday and Company, 1930.

MIDGETTE, E. L., MACDUFF, J. M. e MODROUSKY, J. — "On Teaching Creativeness in Design". *Journal of Engineering Education.* 1949-1950, págs. 122-126.

MORGAN, J. J. B. — "Value of Wrong Responses in Inductive Reasoning". *Journal of Experimental Psychology. April* 1945, págs. 141-146.

POINCARÉ, H. — "Mathematical Creation". *The Foundations of Science.* New York. The Science Press, 1929, págs. 383-394.

SARGENT, S. S. — "Thinking Processes at Various Levels of Difficulty". *Archives of Psychology.* 249, 1940.

TAYLOR, C. W. — "A Factorial Study of Fluency in Writing". *Psychometrika.* December 1947, págs. 239-262.

CAPÍTULO XIII

*Períodos de incubação
conduzem à iluminação*

A PARTE DO PROCESSO criador que exige pouco ou nenhum esfôrço consciente, conhece-se como incubação. O radical desta palavra é um verbo que significa "estar deitado"; assim sendo, importa no significado de relaxação propositada. Na linguagem médica, incubação indica o estágio de desenvolvimento de moléstia infecciosa. Quando se aplica às operações da imaginação, êste têrmo compreende o fenômeno em virtude do qual as idéias nos chegam espontâneamente à consciência.

Muitas vêzes a incubação tem como resultado idéias "brilhantes", e talvez seja por isso dizer-se conduzir à *iluminação*. E como cintila, em certos casos repentinamente, também se tem aludido a ela como "período de surprêsa luminosa". Poèticamente, John Masefield representou as idéias divagadoras como "borboletas" voejando através das nossas janelas mentais.

Henry James dava grande importância ao "poço profundo da cerebração inconsciente". Emerson dedicava um pouco de cada dia à "meditação tranqüila diante dos riachos". Shakespeare chamava a incubação de "magia na qual a imaginação dá corpo às formas das coisas desconhecidas".

138

Sommerset Maugham escreveu: "O sonho é o fundamento da imaginação criadora."

2. A dificuldade em explicar a iluminação

A ciência moderna reconhece a produtividade da iluminação. O Dr. Walter B. Cannon, da Universidade de Harvard, depois de 40 anos de pesquisas psicológicas, escreveu no livro intitulado *The Role of Hunchess* (*): "Desde os tempos da minha mocidade, o auxílio da visão interior, repentina e imprevista, foi comum comigo." A investigação, a que procedeu, dos hábitos criadores de 232 químicos de renome, revelou que mais de um têrço dêstes acreditava em palpites.

Muitos cientistas do passado igualmente frisaram a importância da iluminação. Disse Darwin na sua autobiografia: "Sou capaz de me lembrar de certo ponto na estrada e o momento em que estava dentro do carro, quando, para minha grande alegria, ocorreu-me a solução." Hamilton, descrevendo a descoberta dos números quatérnios, referiu que a solução básica lhe veio à mente quando "estava andando com a espôsa para Dublin, ao aproximar-se de Brougham Bridge". Mas Darwin e Hamilton tinham dedicado anos de resoluta meditação ao estudo dêstes pontos de iluminação.

Na literatura, o mesmo fenômeno impressionou Goethe, Coleridge e inúmeros outros, que muitas vêzes a êles se referiram figuradamente. Stevenson falava das "Brownies" como auxiliares que trabalhavam para êle enquanto dormia. Barrie confiava muito em "McConnachie" — a quem descrevia como "a minha metade sem govêrno, a metade que escreve". Milton apelidava de "secos" os períodos de iluminação. Chegava mesmo a provocar essas situações meditando um tema e nada escrevendo deliberadamente. Às vêzes, de noite, acordava as filhas a fim de ditar-lhes poesia.

Os autores modernos igualmente o confirmaram. "Uma história deve ficar de môlho no próprio suco durante meses, ou mesmo anos, antes de ficar em condições de servir-se", escreveu Edna Ferber. Romancista mais moderna, Constan-

---

(*) A Função dos Palpites.

cie Robertson, disse-me isto: "Verifiquei que vale a pena conservar em suspensão um enrêdo, sem se incomodar com êle ou forçá-lo. No momento certo entro em longa calmaria. *Em seguida*, tomo da máquina de escrever e escrevo tudo quanto me acode. A história parece então desenrolar-se da maneira mais extraordinária."

Tem-se explicado a iluminação como "ritmo intelectual; mas tal explicação parece mais poética do que outra coisa. O Dr. Eliott Dunlap Smith apresentou explicação psicológica mais clara: "Se o conhecimento do inventor e os indícios que devem dar origem à invenção estão quase na posição conveniente para provocarem a vista interior inventiva, a tensão interior será forte.'... Quando vai aproximando-se da meta, ficará gradativamente excitado... Não admira que o alívio repentino dessa tensão interior se descreva muitas vêzes como "centelha".

Parece que a teoria mais aceitável consiste no esfôrço inconsciente sob a forma de *tensão interior*. Mas pode haver outras maneiras de explicar a iluminação, e uma delas implica na motivação. O pensamento criador alimenta-se do entusiasmo, e êste tende a ficar para trás quando forçamos o espírito além de certo ponto. Fazendo uma certa pausa, tende-se a regenerar o impulso emocional.

Outra explicação consiste em que a faculdade de associação, muitas vêzes, opera melhor quando flui livremente por conta própria. Durante horas de lazer êste auxiliar incansável fica em melhores condições para esquadrinhar os recantos ocultos do espírito, colhendo os ingredientes misteriosos que se combinam em idéias.

Têm-se apresentado também explicações fisiológicas, baseadas principalmente no efeito da fadiga. Mas nenhuma teoria logrou até hoje aceitação geral. Depois que disserem e fizerem tudo, é muito provável que a iluminação, como a própria vida, continue a ser um mistério.

3. *Maneiras passivas de induzir a iluminação*

Mesmo quando nada fazemos, às vêzes precisamos lançar mão de um pouco de vontade para criar o clima favorável à iluminação. Por exemplo, quando vou ao barbeiro cortar o cabelo digo-lhe: "Se não leva a mal, Juca, gostaria de pensar um pouco." Mas, na verdade, não *tento pensar;* antes, de preferência, entro em divagação. Comumente, quando me retira a toalha quente do rosto, uma certa idéia que estava procurando me flui misteriosamente no espírito. Êstes curtos vislumbres de iluminação são como cochilos comparados a um longo sono. Depois de um impulso criador continuado, devemos procurar ir muito mais adiante — o bastante para provocar a concentração, porque esta concorre para ganhar-se uma idéia. Embora Newton chamasse êste processo de "pensar nêle todo o tempo", êle também acreditava em períodos de contemplação entre as inspirações do esfôrço consciente.

O sono, acima de tudo, tende a facilitar a iluminação, por isso que promove a nossa faculdade de associação, tanto quanto torna a carregar a energia mental. Quando William Deininger estava transformando a General Baking Company de desastre em sucesso, eu ia livremente ao seu escritório, muito embora tivesse menos que a metade da sua idade. "Rapaz, você sabe que uma vez por outra eu cochilo aqui?" perguntou-me um dia. Confessei, envergonhado, que sabia. "Bem, rapaz", continuou, "quero que você compreenda que êstes meus cochilos não importam em perda de tempo. Fico meditando um problema cuja resposta não consigo. Depois, quando sinto disposição, cochilo, e ao despertar, lá está a solução olhando para mim, na maior parte das vêzes."

Se os cochilos auxiliam, ainda mais o consegue um bom sono noturno. Mas se, logo ao levantar, nos atirarmos com demasiado vigor a êle, corremos o risco de perder algumas boas idéias. É preferível fazer calmamente a primeira refeição, ou mesmo trocar um pouco as pernas, impedindo assim que pressão prematura corte os grelos da iluminação noturna.

Burdette Wright tinha de produzir cada vez mais aviões de guerra por dia, quando Hitler nos tinha encostado à parede. Conhecia bem o Sr. Wright e fiquei admirado como, com o espírito tão torturado pela pressão, podia levar a efeito o pensamento criador exigido pelas suas funções. Perguntei a um dos seus melhores auxiliares, que me respondeu: "Come conosco ao meio-dia, mas muito pouco, depois se fecha no escritório durante uma hora. Deita-se em um sofá durante êsse tempo e — conforme mais tarde me contou — sonha de olhos abertos. Quase tôdas as tardes, depois de

141

uma destas sestas o Sr. Wright trazia para nossa conferência, pelo menos, uma boa idéia imaginada naquele período em que nada fizera."

Beardsley Ruml, "o homem nacional das idéias", fechava-se pelo menos durante uma hora por dia e nada mais fazia senão meditar. Descreve esta espécie de estudo como "estado de atenção dispersa". Devemos dizer que êle acredita ardentemente na capacidade do homem para abrir a bica criadora à vontade. Quando era professor na Universidade de Chicago desafiou, por brincadeira, o Reitor Robert Hutchins com: "Se não puder me dar uma nova idéia nos próximos quinze minutos, eu o mando embora."

Com o fim de' cultivar a iluminação, Lowell Thomas recomenda certa receita de ioga que exige "período de silêncio continuado, resoluto — digamos uma hora de silêncio em que se fique sentado tranqüilamente, sem ler e sem olhar para qualquer ponto em particular. "Deixe de môlho!" Tal a receita de Don Herold para a incubação criadora. É de opinião que imaginamos muito melhor na banheira, do que debaixo do chuveiro. Joseph Conrad, geralmente, entrava na banheira em busca das centelhas de iluminação. Por outro lado, Shelley verificou que flutuar barcos de papel na banheira era a melhor maneira de fazer côrte às musas. E sem dúvida, fazer a barba induz proverbialmente idéias. Contudo, o compositor Brahms era de opinião que as suas melhores inspirações musicais lhe tinham vindo ao espírito enquanto engraxava os sapatos.

Mark Twain acreditava na indução da iluminação mediante o relaxamento — mesmo que fôsse por brincadeira. Ao descrever os próprios períodos de incubação, declarou: "Faço uso dos meridianos de longitude e dos paralelos de latitude para passar a rêde e dragar o Oceano Atlântico em busca de baleias. Coço a cabeça com o relâmpago e concilio o sono com o trovão."

4. *Maneiras menos passivas de induzir a iluminação*

Maneira efetiva de fazer operar ao máximo a iluminação é dar mais tempo ao projeto criador; e um modo de consegui-lo, é começar mais cedo. Supõe-se que a segunda-feira é o meu dia de folga como pastor mas verifiquei que posso produzir melhor sermão começando na própria segunda-feira ao invés de mais tarde. Estendendo o trabalho criador por um período mais longo, dou à iluminação mais probabilidades de vir em meu auxílio. Dizem que Henry Ward Beecher concebeu cada um dos seus sermões, pelo menos, duas semanas antes de os pronunciar.

Um dos inimigos da ideação é a fixidez funcional — tendência para conservar travadas as rodas da imaginação. As experiências conduzidas pelos psicólogos Robert Adamson e Donald Taylor, na Universidade de Stanford, confirmam o princípio de que, gastando mais tempo, reduzimos a fixidez funcional, ideando assim mais apropriadamente.

Muitas vêzes ficamos em condições de induzir iluminação deliberadamente, dirigindo a diretiva criadora do pensamento em outro sentido. Por exemplo, quando viajava, deparei com uma história que me impressionou como possível artigo para *The Reader's Digest*. Assim sendo, reuni os fatos e comecei a trabalhar na minha narrativa. Escapando-me o ponto de vista mais acertado, dedilhei a história em uma carta ao filho, em lugar de dedicar-lhe maior esfôrço, e assim deliberadamente afastei-a do espírito. Dois dias depois acudiu-me a idéia de que precisava e escrevi ràpidamente a história quase nas mesmas palavras em que foi publicada.

O psicólogo Ernest Dichter recomendou mudanças completas na atividade. "Se você tiver dificuldade em fixar-se em um certo objetivo, entregue-se ao desejo natural de mudança para outro lado qualquer. Esta recomendação é particularmente importante quando se procede a trabalho criador." Edison, habitualmente, passava de um projeto para outro, trabalhando simultâneamente em 'vários.

O Dr. Suits, diretor de pesquisas da General Electric, recomenda passar-se a diversões prediletas, dizendo: "As minhas são patinação e clarinete. Tenho amigos no laboratório que fazem botânica, colecionam relíquias de índios, estudam as estrêlas. Um homem de negócios que conheço descobriu que é capaz de ter o espírito mais cheio de idéias frescas na conferência matutina, se passa a tarde brincando com os modelos de navios em lugar de folhear relatórios."

Um ano antes de Pearl Harbor trabalhei, de tempos em tempos, com o Almirante Nimitz. Mesmo nesta ocasião, os problemas que o preocupavam já eram em demasia para o espírito de qualquer homem; imagine-se qual não era a pressão mental sob a qual êle ficou quando, mais tarde, dirigiu a estratégia das nossas frotas contra os japonêses! Um dos seus auxiliares era meu associado, tendo-me dito o seguinte: "O almirante trabalha febrilmente durante longas horas, mas tem sempre lazeres de manhã, ao meio-dia ou à noite. Antes do café dá uma volta, tôdas as manhãs pratica tiro ao alvo durante quinze minutos, uma vez por semana nada pelo menos uma milha, e quase todos os dias joga tênis ou malha."

Whitney Williams procedeu a um estudo relativamente ao que os escritores de Hollywood fazem para terem inspiração. Herbert Baker volta-se para o piano e improvisa enquanto espera tropeçar em novas idéias. Dorothy Kingsley medita em uma igreja que se encontra em frente ao estúdio. Mildred Gordon, que trabalha com o marido, busca inspirações saindo para comprar um chapéu.

Maneira simples de cortejar a iluminação é fazer um passeio. Desde os tempos de Thoreau, tem-se aceito o passeio como bom auxiliar da ideação. Assim o verifiquei em Siracusa, uma tarde, quando dei uma volta debaixo de chuva. O povoado impressionou-me como se fôsse uma seção transversal da América. Dêste pensamento surgiu a idéia de estabelecer uma pesquisa de consumo de 1.000 famílias nesse condado — inspiração insignificante que resultou em idéia proveitosa para minha companhia.

Schopenhauer aconselhava que não se deve ler por divertimento durante período de incubação. Graham Wallas igualmente preveniu contra a leitura passiva como sendo "o mais perigoso substituto do relaxamento corpóreo e mental, durante o estágio de incubação".

Como existe sempre um quê de místico em tôrno à iluminação, pode-se muito bem dar certos passos que favorecem o ardor espiritual. Quando William Congreve escreveu: "A música possui encantos que tranqüilizam o peito selvagem..." poderia ter acrescentado que também favorece a musa da iluminação. Recomendam concertos. Fonógrafo automático pode tornar-se acessório de valor.

Conforme diz Robert G. LeTourneau, ir à igreja favorece a produção de idéias. Chegou ao ponto culminante nas invenções de aparelhos para mover terra. Ao receber uma encomenda urgente do exército para um dispositivo destina-

144

do a recolher aviões de guerra destroçados, meteu febrilmente mãos à obra com os assistentes, mas esbarrou contra uma parede. "Vou à igreja rezar hoje à noite", disse-lhes. "Talvez encontre a solução enquanto estou lá." Assim, tanto quanto possível, apagou o problema do espírito consciente. Antes do encerramento da oração, a imagem do desenho procurado de repente se apresentou aos seus olhos. Foi para casa e fêz um escôrço de trabalho naquela mesma noite. Muitos pensadores têm recomendado que se procure a solidão de lugares elevados. O Dr. Norman Vincent Peale é de opinião que, para meditação criadora, "não há nada melhor do que montanhas embebidas de paz com os vales profundos, pensativos, banhados de sol... aí o espírito fica claro e a capacidade de pensar criadoramente volta".

5. *Fixando idéias erradas*

Não há acôrdo sôbre o que se deve fazer, se alguma coisa houver, com relação a idéias que nos venham à mente em virtude de iluminação. Há quem acredite que devemos apoderar-nos delas; outros acreditam que devemos continuar sentados sem nada fazer.

Pelo menos uma autoridade em pensamento criador recomenda a inação até ao ponto de conter-se o pensador quando quiser fazer uma anotação; mas o pêso do testemunho parece favorável aos que preferem ação, mesmo até o extremo de registrar ràpidamente a idéia com um lápis. Confirmando esta maneira de proceder, aqui vão cinco opiniões de pessoas bastante experientes:

O fisiologista R. W. Gerard, da Universidade de Chicago, é de opinião que se devem anotar as idéias sempre que surjam e cita êste caso: "Otto Loewi, que recebeu recentemente o prêmio Nobel por ter provado que na ação dos nervos tomam parte produtos químicos ativos, disse-me uma vez como chegou a esta descoberta. As experiências a que procedia sôbre o contrôle do coração de uma rã, que palpitava, estavam dando resultados difíceis de interpretar. Êstes o preocupavam, mas dormiu sossegadamente e, uma noite, estando sem sono, viu uma possibilidade estranha, bem como a experiência para verificá-la. Tomou algumas notas e dormiu em paz até amanhecer. O dia seguinte foi uma agonia

— não era capaz de ler os rabiscos que fizera nem de se lembrar da solução, embora recordasse que a ·tinha. Essa noite foi ainda pior, até que às três da manhã de nôvo veio a inspiração. Desta vez não quis correr qualquer risco, foi imediatamente para o laboratório e começou a experiência."

O Dr. Harry Hepner, professor de psicologia na Universidade de Siracusa, escrevendo a respeito da iluminação como "o aparecimento de uma boa idéia que não se sabe de onde vem", exprimiu-se fortemente por igual a favor de aproveitar-se qualquer raio de luz, registrando-o conforme se apresente. "A incapacidade de registrar a centelha ou de acompanhá-la, importa às vêzes em trágica impossibilidade de fazê-lo mais tarde", assim concluía.

Brand Blanshard, professor de filosofia na Universidade de Yale, recomenda: "Agarre as manifestações do inconsciente quando surgem... deve ter-se à mão um bloco de notas sempre pronto para registrá-las."

Graham Wallas afirma que muitas das suas melhores idéias surgiram enquanto estava na banheira e sentiu que havia necessidade de novas ferramentas criadoras sob a forma de blocos de notas e lápis impermeáveis.

Ralph Waldo Emerson formulava a questão em têrmos igualmente precisos. "Acompanhe com cuidado os pensamentos. Êles surgem sem que esperemos, como nôvo pássaro que se vê nas árvores e que, se nos voltamos para as tarefas costumeiras, desaparece."

Um advogado de Nova Iorque emprega processo engenhoso para tomar notas. Traz sempre consigo um maço de cartões postais endereçados a êle próprio. Sempre que lhe surge uma idéia — seja no trem subterrâneo, seja no banheiro — registra-a num dêstes cartões, que coloca na caixa do correio.

Edward Streeter, como autor, acredita igualmente que a iluminação exige registro. Di-lo nestas palavras: "A corrente de idéias flui contìnuamente durante tôdas as horas em que estamos acordados, e ao longo dessa corrente idéias inestimáveis estão passando. O que se tem de fazer é tentar apanhá-las enquanto estão passando. Deve-se fazer uma anotação aproximada de tôdas as idéias, logo que nos ocorram, independentemente do lugar em que nos encontramos. De

146

um modo ou de outro, só o fato de o fazer parece estimular idéias aparentadas."

TEMAS

1. As centelhas de iluminação serão puramente espontâneas ou resultam de cogitação anterior? Discutir.
2. Por que ideadores esforçados planejam resolutamente períodos em que nada fazem?
3. Qual a diferença especial entre incubação criadora e devaneio da adolescência?
4. Descreva três casos da sua própria experiência em que "dormir sôbre um problema" forneceu solução possível pela manhã, ou pelo menos deu-lhe nôvo ponto de partida.
5. O que se deve fazer para fixar idéias "erradias"?

EXERCÍCIOS

1. Examine os jogos de palavras que conhece como palavras cruzadas, acrósticos duplos e outros. Sugira nova variante de cada um dêles.
2. O que fazer com as lâmpadas velhas de navalhas é uma caçoada permanente. Sugira seis maneiras para utilizá-las pràticamente.
3. Você descobriu que o sobrinho de 15 anos de idade começou a fumar. Imagine algumas idéias para induzi-lo a deixar o fumo.
4. Se um pássaro estivesse na chaminé do fogão da sua sala de estar, que processos você inventaria para fazê-lo sair?
5. Se os estudantes, que freqüentam uma escola da vizinhança, estacionassem normalmente os carros na entrada da sua casa, que medidas tomaria?

REFERÊNCIAS

ADAMSON, R. E. e TAYLOR, D. W. — "Functional Fixedness as Related to Elapsed and to Set". *Journal of Experimental Psychology.* 1954, 47, págs. 122-126.

BULBROOK, MARY E. — "An Experimental Inquiry into the Existence and Nature of Insighe". *American Journal of Psychology.* July 1932, págs. 409-453.

147

DUNCKER, KARL — "A Qualitative Study of Productive Thinking". *Journal of Genetic Psychology.* 1926, págs. 33, 642-708.

HADAMARD, JACQUES — *The Psychology of Invention in Mathematical Field.* Princeton. Princeton University Press, 1945.

HARTMANN, G. W. — "Insight vs. Traial and Error in the Solution of Problems". *American Journal Psychology.* October 1933, págs. 663-677.

HARTMANN, G. W. — "The Concept and Criteria of Insight". *Psychol. Review.* May 1931, págs. 243-253.

LEIGH, R. — "How Do You Get Your Good Ideas?" *Printers' Ink.* October 6, 1927, págs. 49-50.

MA'ER, N. R. F. — "Reasoning in Humans. The Solution of a Problem and Its Appearance in Consciousness". *Journal of Comp. Psychology.* August 1931, págs. 181-194.

PLATT, W. e BAKER, R. A. — "The Relation of The Scientific "Hunch" to Research". *Journal of Chemical Education.* October 1931, págs. 1939-2002.

REIK, THODOR — *Listening with the Third Ear.* New York. Farrar, Straus and Young, Inc., 1949.

THOMAS, LOWELL — *How to Keep Mentally Fit.* New York. Howell, Soskin, Inc. 1940.

148

CAPÍTULO XIV

*Sínteses, evolução
e verificação*

ATÉ CERTO PONTO, é verdade que "não há nada de nôvo sob o sol". Muitas idéias são combinações ou melhoramentos de outras idéias. É por isso que muitas vêzes se considera a *síntese* como sendo a fase mais produtiva do processamento criador. A síntese é o oposto da análise; e, entretanto, quanto mais analisamos de início, tanto mais ficamos habilitados a sintetizar mais tarde — quanto mais inteligentemente decompomos os nossos problemas, tanto maior a possibilidade de deparar com os elementos que se podem combinar em idéias, que conduzem a soluções.

O ato de sintetizar, geralmente, implica no processo de indução, através do qual, por meio de passos lógicos, procuramos combinar varias idéias específicas em uma mais geral. Pierre Boutroux refere que Descartes disse: "A imaginação será principalmente de grande utilidade na solução de um problema mediante várias *deduções,* cujos resultados é necessário coordenar". Parece que Descartes queria significar *indução,* tendo sido adulterado o sentido pelo copista ou tradutor. Sem dúvida, precisamos da *dedução,* especialmente em projetos científicos, a fim de raciocinar dos prin-

149

cípios para os particulares. Mas a sua função, essencialmente, é mais analítica do que sintética.

Embora a lógica seja importante na síntese, mesmo nesta fase do procedimento criador a faculdade de associação de idéias constitui fator importante. Conforme o Dr. Easton disse: "Um pensador criador não produz idéias novas. De fato, produz novas combinações de idéias que já estavam no espírito dêle." É até onde pode ir esta afirmativa, que o penmento associativo dá fôrça à síntese. Assim também, inúmeras combinações se baseiam no grupamento de fatos e pensamentos semelhantes; e a semelhança consiste nessa lei básica de associação.

2. Novas idéias mediante evolução

Afim da síntese é o caráter evolutivo de grande número de conquistas importantes mediante "novas" idéias. Quase sem exceção se originaram de outras idéias, seja por meio de combinações, seja por melhoramento evolutivo. Esta característica passo a passo é exemplificada com a história do sorvete, durante um período de 1.800 anos.

Quando eu era criança, uma Sra. McCabe tinha uma confeitaria nas proximidades da nossa casa. Um dia comprou um aparelho nôvo que lhe permitia fazer "sundaes" formando bolas de gêlo como se fôssem de neve, que depois aromatizava. Estas bolas de neve perfumadas constituíam novidade para a Sra. McCabe e, não obstante, Nero já servia no ano de 62 da nossa era a mesma preparação. A fim de celebrar um combate de gladiadores, mandou emissários correr de Roma aos cumes das montanhas para que lhe trouxessem neve, que os cozinheiros perfumavam com mel.

A História não dá notícia do sorvete senão uns doze séculos mais tarde, quando Marco Pólo trouxe nova receita assombrosa da Ásia para Roma — espécie de sobremesa, exatamente como os sorvetes de neve. Dois séculos mais tarde, os Medicis fizeram um sucesso coroando as festas que davam com o que Catarina chamou "gêlo de frutas". No século XVII o Rei Carlos pagou a um cozinheiro francês pequena fortuna para que fizesse sorvetes para a mesa real; mas o cozinheiro conservou a receita em segrêdo.

A idéia do sorvete voltou à tona mais ou menos em 1707, quando a *Gazette* de Nova Iorque publicou anúncios dos primeiros salões de sorvete americanos. Dizem que George Washington comprou sorvete de uma casa de Nova Iorque, perto da residência dêle, quando era presidente. Dolly Madison preparou sorvetes na Casa Branca inteiramente à mão. A nova idéia de um aparelho com manivela para fazer sorvete foi o fruto da imaginação de Nancy Johnson há uns cem anos.

E assim foi por diante, melhoramento seguindo a melhoramento, nova idéia depois de nova idéia — até chegar à Eskimo Pie, e agora um "sundae" já preparado em uma caixa de papelão com chocolate gelado por cima do sorvete! E novas idéias continuarão a surgir.

A história do sorvete não exemplifica apenas o processo passa a passo, e os longos intervalos entre idéias novas em um assunto, dado como também mostra quantas vêzes muitas pessoas imaginam qualquer "nova" idéia sem saber que alguém, em outra parte qualquer do mundo, imaginou quase o mesmo.

Os inventores põem-se legìtimamente a melhorar as idéias de outros, mas um cérebro composto como o de Nela Park melhora quase continuamente as próprias idéias. Eis aqui o recorde notável do que fizeram os cientistas da General Electric com as lampadas naquele Centro de Pesquisa, durante um período de sòmente vinte anos, começando 25 anos depois que Edison criou a primeira lâmpada incandescente.

Em 1905 nôvo filamento tratado elètricamente elevou a eficiência das lâmpadas de 25 por cento. Em 1911 nôvo filamento metálico resistente tornou possíveis fontes mais eficientes. Em 1912 novos produtos químicos reduziram o escurecimento dos bulbos e "tornaram" as pequenas dimensões apropriadas a qualquer wattagem dada. Em 1913 apareceu a lâmpada cheia de gás, com outro grande salto na eficiência. Em 1915 o filamento em espiral foi modificado, tornando-o fixo. Daí resultou mais luz e vida mais longa. Em 1919 arredondou-se o bulbo. Reduziu-se assim a quebra e melhorou-se a aparência. Em 1952 o bulbo de vidro passou a receber a opacidade pelo lado de dentro, ao invés de por fora. Com isto se conseguiram bulbos lisos que difundem a luz sem qualquer perda de rendimento. E desde então, melhoramento

151

após melhoramento, têm-se seguido cada vez com maior sucesso.

3. O fator "tempo" na ideação

As idéias vêm e vão em ciclos. Um meu amigo recentemente inventou nôvo dispositivo para encanamentos, só para descobrir que já tinha sido patenteado 40 anos atrás. Esta ocorrência é freqüente. Durante a administração Truman visitei Nela Park, onde perguntei a ,M. L. Sloan, vice-presidente da General Electric: "O senhor já ouviu falar de um indivíduo que se prevaleceu da propaganda das gravatas de borboleta do Presidente Truman, imaginando uma novidade com luzinha em cada ponta?"

"Sim senhor", disse o Sr. Sloan, "e me interessa muito; porque, quando vim trabalhar aqui há 30 anos passados, a minha primeira tarefa consistiu em trabalhar com um cliente que desejava lâmpadas minúsculas para alfinêtes de gravatas."

Muitas vêzes um homem pode possuir a semente de uma idéia, mas não sabe como a fazer germinar. Perto de uma cabana, no Sudoeste, vi um grupo de pessoas em um lote vazio e, levado pela curiosidade, aproximei-me. A atração era um fotógrafo que, por 25 centavos, tirava o retrato dos circunstantes mandando-os sentar sôbre um touro de uns 500 quilos. Apontou a caixa preta para mim, moveu uma peça, mexeu na caixa, e em cêrca de um minuto passou-me a fotografia pronta. Chamava-se Russell Chamberlain. Tinha passado os ultimos 22 anos a tirar fotografias por todo o Oeste, com esta mesma máquina fotográfica automática que êle próprio fizera com uma caixa de papelão. Embora o seu produto fôsse inferior, não pude deixar de pensar: "Que teria acontecido se Russell Chamberlain não tivesse ficado na criação daquele dispositivo grosseiro, mas tivesse ido para diante em busca de máquina semelhante, senão superior à que foi inventada e aperfeiçoada 16 anos mais tarde pelos cientistas da Polaroid?"

Muitas patentes se baseiam em idéias que outras pessoas tiveram anteriormente, mas que não souberam aproveitar. Muito maior número de patentes consiste de ligeiros melhoramentos nas idéias de terceiros. Lembram-se da história do funcionário que deixou o Departamento de Patentes norte-americano, há uns 50 anos, julgando que não havia mais nada para inventar? Mais de um milhão de novas patentes já foram concedidas desde então. Conforme diz o meu agente de patentes, o Dr. Malcolm Buckley: "Cêrca de 50 mil patentes são anualmente concedidas hoje em dia, sendo que 40 mil dentre elas apresentam ùnicamente *melhoramentos* em idéias já patenteadas."

Até mesmo um projeto específico de criação toma tempo e mais tempo — fato que devemos conceber para que o desânimo não se apodere prematuramente de nós. "As invenções se aperfeiçoam mediante melhoramento vagaroso", disse Joseph Jastrow, "e cada passo é, em si mesmo, uma invenção."

Em 1867, Christopher Sholes, afinador de pianos, inventou a máquina de escrever, escrevendo uma carta a James Densmore na máquina que tinha acabado de terminar. Densmore concordou em financiar a invenção; mas verificou que estava tão cheia de defeitos que Sholes teve de introduzir grande número de melhoramentos durante os cinco anos seguintes. Sete anos depois é que a Remington and Sons, fabricante de espingardas, vendeu a primeira máquina de escrever conforme imaginada por Sholes. (Aparentemente paradoxal, devemos dizer que a primeira *maquina de somar* foi inventada por Blaise Pascal 225 anos *antes* da primeira máquina de escrever).

Apesar de trabalhar muito depressa, Tromas Edison aprendeu muito cedo como é lento o desenvolvimento de uma idéia. "Muitas pessoas pensam que as invenções surgem na cabeça do inventor desde logo completas", dizia Edison. "Nem sempre isso se dá. O fonógrafo, por exemplo, levou muito tempo para vir e só o fêz passo a passo. Pela minha parte, começou nos dias da Guerra Civil, quando eu era jovem telegrafista em Indianápolis." Isso se deu em 1864. Êle levou até 1877 para produzir o primeiro modêlo grosseiro.

Por igual, uma idéia pode estar à frente do seu tempo, como aconteceu com o giroscópio de Leon Forcault. Inventou-o em 1852 para demonstrar a rotação da Terra. Assim sendo, o único uso para êsse dispositivo, na época, era provar fato já conhecido. Por outro lado, quando Elmer Sperry montou o girocompasso, havia urgente necessidade de tal

153

dispositivo em aviões, bem como nos grandes transatlânticos.

Quando Robert Thompson imaginou as rodas pneumáticas de borracha, em 1845, ainda não havia automóveis. Mas quando em 1888 John Boyd Dunlop introduziu certo melhoramento na criação de Thompson, a nova roda cheia de ar de Dunlop veio preencher uma necessidade que estava começando a crescer — os automóveis estavam chegando.

Idéias mediante melhoramentos, por vêzes, têm de aguardar outras idéias antes de adquirirem importância. Por exemplo, a profissão médica tem realizado grandes progressos no diagnóstico, mas as novas idéias dependiam em grande parte de novas maneiras de explorar o corpo humano. O diagnóstico de tuberculose deu grande passo à frente logo que as telas fluorescentes de Raios-X passaram a revelar o interior do tórax em menos de um segundo.

O fluoroscópio tornou possível aos médicos a contemplação do próprio funcionamento dos órgãos vivos. Esta câmara interna constitui outro exemplo de melhoramento. A idéia fundamental deve-se a William Roentgen, tendo sido melhorada por Thomas Edison. Foi um desconhecido, de nome Carl Patterson, quem produziu no laboratório caseiro o nôvo material que finalmente conduziu às telas fluorescentes de Raios-X.

As mós dos deuses trituram lentamente, o progresso das idéias leva tempo. Durante milhares de anos depois da descoberta do fogo, pràticamente nada de nôvo se imaginou para cozinhar o alimento até a invenção do fogão que queima lenha. Depois, em poucos anos, veio o fogão a carvão, o de gás, o elétrico; e agora temos o "Radarange" que assa cinco libras de carne em quatro minutos, cozinha uma lagosta viva em 75 segundos, coze um bôlo em 35 segundos e faz pipocas em 15 segundos.

Por vêzes um inventor pode superar o fator tempo imaginando outros usos para a aplicação do seu esfôrço imaginativo. Usava-se o vapor do Egito no ano 120 A. C. — mas apenas para mover um brinquedo. O mundo teria ficado privado do benefício do vapor durante os 16 séculos seguintes se aquêle grande pensador de Alexandria, em lugar de contentar-se com o uso primitivo, não tivesse formulado a si próprio a pergunta: "Quais seriam os *outros usos* para o vapor?"... Acaso não se poderia usá-lo para economia de mão-de-obra?"

4. *O desuso de idéias "novas"*

A maior lição que podemos colhêr do natural passo a passo das idéias, consiste em que *não podemos nunca deixar de melhorar*. Êste fato me impressionou um dia, quando me dirigia para o Laboratório de Pesquisa da General Motors, em Dayton, Ohio. Passando por um grupo de edifícios abandonados perguntei o que era aquilo. "Aí", disse o meu amigo de Dayton, "a grande firma de Barney and Smith costumava fabricar a maior parte dos carros para as estradas de ferro do mundo. Quando se começou a usar carros de aço, continuaram acreditando firmemente que os carros de madeira eram melhores. Foi assim que saíram do negócio."

Nos primeiros tempos, o desenvolvimento do automóvel não se realizava como processo contínuo de melhoramento levado a efeito por um homem ou um grupo. Gottlieb Daimler, "o pai do automóvel", produziu o motor a gasolina em 1884. Em 1891 Panhard e Levassor empregaram o motor de Daimler no primeiro automóvel produzido comercialmente no mundo.

Os tratados sôbre o assunto atribuem a Charles E. Duryea e primeiro automóvel feito e vendido nos Estados Unidos; mas, de fato, foi J. Frank Duryea quem criou e operou o automóvel original a gasolina. Criou o primeiro modêlo em 1892-93. Ganhou a primeira corrida americana de automóveis em Chicago em 1895, sendo seus únicos rivais os carros Benz importados da Alemanha. Em 1896 fêz e vendeu 12 Duryeas, sendo um para Barnum and Bailey.

Nesse ínterim, Henry Ford estava ocupado em aperfeiçoar o seu próprio carro; mas comercialmente só vendeu algum em 1903. Acontece que foi nesse ano que os irmãos Wright empreenderam o primeiro vôo de aeroplano, aparelho que era, no fundo, nova versão do automóvel, com asas ao invés de rodas.

Já em 1879, George Selden, de Rochester, N. Y., tinha pedido uma patente fundamental para um veículo rodoviário acionado por motor a gasolina — 12 anos antes de ter-se

155

oferecido qualquer automóvel em qualquer parte do mundo. Selden tinha tido a *idéia*; mas deixou que Henry Ford e outros se apoderassem dela mediante a criação de melhoramento após melhoramento até produzirem de fato carros. Nos primeiros anos Henry Ford era, por assim dizer, o único a inventar. Durante tôda a sua vida ativa, fêz parte da excentricidade dêle acumular um melhoramento por cima do outro. Por exemplo, antes de adotar o projeto final do primeiro trator criou sucessivamente 871 modelos.

Por volta de 1910, Pierce Arrow era o carro mais conhecido. Em certa ocasião, sòmente estas duas palavras, "Pierce Arrow", poderiam ter sido vendidas pelo menos por um milhão de dólares. Mas enquanto os concorrentes estavam inovando uma idéia depois de outra, para fazerem carros melhores e mais baratos, a engenharia de Pierce Arrow ficou parada criadoramente. Pouco antes de a companhia fechar foi feito um esfôrço para vender o nome, mas nessa ocasião nenhum outro fabricante de carros desejava aquelas duas palavras por qualquer preço.

Com a idade de 68 anos, James F. Bell, chefe da General Mills, disse o seguinte: "Lançando mão do estímulo da imaginação podemos contemplar as tarefas diárias, as máquinas ou qualquer outro objeto com interêsse e espírito indagador. 'Sim, é *bom*', dizemos; "mas como se poderá fazer *melhor?*"... Um dos maiores perigos que confrontam qualquer homem ou corporação, consiste em chegar a acreditar, depois de um período de bem-estar ou de sucesso, na infalibilidade dos métodos passados, aplicados a um futuro nôvo e mutável. Se quisermos gozar de sucesso contínuo — as idéias, os métodos, os produtos e os serviços devem ser sempre "melhor do que".

5. A importância da verificação

As últimas seções sôbre a evolução das idéias podem parecer fora de seqüência, porquanto êste capítulo, juntamente com os cinco anteriores, se destinam a exposição das sete fases do procedimento criador. Contudo, quando se chega à síntese, o caráter evolutivo das idéias vem à tona revestido de importância. Daí êste aparente desvio.

Tendo considerado a orientação ou preparo da análise, a ideação, a incubação e a síntese, as restantes funções do que se chama processo criador consistem na verificação. Esta fase final é indispensável a qualquer projeto criador. O motivo de não se lhe dedicar mais espaço é exigir essencialmente julgamento, mais do que imaginação. E êste livro procura ocupar-se com o pensamento criador, de preferência ao pensamento judicioso.

Conforme dissemos, temos de apelar para o próprio julgamento e para o de outros, com o fim de verificar — não sòmente para pôr à prova os achados finais, mas também em estágios intermediários para objetivos como focalizar alvos e selecionar hipóteses.

E sem dúvida, a experiência é a forma mais segura da verificação. Provam-no, evidentemente, os grandes campos de experiências dos laboratórios de pesquisa da General Electric, General Motors e outras indústrias; além das usinas-pilôto da Du Pont, muitas outras companhias criadoras o confirmam. As experiências de estradas, como Chrysler usa fazer, constituem exemplos evidentes do que há de melhor na verificação.

Mediante o uso cada vez mais generalizado de júris de consumidores, averiguações de campo e estudos sôbre o número de leitores de revistas, levou-se a verificação muito além da opinião de poucos. Estas novas maneiras de explorar o julgamento, composto de muitos — bem como outros meios novos para avaliar novas idéias — foram todos produto da imaginação do homem. Assim sendo, mesmo no reino da verificação a criatividade pode e deve exercer função preeminente.

Um dos novos capítulos nesta edição, revista, é o XX. Discutirá a avaliação, verificação e procedimento correlatos no processamento de idéias, em particular aquelas que se produzem por meio de "brainstorming".

TEMAS

1. Qual a diferença entre análise e síntese? Discutir.
2. Por que tantas vêzes se considera a síntese como a chave do sucesso criador? Discutir.

3. Esboce o desenvolvimento do sorvete, desde o comêço até hoje. Cite passos importantes dessa evolução.
4. Discuta a importância da verificação e as melhores maneiras de executá-la.
5. Indique três negócios, outrora bem sucedidos, que decresceram ou desapareceram porque algo melhor se imaginou.

EXERCÍCIOS

1. Pense cinco maneiras novas para aplicar o "ôlho mágico".
2. Invente nôvo brinquedo para divertir crianças de menos de dez anos.
3. Descreva um doce em barra que se possa tornar popular mas que seja diferente de qualquer outro atualmente existente no mercado.
4. Escreva um verso em tôrno de cada uma destas palavras: residente, madrugada, ágil, Eisenhower.
5. Se você pensasse que é possível vender com resultado quadros originais de artistas autodidatas em supermercados, que passos daria para começar êsse negócio por conta própria?

REFERÊNCIAS

Burton, W. H. — "Problem-solving technique: its appearenct and development in American texts on general method". *Educational Method.* January, págs. 189-195; February, págs. 248-253; March, págs, 338-342, 1935.

Deland, Lorin F. — *Imagination in Business.* New York, Harper and Brothers, 1909.

Dickinson, H. W. — *James Watt.* New York. Mcmillan Company. 1936.

Downing, E. R. — "The Elements and Safeguards of Scientific Thinking". *Scientific Monthly.* March 1928, págs. 231-243.

Duncker, K. e Krechevsky, I. — "On Solution-Achievement". *Psychological Review. March* 1939, págs. 176-185.

Killeffer, D. H. — *The Genius of Industrial Research.* New York. Reinhold, 1948.

Kramer, Dale — *Ross and the New Yorker.* New York. Doubleday and Company, Inc., 1951.

Overstreet, Harry Allen — *Let Me Think.* New York. Macmillan Company, 1940.

STERN, B. J. — "Resistance to the Adoption of Technological Innovations". Section 4, págs. 39-66, *Tecnological Trends and Their Social Implications*. National Resources Committee, Washington, U. S. Government Printing Office, 1937.

VAUGHAN, WAYLAND — *General Psychology*. New York. Odyssey Press, 1936.

CAPÍTULO XV

O efeito de impulsos
emocionais sôbre a ideação

EM QUALQUER PROCÉSSO operatório, a eficiência depende da intensidade que se lhe empresta. Igualmente, essa intensidade representa papel importante no procedimento criador, conforme esboçamos nos capítulos precedentes. Até mesmo a faculdade de associação, aparentemente automática, resulta em grande parte da energia que produzimos, da mesma sorte que o impulso físico provém da fôrça prèviamente aplicada.

Muito embora se possa classificar a energia criadora em dois tipos principais — *emocional* e *volicional* — estas duas não se podem separar nìtidamente. A verdade é que, quase sempre, o nosso impulso origina-se não só nos sentimentos como na vontade.

Segundo o Dr. William Easton, os nossos sentimentos constituem a fonte mais forte e mais comum da energia criadora. Diz êle: "Até mesmo os cientistas precisam da motivação resultante do entusiasmo, dedicação, paixões, visto que o pensamento criador não importa em processo puramente intelectual. Ao contrário, o pensador fica dominado pelas próprias emoções, desde o início até o final do trabalho".

160

Os cirurgiões do cérebro conjugam atualmente as emoções à imaginação. Os bisturis estão provando que o cérebro possui uma região que pode criar idéias. Chamam-na "área silenciosa", devido a que não controla qualquer movimento do corpo, nada tendo a ver com o que contemplamos, ouvimos ou sentimos fìsicamente. Por trás desta região existe uma porção de tecido chamada tálamo. Nesse lóbulo se concentram as emoções fundamentais. Sempre se soube que as idéias fluem mais depressa sob impulsos emocionais. Agora sabemos que o lóbulo emocional se liga por meio de nervos à área frontal, de maneira a afetar o pensamento criador. Em a nova cirurgia mental, seccionam-se os nervos entre o lóbulo emocional e a "área silenciosa". Êste progresso de psicocirurgia fornece, aparentemente, a prova fisiológica de que a parte criadora do cérebro humano está conjugada às emoções, podendo por elas ser impulsionada.

2. *O mêdo pode estimular ou inutilizar*

Temor crônico pode levar uma pessoa a atacar um problema com energia febril, como ficou demonstrado no caso de Louis Pasteur. Ficava aterrado sempre que via um cão. Até mesmo um latido distante causava-lhe torturas ao espírito, lembrando os vizinhos loucos e condenados à morte por causa das dentadas de um lôbo enfurecido, que um dia invadiu a aldeia onde morava.

Nessa ocasião Pasteur tinha assombrado o mundo com as vacinas protetoras da vida humana. Dúzias de moléstias mortais estavam clamando pelo seu gênio. Entretanto, de repente, abandonou completamente tudo e principiou uma investigação louca para descobrir o segrêdo da raiva. Foi assim que a lembrança da infância impeliu Pasteur para nôvo campo, no qual se perdiam relativamente poucas vidas humanas. Foi isto em 1882, quando já tinha mais de 60 anos.

Durante três longos anos arriscou a vida com cães hidrófobos. Afinal, conseguiu uma vacina para curar as vítimas da raiva. Numa noite de julho de 1885 experimentou a primeira invenção em uma criança, cuja vida parecia condenada. Salvou a criança. Foi êste o último trabalho de

Pasteur e provàvelmente o triunfo que lhe causou a maior emoção — por estar tão ìntimamente ligado aos gritos dilacerantes que lhe tinham perseguido a imaginação durante mais de 50 anos. Quando o mêdo toma forma de susto repentino, muitas vêzes a imaginação dá um salto. Entretanto, não se conclua daí que as crises tornem mais agudo o *talento* criador; significa, simplesmente, que certas exigências podem pôr em movimento acelerado o impulso emocional. Napoleão dava grande importância a êste aspecto humano. Era de opinião que a excitação mental funde o conhecimento adquirido com a imaginação, produzindo assim, uma vez por outra, a estratégia e a tática que conduzem à vitória.

Talvez isso acontecesse com Napoleão; mas muito mais seguro e muito melhor, é a espécie mais firme de planejamento criador exemplificado pelos Eisenhowers. Normalmente convém que a atitude criadora solte a imaginação, enquanto se tem tempo para distinguir as boas idéias das más. Contudo, quando a paixão extrema se apodera do espírito, a imaginação tende a transviar-se.

Êste fato foi demonstrado de muitas maneiras, especialmente nos incêndios. Quando pegou fogo o Hotel Winecoff, em Atlanta, idéias desesperadas conduziram à morte. Para salvar o filhinho, uma mulher lançou-o do sétimo andar. Uma môça fêz uma corda com o lençol e tentou alcançar uma escada aérea, que já estava quase alcançando. Escapuliu-lhe o lençol das mãos e veio espatifar-se no solo.

O susto constitui impulso muito traiçoeiro, por ser solicitação animal que nos faz recuar ao ponto em que estávamos antes de ter-se desenvolvido a nossa inteligência. Conforme o Dr. Harry Fosdick disse: "Opera sem precaver-se do raciocínio." Em geral e específicamente, as idéias assim produzidas entram em ação sem o recurso da avaliação.

O temor do castigo pode forçar as pessoas a trabalhar com maior esfôrço físico; mas a coerção tende a paralisar a imaginação, conforme o Dr. Howard E. Fritz, chefe de pesquisa da B. F. Goodrich Company, comenta: "A fim de induzir-se o pensamento criador, não se pode dominar ou ameaçar. Tais processos não devem nem podem inspirar."

"A inspiração é, e só pode ser, o produto de homens livres", acrescenta o Dr. Fritz. Sendo assim, é a democracia que fornece o clima mais favorável à criatividade. Felizmente, na América, os espíritos não ficam paralisados pelo temor das conseqüências que poderão resultar das opiniões políticas que professam. Os ditadores totalitários procuraram evitar esta dificuldade oferecendo segurança especial e incentivo extraordinário aos cientistas.

Depois da última guerra, o govêrno americano mandou à Alemanha o Dr. Max E. Bretschger, um dos químicos mais inspirados da América. Tinha por missão verificar até que ponto os cientistas americanos tinham ultrapassado os dêsse país, inventando novos produtos químicos para guerra. Anteriormente, era proverbial a criatividade dos químicos alemães. Devia esperar-se que, sob o azorrague nazista, tivessem sido levados muito mais longe do que os americanos.

"Não", disse o emissário. "Para nossa surprêsa, verificamos tê-los ultrapassado." Como estivessem muito preocupados com a própria vida nas mãos de Hitler, não podiam concentrar inteiramente o espírito no trabalho que empreendiam.

Experiências psicológicas confirmaram o princípio de que as pessoas, na sua maioria, pensam melhor quando não indevidamente compelidas. Por exemplo, as experiências de F. E. McKinney com 157 estudantes na Universidade de Chicago demonstraram em tôda a extensão quanto a pressão do tempo e a crítica podem tornar-se prejudicial a uma ótima motivação, portanto, prejudiciais à eficiência da meditação. Experiências com animais, levadas a efeito por H. G. Birch, igualmente revelaram que o fator mais desejável na eficiência é a motivação moderada.

3. Efeitos do amor e do ódio

O amor pode ser uma fôrça impulsora valiosa. O amor da pátria inspirou centenas de milhares de americanos na imaginação de idéias, as quais permitiram a vitória na última guerra. O impulso do patriotismo tornava-se mais intenso em virtude do amor de filhos, maridos, irmãos e noivos que se encontravam nas frentes de batalha. A Sra. Frances Herman, mãe e avó, salientou-se como criadora ao tempo de guerra. Imaginou maneira de acelerar a produção de instrumentos de guerra em mais de 33 por cento. Justificava

163

o que tinha feito dizendo que o próprio filho estava na frente, e também que os seus esforços se faziam sentir "como se houvesse uma segunda frente no próprio país".

É o amor que faz com que a mulher esteja constantemente imaginando o bem da família. O impulso dominante do instinto materno está, sem dúvida, cientìficamente demonstrado. Entre outros, um grupo de cientistas da Universidade de Colúmbia provou que, mesmo entre os animais, o instinto materno produz muito maior esfôrço do que a sêde, a fome ou o sexo.

O amor transformado em desgôsto pode, muitas vêzes, intensificar o impulso criador. Foi o que se deu com a jovem de Toronto que, na primeira tentativa de compor canções, escreveu sucesso esmagador. O marido, pianista jovem e bonito, morrera pouco depois de se terem casado. Ela teve de encarar o futuro sòzinha com o piano que continuava fechado — até que, uma noite, resolveu sublimar a dor que lhe ia na alma tentando compor uma canção. Conseguiu-o; escreveu *I'll Never Smile Again*.

O amor transformado em ódio pode, igualmente, elevar uma pessoa a alturas criadoras, como se deu com o homem que imaginou uma máquina fotográfica para vingar-se da mulher. Conforme consta no Hospital Bellevue, possuía "inteligência média". Tinha sido até então um vagabundo imprestável. A mulher abandonou-o. O ódio levou-o a inventar a máquina que devia matá-la..

A revista *Time* descreve esta invenção como "uma máquina fotográfica engenhosamente montada por meio de caixinhas de queijo-creme, arame e uma lata vazia que trazia inocente letreiro de ervilha em conserva. Êste invólucro escondia uma garrucha de um só cano serrado". Com ingenuidade diabólica, o homem arranjou uma menina que levou para caçar a mulher, dizendo que "ia tirar-lhe o retrato" com aquela máquina fotográfica mortal. Contou-lhe a história de que era um detetive, e a indiciada ladra de jóias. A menina, inocentemente, deu um tiro na perna da mulher com aquela "máquina".

Que imaginação! A que alturas êsse homem poderia ter-se elevado, se o talento que possuía fôsse impulsionado por emoções honestas e fôrça de vontade esclarecida

164

4. Ambição, avareza, adversidade

"Dirijo a palavra sòmente àqueles entre vocês que ambicionam tornar-se milionários." Andrew Carnegie assim saudou um corpo de estudantes. A "aurea sacra fames", fornece impulso emocional em tôdas as ocupações, inclusive a criadora. "Contudo", disse W. B. Wiegand, "a impulsão que alimenta o fogo do pensamento criador é muito mais sutil, e na verdade muito mais poderosa do que a atração do ouro. Consiste muitas vêzes em um espírito de aventura intelectual, que fornece êste toque mágico da motivação". Sim, a aventura — e vamos confessá-lo — a vaidade também sob o disfarce da auto-realização.

O temor da miséria constitui impulso mais forte do que a esperança de riqueza, e' êste fato torna a adversidade em aliado do esfôrço criador. Muitos dos personagens de maior poder criador na América descendem de imigrantes que, durante muito tempo, se defrontaram com a fome e a perseguição, ou uma e outra. Os filhos dêles, americanizados, herdaram impulsos afins dos que resultam da adversidade.

Mesmo há uma geração, a sombra da casa pobre fazia com que os americanos naturais se esforçassem tanto, que induziam o hábito do esfôrço no qual se nutre a imaginação. Sei perfeitamente que, no meu próprio caso, o meu impulso crônico data de uma infância de insegurança. A lembrança mais clara que tenho dos primeiros anos é da noite em que fui acordado por vozes no quarto ao lado. Tinha ùnicamente seis anos de idade, mas quase que posso lembrar-me das próprias palavras que meu pai disse para minha mãe, ambos deitados para dormir.

"Não há quem me salve, Kitty. Vou perder o emprêgo e teremos de nos esforçar muito para fazer frente às despesas. As nossas economias só dão para alguns meses mais, e estou preocupado com você e as crianças."

Em seguida adormeceram, mas eu fiquei acordado. Uma hora mais tarde, mais ou menos às quatro horas da manhã, entrei no quarto dêles e os acordei. "Ouvi quando o senhor falava com mamãe", disse eu, "e não pude continuar a dormir. Não se preocupem com dinheiro. Lembram-se daquela caixa de lápis que me deu no dia de Natal? Ainda os tenho e irei para a esquina vendê-los por 5 centavos cada um — e tudo entrará nos eixos." Sem dúvida eu exagerava dramà-

165

ticamente esta crise, naquela ocasião; mas o fato serviu para criar em mim hábito incurável de esfôrço.

Muitas vêzes é verdade, conforme George Moore observou, que "a musa vivia conosco enquanto éramos pobres, mas quando enriquecemos desertou". Quando cessa a pressão econômica, um homem tem de bombear para dentro de si um pouco dêste sentimento de "deve." Gerald Carson, homem de idéias bem sucedido, de Nova Iorque, respondeu-me quando lhe perguntei como forçava a imaginação: "Esforço-me por pensar que Baby precisa de um par de sapatos." Não havia motivo para êle se preocupar com tal fato, mas o Carson próspero cutucava a imaginação empregando-a para tornar a criar a motivação dos dias de luta.

O impulso de que necessitamos, para utilizar ao máximo a imaginação, é comumente uma mistura de impulsos internos e obrigações impostas voluntàriamente. E mesmo estas podem mudar de tempos em tempos. Na análise que Michael Sadleir fêz da mãe de Anthony Trollope, diz: "Escreveu as primeiras novelas por pura necessidade — mais tarde por hábito proveitoso e conforme ao gênio dela." É assim que alguém pode ser forçado por pressão econômica, ou por qualquer outra forte emoção, e em seguida continuar impulsionada pelo hábito. Pode acontecer que o hábito desapareça e o favor do público se torne o impulso principal.

Mas o hábito do esfôrço é o arrimo mais seguro, de acôrdo com o que diz Edna Ferber, que assim se exprimiu na sua autobiografia: "Sempre prestei culto ao trabalho em companhia de milhões de outras pessoas. Trabalho e mais trabalho. O trabalho constituiu para mim sedativo, estimulante, escapadela, exercício, diversão, paixão. Quando falhavam os amigos, entorpecia-se a diversão ou vacilava o espírito, lá estava a máquina de escrever e lá estava o mundo. Trabalhei diàriamente por mais de um quarto de século e fiquei satisfeita. Trabalhei doente de cama, viajando na Europa, metida dentro de trem. Escrevi em cabanas de madeira, banheiros, gabinetes, cômodos, quartos de dormir, salas de estar, jardins, varandas, alpendres, hotéis, escritórios de jornais, teatros, cozinhas. Nada em meu mundo me foi tão satisfatório, tão douradouro e consolador como o trabalho."

Muito poucos admitirão, mas afinal a simples diversão se torna um dos impulsos, depois de se ter formado o hábito do esfôrço criador. Muitos daqueles que se viram obrigados a transpirar idéias, enquanto trabalhavam, preferem brincar com idéias por divertimento. O redator de grande revista, que gastava duas horas por dia numa viagem de trem, divertia-se imaginando que era o editor de semanário de um só homem. Antes de chegar ao destino, tinha imaginado cêrca de 50 expedientes de que lançaria mão se a circulação da sua revista estivesse na casa das centenas em lugar da de milhões.

Com o correr dos tempos, a criatividade receberá impulsos não emocionais de muito mais importância, como o hábito e a curiosidade, prefiríveis aos impulsos emocionais como mêdo, cólera, amor, desgôsto, ódio ou prazer. Vez por outra um dêstes estímulos pode revelar-se todo-poderoso; mas tais fôrças são por demais instáveis para que se possa confiar nelas, e talvez tendam a viciar a faculdade de raciocínio exigida pela imaginação na criatividade que valha a pena. De qualquer modo, como sêres humanos, não nos é dado controlar emoções tão prontamente como podemos controlar a vontade. Portanto, a fim de aumentar a criatividade, o melhor meio de que dispomos é aplicar a volição.

TEMAS

1. De que maneira pode o impulso emocional contribuir para tornar-nos mais criadores? Discutir.
2. Por que maneira o impulso emocional tende a prejudicar a produção de boas idéias? Discutir.
3. Será o amor motivação para a ideação em que se possa confiar? Cite provas.
4. Qual a emoção mais proveitosa — a esperança da riqueza ou temor da pobreza? Discutir.
5. Poderá você pensar mais criadoramente a respeito de um problema de outrem do que dos seus? Discutir.

EXERCÍCIOS

1. Imagine que está representando em um teatro repleto. Do fundo do palco vem um grito de "Fogo!" Que é que faria?
2. Se você se encontrasse num barco a motor em alto mar, tendo perdido o leme, como conseguiria voltar à terra?

167

3. Que faria você com uma criança de seis anos que esperneia quando não consegue fazer o que quer? •
4. Como faria se lhe pedissem que pronunciasse o sermão na igreja, no próximo domingo? Que assunto escolheria?
5. Que diria se, de repente, o chamassem para formular uma oração pela paz?

REFERÊNCIAS

BAEKELAND, L. H. — "Drems and Realities". *Journal of Chemical Education.* June 1932, págs. 1000-1009.

BIRCH, H. G. — "The Roll of Emotional Factors Insightful Problem-solving". *Journal of Experimental Psychology.* 1945, 38, págs. 295-317.

BURGESS, C. F. — Research of Pleasure of for Gold". *Ind. and. Eng. Chemistry.* February 1932, págs. 249-252.

JACKSON, JOSEPHINE A. e SALISBURY, HELEN M. — *Outwitting Our Nerves.* Garden City. Garden City Prtss, 1944.

KINDLERBERGER, J. — "We Use a Club to Keep People Thinking; Kalamazoo Vegetable Parchment Company". *Factory Management.* June 1933, pág. 231.

LEFFORD, A — "The Influence of Emotional Subject Matter on Logical Reasoning". *Journal of General Psychology.* April 1946, págs. 127-151.

MAIER, N. R. F. — "The Behavior Mechanims Concerned with Problem Solving" *Psychol. Review.* January 1940, págs. 43-58.

McKINNEY, F. E. — "Certain Emotional Factors and Efficiency". *Journal Genet. Psychology.* 1933, 9, págs. 101-116.

MEARNS, HUGHES — "Creative Education". *Child Welfare.* December 1931, págs. 196-199.

MORGAN, J. J. B. — "Effect of Non-rational Factors on Inductive Reasoning". *Journal of Experimental Psychology.* April 1944.

MORGAN, J. J. B. — "Weight Given to Untenable Factors in Thinking". *Journal of Education Psychology.* October 1945, págs. 396-410.

PEALE, NORMAN VINCENT — *A Guide to Confident Living.* New York. Prentice-Hall, Inc., 1948.

SPOONER, THOMAS — "Father of Invention: Scientific Curiosity". *Electrical Journal.* March 1939, págs. págs. 92-94.

TRUNDLE JR. G. T., — "Insulated from Ideas". *Dun's Review.* November 1952, pág. 31.

UPDEGRAFF, ROBERT R. — *The Subconscious Mind in Business.* Chicago. A. W. Shaw Company, 1929.

CAPÍTULO XVI

O efeito do esfôrço sôbre a criatividade

HÁ QUEM ACHE FÁCIL fazer exercícios físicos; entretanto, são poucos os que experimentam exercitar-se mentalmente. Êste paradoxo explica por que tantas pessoas são menos criadoras do que poderiam ser.

Podemos, com facilidade, fazer o espírito trabalhar de maneira não-criadora, como seja, por exemplo, recitando o Padre-Nosso em voz alta ou para nós mesmos. Poderíamos fazê-lo quase sem esfôrço, enquanto estamos de pé na Times Square, numa tarde de Ano Bom — apesar de todo o barulho em redor. Conforme Arnold Bennett já disse: "Pode-se tiranizar o espírito a cada hora do dia e em qualquer lugar." Mas sòmente com real esfôrço pode-se igualmente impulsionar a imaginação. Quando Emerson disse que pensar é "a tarefa mais pesada do mundo", queria provàvelmente referir-se ao pensamento *criador*.

Há ainda quem acredite que os gênios produzem idéias sem esfôrço. Não é isso o que êles dizem. O Dr. Willard Henry Dow, que contribuiu para que fôsse ganha a última guerra extraindo magnésio do oceano, ressentiu-se por o terem saudado como mágico da ciência. Conforme êle próprio

169

diz, o "gênio" nada mais é do que trabalho árduo. As idéias não vêm fàcilmente, mesmo a homens como E. M. Statler. Bert Stanbro, seu secretário particular, disse-me: "Embora o mundo hoteleiro imagine que E. M. seja um gênio, sei perfeitamente que cada uma das suas grandes idéias lhe acudiu depois de suar, e suar muito."

A indústria da eletricidade é um monumento à imaginação do homem, e a General Electric Company tem tido muitos dêsses assim chamados gênios. Quem olhar bem de perto para as crenças dêles, ficará de acôrdo com uma observação feita por Charles E. Wilson, quando presidente daquela companhia: "Não há carro de ouro para levar-nos até lá."

Tal a verdade, mesmo nas artes. Muitos escritores reconhecem como "ritmos de criatividade" os altos e baixos da própria faculdade de produzir. Como o talento de cada pessoa é o mesmo de dia para dia êstes ciclos devem ser ùnicamente ciclos de energia — fato que serve para provar quão largamente a produtividade criadora depende de esfôrço consciente.

Muito pouca gente, relativamente, tenta pensar com resolução, e a grande maioria nem mesmo tem consciência de se entregar à meditação. Exemplo extremo nos dá aquêle cidadão suíço que registrou meticulosamente os 80 anos que viveu e calculou ter gasto 26 na cama e 21 no trabalho. Empregou 6 anos em comer. Ficou encolerizado aproximadamente 6 anos. Perdeu mais de 5 anos esperando por pessoas retardatárias. Gastou 228 dias em barbear-se, 26 dias repreendendo os filhos, 18 dias dando laço na gravata, 18 dias assoando o nariz, 12 dias acendendo o cachimbo. Riu sòmente 46 horas durante tôda a vida. Não registrou tempo algum dedicado à *meditação*, no decorrer dêsses 80 anos.

Battista Grassi dividiu os homens em três classes: 1 — Aquêles que fazem trabalhar o espírito. 2 — Aquêles que pretendem assim fazer. 3 — Aquêles que não fazem nem uma nem outra coisa. "A menos que esteja na primeira classe", dizia êle, "você provàvelmente não será capaz de armar-se da energia necessária para obrigar a si próprio a fazer aquilo que tem de fazer, a fim de tirar o maior proveito da imaginação."

170

2. Concentração como solução criadora

Os psicologistas alemães davam grande importância ao que chamavam *Aufgabe*. No seu significado mais simples, êste têrmo quer dizer completa concentração. A fim de provocar êste tipo de atenção, por vêzes se pode intensificar o interêsse. A atenção fica mais forte quando temos meta certa, seja, por exemplo, fazer dinheiro. Podemos torná-la ainda mais forte fazendo a meta mais gráfica — como seja trabalhar para conseguir os meios de comprar outra casa. Intensificaremos a atenção dando início a um ato qualquer. Diz o Dr. William Easton: "Descarrega-se a armadilha. Surge um interêsse que atrai imediatamente a imaginação; e, daí por diante, a energia mental provàvelmente se dedica à terminação do assunto. Por exemplo, um escritor pode intensificar o interêsse, registrando vários títulos para certa obra que deve escrever; um cientista pode fazer o mesmo desenhando o diagrama do aparelho a usar em uma experiência, e assim por diante."

A auto-escorvação não se torna tão necessária àqueles que se ocupam de tarefas interessantes, as quais, entretanto, podem abandonar quando diminui aquêle interêsse. Contudo, muitas vêzes se atribuem a pesquisadores industriais, ilustradores, propagandistas e outras pessoas que labutam no comércio tarefas fastiosas; portanto todos êsses indivíduos têm de forçar bastante a própria atenção a fim de começarem a criar. Intenso interêsse, espontâneamente produzido ou não, torna-se indispensável para coordenar inteiramente os serviços da imaginação.

A meditação intencional torna-se sempre produtiva. Contudo, os que nos cercam muitas vêzes não compreendem a situação. A espôsa de um advogado meu amigo costumava criticá-lo por ficar sentado a meditar tôdas as tardes. Depois de ter ganho uma causa importante, êle observou-lhe com tôda a gentileza: "Espero que você agora compreenda que, quando eu me sento aqui à tarde e pareço estar sonhando de olhos abertos, realizo de fato o trabalho mais pesado e mais proveitoso. Estou imaginando a estratégia de que devo lançar mão."

Conforme a opinião do Juiz Felix Frankfurter, não nos dedicamos suficientemente a esta espécie de estudo. Uma vez observou ao amigo, Gen Lauris Norstad, considerado por muitos como o cérebro da Fôrça Aérea Americana: "Você nada mais é do que um chefe. Se fôsse mesmo bem sucedido, dedicaria sòmente três a quatro horas por dia à chefia e o resto do tempo a *pensar*."

Concentrar-se enquanto se está meditando, não é fácil, conforme uma escritora observou: "Uma vez tentei acompanhar as idéias que meu espírito tocava quando abandonado a si próprio, enquanto passava uma camisa. Perdi a conta. O espírito devaneava como o de um bêbedo e não chegou a lugar algum. Tenho de fixar perfeitamente o processo da meditação, se quiser tirar proveito do meu devaneio mental. Creio que o exercício imaginativo deve compreender exercício da própria concentração."

Arnold Bennett acreditava firmemente na possibilidade de dirigir os passos do espírito, bem como na eficácia da prática contínua para êsse fim. "Ao deixar a casa", dizia êle, "concentre o espírito em um assunto, não importa qual, para começar. Você não terá andado dez metros e já o pensamento terá escapado sob os seus próprios olhos, ocupado com outro assunto, não importa qual, para começar. Você não terá andado dez metros e já o pensamento terá escapado sob os seus próprios olhos, ocupado com outro assunto. Faça-o voltar, segurando-o pelo gasganete."

Se nos concentrarmos com bastante esfôrço e persistência, poderemos cogitar do problema em foco, apesar das distrações. Foi em um trem subterrâneo que me surgiu a melhor idéia. Durante meses tinha tentado imaginar um plano para tornar mútua a propriedade de nossa companhia. Uma noite, dirigindo-me para o trem, estava a ponto de comprar um jornal quando me ocorreu que poderia usar aquêles 20 minutos da viagem para me aproximar mais da idéia que buscava. Descobri um lugar e comecei a tomar notas. Em breve, o carro estava cheio. Todo mundo falava e o barulho era enorme. Mas, no meio de tudo isto, acudiu-me a idéia que eu tinha estado a buscar durante tanto tempo.

Não teria resolvido então aquêle problema se tivesse comprado o jornal. E duvido que a solução tivesse surgido se não me esforçasse naquela noite, esfregando o lápis contra o papel. De fato blocos e lápis em muito contribuem para fazer-nos pensar — com ou sem uma tôrre de marfim, enquanto nos sentamos tranqüilamente ou nos movimentos, no silêncio, ou no meio de ruídos. E essa concentração, por sua vez, constitui a chave da criatividade.

3. A concentração intensifica a consciência

A atenção concentrada produz uma *consciência* intensa que também favorece a criatividade. Sempre admirei a atenção dos encarregados das vítrinas de Abercrombie and Fitch, em Nova Iorque. Há sempre algo nelas que atrai a atenção. Por exemplo, durante a guerra observei um grande grupo espiando numa das montras, de sorte que procurei aproximar-me. A atração nada mais era do que um farrapo com um cartão que dizia: "Êste pedaço de pano provém do páraquedas de uma bomba que devastou grande parte de Londres."

Nos dias de jornalismo conhecia-se essa consciência como "faro para notícias", e constitui ainda o distintivo dos repórteres de primeira classe. Mas até mesmo um químico pode distinguir-se desenvolvendo a mesma faculdade. Mediante a consciência, multiplicamos a coleta de materiais para o espírito a fim de classificá-los e aplicá-los a problemas criadores específicos.

Quando a consciência ultrapassa a receptividade, torna-se curiosidade ativa. Ninguém deve nunca pedir desculpas ou procurar desencorajar esta feição. Até mesmo a curiosidade *dispersiva* deve-se, de preferência, elogiar. James Harvey Robinson assim retrucou a Veblen, quando ridicularizava a curiosidade dispersiva: "A curiosidade só é dispersiva para aquêles que não percebam poder ela constituir qualidade mui rara e indispensável. Até mesmo ocasionalmente a curiosidade dispersiva conduz a pensamento criador."

A criatividade também exige *continuidade*. Vêzes em demasia desistimos com muita facilidade e muito cedo, principalmente porque temos a tendência de exagerar o poder de inspiração, esperando que a centelha mágica venha ferir-nos. Não existe verdade mais certa do que a máxima crua "experimente e experimente de nôvo". O célebre treinador de regatas Ten Eick costumava aconselhar as tripulações dizendo: "Quando se concentrarem em duas remadas por mais

173

tempo do que os outros concorrentes, você os deslocarão."
Bom conselho para quem deseje passar à frente na corrida criadora.

Porque um certo Sr. Lester Pfister se esforçou durante cinco anos, é muito mais que provável estar o mundo comendo melhor, pois o milho na América seria menos abundante se êle não o tivesse tornado tão resistente. Durante uma conversa fortuita, concebeu a idéia de realizar a autofecundação de cada pé, a fim de suprimir as raças mais fracas, provocando assim uma espécie mais resistente. Começou com 50 mil pés, tendo o cuidado de envolver cada pendão com um saco. Quando êste estava cheio de pólen, abria-o sôbre a espiga do mesmo pé. Depois inutilizava o pendão.

Era preciso proceder desta maneira, penosamente, a mão, ano após ano. Cinco anos mais tarde, Pfister ficou reduzido a quatro espigas. Já então não tinha mais recursos, embora tivesse nas mãos uma fortuna, porquanto essas quatro espigas trabalhadas estavam livres de qualquer moléstia, depois de cinco gerações, e representavam a fonte de uma semente aperfeiçoada que os fazendeiros desde então passaram a comprar alegremente por preço recompensador.

Poucos dentre nós podem almejar esfôrço tão continuado como Pfister despendeu, ou outros que ficaram na História pela persistência criadora. E, entretanto, todos nós podemos manter a imaginação em atividade por período um pouco mais longo, conseguindo maior número de melhores idéias.

4. Efeito do esfôrço sôbre a associação

A concentração tende, naturalmente, a tornar a associação de idéias mais proveitosa. E compensa dedicar esforços à associação de uma idéia com outra, conforme o demonstrou a afirmação que Dorothy Sayers pôs na bôca de Lord Peter Winsey, herói engenhoso de uma novela:

"Se algum dia pretender cometer um assassínio, tem de impedir que a vítima e os circunstantes associem as idéias. Muitos há que não associam quaisquer idéas – mas estas rolam como se fôssem grãos em um tabuleiro, fazendo muito barulho e sem destino; desde que se lhes dê a oportunidade

174

de formar com elas um colar, não poderá êste ficar bastante forte que dê para enforcá-lo?"

Era isto o que Graham Wallas denominava de "correlação". Para isso é necessário sondar as pequenas idéias que nos surgem no espírito, examinando-as cuidadosamente para descobrir semelhanças. Com semelhante pensamento consciente, complementamos a faculdade automática de associação.

O antigo Egito e o moderno Arizona assemelham-se muito, e ambos abundam em tâmaras. Mas sem a labuta dos homem, as tâmaras do Arizona seriam quase só carôço. A polpa da tâmara resulta da acasalação entre palmeiras masculinas e femininas. Na África deixa-se à natureza essa fecundação. No Arizona, é pelo esfôrço humano que se transfere o pólen das palmeiras masculinas para as femininas, no comêço de cada primavera.

O mesmo se dá com a fecundação cruzada das idéias. Devemos ativar a natureza com o nosso próprio propósito, conforme diz Aristóteles, que recomendava: "Busque o têrmo seguinte na série, dando início ao processo de meditação daquilo que ora está presente ou de algo diferente e de algo semelhante, contrário ou contíguo."

— James Ward, psicólogo e filósofo inglês, frisou como se pode enriquecer a associação mediante *atenção seletiva*. Quanto mais persistente o interêsse, dizia êle, tanto mais proveitosa a associação. Em outras palavras, embora normalmente a associação flua através do pensamento para cá e para lá, quase desordenadamente — se lhe conseguirmos conservar a diretiva concentrada sôbre a tarefa criadora em foco, será possível fazer com que da associação brote maior número de idéias.

Enquanto trabalhava neste livro, cada vez mais me preocupava com a questão da imaginação. Certa manhã desci à adega e observei um carrinho velho para crianças, que me trouxe ao espírito o filho. Lembrei-me de como estava satisfeito por tê-lo em casa de volta do colégio, tendo escapado ao destino de tantos dos seus companheiros ao cruzarem o Reno com o 17.º corpo do Exército. Com isto vieram-me à mente aviões, e daí passei aos aviões a jato. "Quem teria imaginado o primeiro avião a jato e como o teria conseguido?" Foi êste o pensamento que se seguiu. E

175

assim aconteceu porque tinha o pensamento focalizado no assunto do pensamento criador.

Não é possível, contudo, contar demasiadamente com a associação. Quem quer que aspire à criatividade deve procurar ser conscientemente criador. A melhor maneira de tornar-se mais criador ainda consiste em praticar a criatividade — isto é, procurar problemas criadores, de preferência cogitar sòmente daqueles que lhe vêm naturalmente às mãos.

Muitos rapazes têm vindo procurar-me pedindo que os empregue, e tenho ficado admirado em verificar quão poucos dentre êles jamais, exigiram da vontade que lhes trabalhasse a imaginação. Uma das minhas perguntas de exame tem sido: "Que é que você já tentou imaginar por conta própria?" Na maioria dos casos a resposta tem sido: "Nada." Aquêles que nunca atacaram, por conta própria, qualquer tarefa criadora — parecem pensar que, se tivessem uma tarefa exigindo esfôrço imaginativo, poderiam produzir idéias, por serem então compelidos a fazê-lo; mas afigura-se-lhes duvidoso poder ativar a imaginação, sem dispor de semelhante pressão exterior.

Não há nenhuma dúvida de que quase todos nós podemos dirigir o espírito mais do que o fazemos. Em grau maior ou menor, todos nós somos dotados de fôrça de vontade; tal importa em uma chave para o esfôrço criador. Conforme Pasteur observou: "Comumente o trabalho segue a vontade." Segundo escreveu William James: "É a vontade que nos abre, normalmente, níveis cada vez mais profundos de energia." E de acôrdo com o que afirma Brooks Atkinson: "*Todos* podem conseguir muito... conforme a intensidade ardente da vontade e a agudeza da imaginação."

TEMAS

1. Você é de opinião que se pode tiranizar o espírito diàriamente e em qualquer lugar? Discutir.

2. Quais os passos que qualquer um pode dar, deliberadamente, para induzir concentração?

3. Teria Veblen razão zombando da curiosidade dispersiva? Discutir.

4. Quais as maneiras para ativar-se a faculdade associativa?

5. A faculdade criadora do indivíduo depende mais da "intensidade da vontade" do que da "agudeza da imaginação?" Discutir.

EXERCÍCIOS

1. Quais as notícias de primeira página que poderiam estar atrás de: (a) Duas pessoas que se encontram em uma esquina; (b) Briga de gatos; (c) Brinquedo de crianças; (d) Uma luva.
2. Indique seis objetivos que forneceriam fortes incentivos ao seu próprio pensamento criador.
3. Parodie a cantiga da "Ciranda".
4. Se fôsse caricaturista, quais os objetos que você usaria para representar: (a) O outono; (b) A avareza; (c) A felicidade; (d) A pobreza.
5. Uma pessoa que vive no vigésimo-segundo andar podia tomar o elevador automático para descer até o pavimento térreo, mas não pode subir até lá. Por quê?

REFERÊNCIAS

BENNETT, ARNOLD — *How to Live on Twenty-fours a Day*. New York. Doubleday and Company, Inc., 1939.

CAMPBELL, MURRAY e HATTON, HARRISON — *Harbert M. Dow — Pioneer in Criative Chemistry*. New York. Appleton-Century-Crofts., 1951.

CRABB, A. RICHARD — *The Hybrid Corn Makers*. New Brunswick. Rutgers University Press, 1947.

CURTIS JR., CHARLES J. e GREENSLET, FARRS — *Practical Cogitator*. Boston. Houghton Mifflin Company, 1945.

DeLEEUY, ADELE e CATEAU — *Make Your Habits Work for You*. New York. Farrar, Straus and Young, 1952.

FERBER, EDNA — *A Peculiar Treasure*. New York. Doubleday and Company Inc., 1939.

FOSDICK, HARRY EMERSON — *On Being a Real Person*. New York. Harper and Brothers, 1943.

GORDON, K. — "Imagination and the Will". *Journal of Psychology*. April 1935, págs. 291-313.

MAUGHAM, W. SOMERSET — *Strictly Personal*. New York. Doubleday and Company Inc., 1941.

ROE, ANNE — "A Psychological Study of Physical Scientists". *Genetic Psychology Monog*. May 1951, págs. 121-235.

SADLEIR, MICHAEL — *Trollope, A Commentary.* Boston. Houghton Mifflin Company, 1927.

SZEKELY, L. — "The Dynamics of Thought Motivation". *American Journal of Psychology.* January 1943, págs. 100-104.

CAPÍTULO XVII

Artifícios destinados a ativar a imaginação

GERALMENTE A PALAVRA "técnica" indica segurança científica. Na aplicação da imaginação não pode existir técnica dessa espécie. Como acontece em qualquer outra arte, as "técnicas" disponíveis tomam a feição de expedientes — táticas utilizáveis, por meio das quais escovamos a imaginação tornando-a mais produtiva.

Já mencionamos um dos artifícios fundamentais, que consiste em *dar a partida*. Não é muito fácil assim dar a partida em uma viagem criadora — tão inclinado está sempre o nosso cérebro em se desviar da rota. Conforme William James observou: "No fundo obscuro do espírito sabemos o que se deve fazer, mas de certo modo não o podemos começar. A todo momento esperamos o clarão da centelha, mas a dúvida continua, minuto após minuto, e com ela vacilamos."

Certo homem habilidoso soube que eu, com mais de 50 anos, tinha começado a pintar a óleo e mandou-me alguns dos seus esboços que, a meus olhos, revelaram real talento. Era viúvo e vivia só. Lembrei-me de que a pintura poderia alegrar-lhe a vida, de sorte que lhe forneci em equipamento completo, mais um livro que explicava como começar. Alguns meses depois perguntei-lhe: "Como se vai arranjando

179

com a pintura, Frank?" Respondeu-me que "ainda não tinha começado". E mesmo dois anos mais tarde verifiquei que ainda não tinha espremido uma bisnaga ou tomado um pincel.

Os profissionais sabem perfeitamente que não podem criar, se não começam de qualquer maneira. Os artifícios favoritos dos compositores de melodias consiste em ficar sentados ao piano e, a sangue frio, começar escolhendo um tom, qualquer que seja. George Meyer, quando lhe perguntaram como tinha composto *For Me and My Gal*(*) retrucou: "Sentei-me e meti mãos à obra." Muitos autores verificaram que o melhor artifício para começar consiste em obrigar a si mesmo, diàriamente, a uma certa hora, acorrentando-se às tarefas criadoras. Em Phoenix, depois de uma reunião em que nós dois falamos, perguntei a Clarence Budington Kelland como podia produzir tanto. Confessou que dificilmente poderia produzir algo, se não se forçasse tôdas as manhãs, depois do café, a começar a bater a máquina independente da disposição que sentisse.

2. *Tomar notas e fazer uso de apontamentos*

Outra maneira simples, mas eficaz, de induzir o esfôrço imaginativo, consiste em *tomar notas*. Para o fim de nos mover o espírito, os lápis servem como alavancas. Tomar notas é favorável, por várias maneiras. Dá fôrça à associação, acumula rico combustível que, de outro modo, vazaria através do "esquecimento"; mas, acima de tudo, o apontamento, em si mesmo, induz o espírito de esfôrço. É extraordinário como tão poucas pessoas se prevalecem dêste artifício. Durante uma semana assisti a seis conferências, nas quais cêrca de cem homens tomaram parte. Sòmente três tomaram notas.

Robert Updegraff escreveu um livro a respeito de William H. Johns, a quem chamava de "obvious Adams" (**) Embora Johns nunca tivesse sido considerado "brilhante", as idéias que proporcionou penosamente aos negócios america-

---

(*) Para Mim e Minha Garôta.
(**) O óbvio Adams.

180

nos fizeram destacar o seu recorde criador. As armas secretas que usava eram os lápis; e tinham tanta importância para êle, que os escolhia com grande cuidado. Chegava, mesmo, a mandar fazer alguns de acôrdo com especificações pessoais.

Assim, também, o Sr. Johns considerava o livro de apontamentos comum difícil de tirar do bôlso e de uso desajeitado. Igualmente considerava os cartões comuns, de três por cinco polegadas, pouco manuseáveis. De modo que inventou uma forma própria de cartões, de oito polegadas de comprimento e apenas duas e meia de largura, feitos de papelão duro e que ficavam de pé, quase saindo para fora do bôlso interno do paletó.

Meus próprios hábitos de tomar notas fàcilmente me apontariam como "maluco". Mesmo enquanto ouvia um sermão, muitas vêzes, às escondidas, tomava notas. Sentado à noite, na varanda, muitas vêzes tirava do bôlso um cartão e rabiscava sem ver o que escrevia. Enquanto jogava gôlfe, não levava comigo cartões para notas; mas, sempre que ouvia ou pensava algo que conduzisse a alguma idéia, registrava-o no cartão de pontos. Uma vez, quando estava sem êle, guardei uma idéia escrevendo-a do lado de dentro de uma carteirinha de fósforos.

O uso de *relações de verificação* pode, igualmente, ajudar o pensamento criador. Indivíduo que pretenda escrever artigos, pode, por exemplo, examinar os índices de muitas revistas. Em algumas horas, provàvelmente, trará ao espírito pelo menos 50 idéias para possíveis artigos, nenhum exatamente do mesmo teor, segundo as indicações lidas. E existem dezenas de outras relações semelhantes, com as quais podemos cutucar conscientemente a imaginação. Um dêsses escorvadores é a seção classificada dos catálogos telefônicos. Verifiquei serem êstes especialmente valiosos quando defrontava algum problema de direção vocacional.

Clemente Kieffer, encarregado das vitrinas de uma grande loja, tem ganho mais prêmios por idéias do que qualquer outro do ramo. Além dos prêmios em dinheiro recebeu mais de 350 medalhas e taças. Tem de arrumar 33 vitrinas por semana. Possuía mania de imaginar, pelo menos, uma idéia nova para cada dia do mês, inclusive domingos. Como "lista de verificação" emprega uma grande caixa na qual joga 3 000 esboços de idéias sob a forma de recortes e outros materiais impressos, juntamente a notas e croquis executados por êle. Verificou que esta "caixa de lixo" era o melhor dispositivo de escorvação de que podia dispor.

3. Fixando linhas-limites e cotas

Há inúmeras pessoas criadoras que sofrem a influência de linhas-limites automáticas. Inúmeros colunistas defrontam-se diàriamente com esta tortura. A linha-limite semanal de um pastor impele-o à ação criadora. No jantar de domingo costumamos dizer: "Não foi magnífico o sermão desta manhã?" Raramente nos detemos para imaginar como devia ter sido tremendo o esfôrço criador que conduziria a essa mensagem. A idéia fundamental de cada sermão — exatamente isso só — exige mais esfôrço criador em cada semana, do que muitos dentre nós podem produzir em um mês. E, além do tema, umas 50 outras idéias têm de ser imaginadas a fim de que cada sermão possua fôrça e ardor.

Uma linha-limite foi a oportunidade decisiva da carreira de Walter Chrysler. Como aprendiz nas oficinas da estrada de ferro Union Pacific, gostava de locomotivas, e aprendeu o objetivo de cada rebite ou porca. Um dia chegou uma locomotiva com o cabeçote de um cilindro esmagado. O superintendente da locomoção chamou o jovem Chrysler ao escritório: "Rapaz", disse, "não possuímos qualquer outra locomotiva para substituir esta. Temos de consertá-la em duas horas. Você pode fazê-lo?" Depois de tê-la consertado, Chrysler observou: "Acreditem-me, foi um trabalho dos diabos. Se eu não tivesse dito que podia fazê-lo em duas horas, não me teria esforçado com tanto ardor e teríamos falhado. Meti-me em uma entaladela da qual só podia sair acabando-a em tempo, e foi o que fiz."

De sorte que outro artifício de que podemos lançar mão, para fustigar o esfôrço imaginativo, consiste em estabelecer uma linha-limite — chegando mesmo a lançá-la sôbre nós — até ao ponto de emitir um vale, prometendo por escrito que apresentaremos as nossas idéias em tal ou qual tempo. A vontade submete-se a estas auto-ordens. Quando fixamos linhas-limites, intensificamos o poder emocional, pois nos expomos ao temor de falhar.

182

Outro artifício consiste em *fixar uma cota* de idéias a pensar. Suponha-se que a princípio só estabelecemos para nós um limite de cinco idéias. Ao pensar estas cinco, outras acorrerão; e desde então verificaremos que estamos a caminho de 25. E quanto maior o número de idéias, tanto mais provável será que uma ou mais de uma dentre elas forneça a resposta procurada.

Por exemplo, a presidente da uma congregação religiosa, sòzinha no gabinete, poderia registrar pelo menos 10 sugestões para tornar uma reunião noturna mais agradável. Poderia então dizer à comissão: "Vamos imaginar tudo quanto pudermos para animar a nossa ceia. Aqui estão 10 idéias imaginadas por mim. Sra. Gertrudes, desejo que apresente em nossa próxima reunião uma lista de 10 idéias para o programa de diversões. Sra. Adélia, vou pedir-lhe que faça o mesmo quanto aos pratos a servir. E, Sra. Maude, deve haver muitas maneiras de melhorar o serviço — traga-me 10 idéias a respeito. A Sra. Kay, que tem gôsto para tornar tudo atraente — quer encarregar-se da decoração, trazendo-me 10 idéias? A iluminação pode contribuir muito para animar uma ceia, de sorte que vou pedir-lhe, Sra. Joan, que me traga 10 idéias sôbre êste assunto." Juntamente com as 10 idéias dela, provàvelmente a presidente reuniria 60 ou 70, dentre as quais a comissão escolheria as mais aproveitáveis.

A *fluência* está-se tornando têrmo comum entre psicólogos: e o valor desta palavra está cada vez mais sendo reconhecido. Mas é evidente não ser fácil imaginar cada vez mais idéias alternativas. Para me manter sempre em ação nesse sentido, imaginei um artifício que aplicava a mim mesmo. Tendo verificado que as primeiras alternativas surgem com facilidade, precisava de um incentivo que me fizesse passar para a seguinte, e mais outra, e mais outra. Assim sendo, escrevi uma tabela de preços, todos imaginários, sem dúvida. Por meio dêsse cálculo, a minha primeira idéia valeria um centavo, a segunda dois, a terceira quatro — assim por diante, dobrando o preço para cada alternativa. Assim, quando registrei a 24.ª idéia, olhei para a tabela e vi quanto, nesta base, valeria a 25.ª. O valor teórico desta seria de 167.772 dólares. Tudo isto pode parecer pueril, mas tende a dramatizar a importância de procurar sempre nova idéia.

4. *Estabelecendo um prazo — escolhendo um lugar*

Se fixarmos um período definido para o pensamento criador, ser-nos-á mais fácil atrair a musa. Esta regra deve governar os que estão em negócio. "Devemos destinar algum tempo para imaginar idéias — *nada mais*", disse Don Sampson. Quase todos os homens de negócios atacam primeiramente a rotina, pois geralmente apresenta maior facilidade. Sampson, com tôda razão, recomenda as manhãs para pensar e as tardes para a rotina.

Contudo, também podemos usar a noite para operações criadoras. Podemos ir para a cama para despertar a imaginação. Aí também se pode, com vantagem, proceder ao pensamento criador, mesmo quando a êle nos entregamos a fim de conciliar o sono. Dormindo sôbre idéias, muitas vêzes acodem-nos as melhores. Êsse procedimento pode ser muito mais produtivo se, antes de apagar a luz, registramos os melhores pensamentos que nos vieram à mente, enquanto acordados. A própria execução dessas notas tende a libertar o espírito, habilitando-nos assim a adormecer mais depressa. E essas notas também tendem a gravar-nos no espírito pensamentos que conduzem a idéias apreciáveis, mesmo enquanto dormimos.

Nas noites negras em que o Exército americano desembarcou pela primeira vez no norte da África, foi de grande valia a série de campos de pouso de emergência, que os soldados foram capazes de estabelecer quase do dia para a noite — tapêtes mágicos bastante lisos para que os aviões pudessem pousar e decolar. Êsses tapêtes, formando campos de pouso, foram imaginados por Walter E. Irving. Quando lhe perguntei como, quando e onde produzia as melhores idéias, agradeceu às camas serem berços criadores.

"A cama, o bloco e o lápis na mesinha de cabeceira", disse o Sr. Irving, "constituem os melhores auxiliares para as idéias e os planos. Sòmente na última noite rabisquei quatro fôlhas de papel em completa escuridão. As minhas notas foram, porém, fàcilmente decifradas pela manhã, contendo soluções possíveis de um problema corrente. Há alguns meses, em um hotel de Washington, acordei de um sonho por volta das duas e meia da manhã. Esbocei, então, simples idéia que acredito em breve dará origem a nôvo e importante produto. Se me tivesse virado, adormecendo novamente, estou certo que nunca mais tal idéia me teria voltado." Outro que acredita ser a cama uma estufa para idéias, é Alfred Hull. Tendo criado maior número de novos tipos de válvulas eletrônicas do que qualquer outro inventor, Hull afirma que a maior parte das melhores idéias lhe acudiu à mente "no meio da noite".

A insônia é um círculo vicioso. Quando verificamos não ser possível conciliar o sono, começamos a nos aborrecer por estar despertos. Esforçamo-nos ainda mais por adormecer, e novos temores nos vêm sorrateiramente ao espírito. Em lugar de devaneios, poderemos escolher algo que necessite de idéia, deixando então o espírito vaguear em tôrno dêsse terreno inexplorado. Poderá divertir-nos. Será provàvelmente útil. Trará finalmente o sono. E, talvez estranhamente, a própria insônia venha intensificar-nos a criatividade. Conforme diz Ernest Dimnet, a menos que a falta de sono nos leve à exaustão, pode tornar-nos a imaginação mais do que normalmente lúcida.

É possível, igualmente, assumir compromisso conosco com o fito de combinar o pensamento criador com o caminhar. Desde os dias de Thoreau, passear em lugares solitários tem sido a maneira favorita de fazer a côrte às idéias. Perguntei a alguém que tinha cursado o Instituto Tecnológico de Massachusetts: "Qual foi o mais criador de todos os seus professôres?" Indicou o Dr. Warren K. Lewis. Perguntei se sabia que êle fizesse conscientemente esforços que o tornassem mais criador. "Não sei realmente", disse o meu amigo com cautela, "mas êle gosta muito de vaguear pelas matas. Acredita-se comumente que o faça em parte como exercício, mas principalmente para facilitar-lhe o pensamento crador."

Sabendo-se quais as idéias que se procuram, um passeio solitário pode contribuir muito. Contudo, se não houver objetivo criador, desejando-se tão-só expor o espírito e idéias, pode ser favorável um passeio pelos mercados movimentados. Perguntei a um amigo qual o motivo de usar bengala quando visitava Nova Iorque. "Venho a Nova Iorque para colher idéias", disse-me êle; "não desejo pensar nos meus negócios enquanto aqui estou, de sorte que trago uma bengala para me fazer sentir que não estou trabalhando. As ocupações que tenho em casa me sobrecarregam o espírito. Aqui, com o espírito amplamente aberto, passeio na Quinta

185

Avenida e na Broadway, colhendo idéias que me virão em auxílio quando abandonar a bengala, tornando-me de nôvo fabricante".

Nada é mais desanimador do que um passeio pelas praias da Atlantic City, em um domingo de Páscoa. Entretanto, certo negociante meu amigo vai lá todos os anos, sem se preocupar com o que está vendo, mas confiando que se mantiver o espírito aberto enquanto lá estiver absorverá idéias que sugerirão outras. Considera aquêle domingo como um dos seus dias de negócios mais valiosos.

Alan Ward assume para consigo mesmo o compromisso de pensar, enquanto lava os pratos nas manhãs de sábado depois do almôço. Eu mesmo tomei o compromisso de atacar certa tarefa criadora enquanto estou dirigindo o automóvel. Em certa manhã despertei para o fato de que um problema precisa solução imediata. Tomei a resolução de atacar êsse problema durante a hora de viagem para o escritório. Em caminho, vi um rapaz que fazia sinal pedindo um lugar no carro. Hesitei mas parei; entrou e eu disse: "Se não repara, não fale, por favor, porque tenho de pensar." Como a estrada não tivesse curvas e o tráfego fôsse pouco intenso, foi-me possível concentrar-me como se estivesse no escritório. Mais ou menos no meio da viagem, dei repentinamente com a idéia desejada, sai da estrada, tirei o bloco e fiz um esbôço.

Pondo de nôvo o carro em movimento, disse ao jovem companheiro: "Agora pode falar; mas antes de tudo não acha que pareço um tanto amalucado?" "Não senhor" respondeu. No decorrer da conversa verifiquei que êle estava acabando o curso superior como primeiro aluno e tinha em mente tornar-se repórter enquanto estudaria Direito à noite. Daí me foi possível concluir por que não me tinha considerado maluco.

Em regra, os escritórios são melhores, de preferência, para operações judiciosas, ao invés de pensamento criador. Um conhecido meu é de opinião que pode atacar problemas criadores muito melhor ficando em casa de manhã. Uma vez, quando me defrontei com árdua tarefa criadora, fui para um hotelzinho a umas cem milhas de distância. Não sòmente ninguém me interrompeu mas, como tivesse feito tal esfôrço para ir tão longe a fim de dedicar-me a esfôrço criador, a imaginação pareceu-me trabalhar mais fàcilmente.

186

O próprio fato de ter empreendido essa viagem tendia para aguçar o espírito criador.

5. O engano da "tôrre de marfim"

Cada vez mais a arquitetura americana se enriquece de novos templos de pesquisa. Êstes laboratórios formam as tôrres de marfim da ciência. Fornecem não sòmente o equipamento mas também clima ideal para contemplação concentrada. Entretanto, os cientistas criadores não conseguiriam tudo o que podem, se criassem sòmente enquanto nelas encerrados. Por exemplo, o Dr. Suits, da General Electric, declarou que consegue algumas das suas melhores idéias na cama, por vêzes passando de usina em usina ou, finalmente, "enquanto olha através da janela de um carro Pullman". A. J. Musselman afirmava ter imaginado o freio de sua invenção enquanto descia ràpidamente uma rampa nas Montanhas Rochosas — não em automóvel mas em uma bicicleta desembestada.

Essa tôrre de ladrilhos conhecida por banheiro constitui o lugar em que os espíritos criadores parecem trabalhar melhor. Um banho prolongado de chuveiro ou a água quente de uma banheira muitas vêzes induzem idéias. Um dos motivos é que, enquanto tomamos banho não sofremos influências que nos distraiam.

No campo da criatividade talvez a barba seja a única vantagem que o homem tem sôbre a mulher. Muitas vêzes se ouve os pensadores confessarem: "Esta idéia me veio enquanto estava fazendo a barba." O Dr. Suits disse recentemente, a respeito de um dos seus associados, que tinha feito duas importantes descobertas. A idéia fundamental de cada uma delas tinha sobrevindo enquanto fazia a barba pela manhã. O barbear, assim como o banhar, fornece a mesma solidão, o mesmo som calmante da água corrente e o mesmo sentimento de bem-estar. Outra razão ainda por que o barbear e o pensamento criador andam juntos, é que o espírito, em geral, revela-se mais criador nas primeiras horas do dia. Dizia Erasmo: "As musas gostam das manhãs."

Assim também pilhas de lenha formam boas tôrres de marfim. Elbert Hubbard achava vantajoso rachar lenha com o fito de induzir idéias. Recentemente, certo pesquisa-dor-criador disse que a melhor idéia que até então tinha tido lhe acudira enquanto retirava gêlo dos degraus da escada, na frente de casa.

Enquanto se trabalha em um problema criador, uma atmosfera de devaneio pode intensificar a chama criadora. Ha quem diga que algumas das melhores idéias acudiram en-quanto estavam na igreja. Outros são de opinião que fre-qüentar concertos lhes inflama a criatividade. Outros pen-- sam ser a pôpa de um bote a ideal tôrre de marfim. Há algo respeito a navegar, que se presta a contemplação contínua. O Dr. E. F. W. Alexanderson, inventor, declarou que algu-mas das suas melhores idéias tinham provindo do azul, en-quanto fazia singrar plàcidamente a sua embarcação.

Jefferson vivia a cem milhas de Washington. Em Mon-ticello ainda se pode ver o tílburi que êle dirigia entre a fazenda e a capital, quando para lá não ia a cavalo. Com um cavalo que não pedisse esfôrço para guiá-lo, em um passo que contribuía para a tranqüilidade, sem que houvesse sinais de tráfego para interromper — que tôrre de marfim não deveria ter sido aquêle tílburi de um homem só!

Muito raramente se vê qualquer pessoa trabalhando de verdade enquanto viaja em um avião ou em um trem! Vez por outra se dá com alguém lendo um relatório ou estudando desenhos. E alguns daqueles que estão sentados, com o olhar perdic, talvez estejam trabalhando com o espírito. Não é comum ver-se qualquer um ativamente ocupado em trabalho criador. Entretanto, um dos escritos clássicos criadores foi completado em um trem — o discurso de Lincoln, em Gettys-burg. E o Gen. George Marshall escreveu o melhor discurso a mão voando por sôbre o Atlântico, quando voltava de Moscou.

Mesmo quando se está esperando um trem ou avião é possível praticar a ideação. Não sou mecânico mas uma noite, enquanto estava retido em uma plataforma de estrada de ferro, onde tinha de ficar uma hora, propus-me específico problema mecânico que surgira pela manhã. Comecei a andar de um lado para o outro, pela plataforma, versando êsse enigma. Quando tomei o trem fiz alguns croquis das idéias que imaginara e durante a primeira refeição no dia seguinte fiz outro esbôço de outra idéia, e esta revelou-se patenteável.

188

Os artistas têm necessidade da tôrre de marfim sob a forma de estúdios, e muitos escritores se isolam em qualquer espécie de esconderijo. Entretanto, a maior parte dos artistas e dos escritores admitirá que pensam as idéias aqui, ali ou em qualquer lugar. Edgar Lustgarten, autor inglês, trabalha sem horário e sem tôrre de marfim. Conforme afirma seu editor: "Nunca pára. Escreve em qualquer lugar — em cafés, ônibus, e até mesmo andando pelas ruas."

Talvez Samuel Johnson não tivesse inteiramente razão ao dizer que qualquer pessoa pode escrever em qualquer lugar, se tiver cuidado de entregar-se à tarefa "bastante resolutamente". É verdade, contudo, que embora artistas e escritores exijam tôrres de marfim, podem criar idéias quase por tôda parte.

TEMAS

1. Como tomar notas contribui para dar fôrça à imaginação? Discutir.
2. Por que as relações de verificação contribuem para a ideação?
3. O que é que se consegue marcando uma linha-limite em uma tarefa criadora? Discutir.
4. Quais as vantagens do estabelecimento de cotas de idéias? Discutir.
5. Por que se dá preferência ao andar como conduzindo à atividade? Discutir.

EXERCÍCIOS

1. Escreva uma relação de verificação dos assuntos e dos aspectos das diversões que você incluiria em uma festa de 4 de julho para adolescentes.
2. Se não dispusesse de conselheiro, quais os passos que daria para escolher as profissões em que provàvelmente seria mais bem sucedido?
3. Faça uma relação de seis usos civis para a roupa isoladora do frio criada pelo Exército para o inverno na Coréia.
4. Pense em três artifícios que poderia empregar e que lhe ativassem a imaginação ao escrever uma canção popular.
5. Quais os ativadores de idéias que poderia relacionar, se tivesse de projetar uma chapeleira para casa moderna?

REFERÊNCIAS

HEPNER, HARRY W. — *Psychology Applied to Life and Work*. New York. Prentice-Hall, Inc., 1941.

"How to Use Idea Files; PI Questionnaire to 50 Advertising Managers". *Printers' Ink*. August 5, 1937, págs. 109-114.

MAUGHAM, W. SOMERSET — *A Writer's Notebook*. New York. Doubleday and Company, 1949.

MORRIS-HOHNS, D. — "Ideal File — a First Aid Kit, not a Pulmotor". *Printers' Ink*. December 9, 1926.

MUSSELMAN, MORRIS McNEIL — *Wheels in His Head*. New York. McGraw--Hill Book Company, Inc., 1945.

PAINE, ALBERT BIGELOW — *Mark Twain*. New York. Harper and Brothers, 1912.

STEVENSON JR., A. R. — "Development of New Products". *Mechanical Engineering*. September 1939, págs. 661-664.

TAYLOR, ROBERT LEWIS — *The Running Pianist*. New York. Doubleday and Company, 1950.

WALLAS, GRAHAM — *The Art of Thought*. New York. Harcourt, Brace and Company, 1926.

YOUNG, JAMES W. — *A Tecnique for Producing Ideas*. Chicago. Advertising Publication, Inc., 1940.

CAPÍTULO XVIII

*O fator "sorte" em
pesquisas criadoras*

"FOI FELIZ — nada mais fêz do que tropeçar naquela idéia." É corrente haver alguma verdade nesse comentário; mas, quase sempre, a verdade inteira é que a inspiração não se teria revelado, se não estivesse à caça de idéias *naquela ocasião.*

O têrmo *inspiração* emprega-se largamente para significar não só fontes iluminativas de idéias como fontes felizes; contudo, em um sentido restrito, a inspiração implica em fator mais definitivamente fortuito. A principal distinção entre iluminação e inspiração, segundo a opinião do Dr. William Easteon, consiste no seguinte: a iluminação surge de fontes obscuras, enquanto a *inspiração* geralmente provém de "estímulo acidental", que se pode verificar claramente. Outra diferença consiste em que a iluminação se associa aos nossos períodos de lazer para incubação, enquanto a sorte da inspiração pode revelar-se mesmo enquanto estamos nos esforçando com o maior ardor.

Vamos afastar, primeiramente, meros acidentes como quando Charles Dickens desejava entrar para o teatro mas não foi aceito por causa da rouquidão, devida a um resfriado — acaso que o transformou em autor ao invés de ator. A

191

descoberta do carvão na América do Norte foi, por igual, obra do acaso. Um filho da Pensilvânia, caçando nas montanhas, acendeu uma fogueira em uma saliência de blocos prêtos, ficando admirado quando pegaram fogo e arderam. A descoberta do ferro no Estado de Minnesota, em 1892, foi muito menos "acidental". Os sete irmãos Merritt há muito que palmilhavam a cordilheira Mesabi, convencidos pela perturbação das bússolas de que aí deviam estar escondidos mundos de minério. Quando a carroça que dirigiam ficou atolada em lama vermelha de ferrugem, encontraram o ferro. Até que ponto poderíamos chamar de "acidental" esta descoberta? É indispensável lembrar que tinham trabalhado para êsse fim durante quase 10 anos.

Wagner estava sempre pensando em novas idéias para óperas; entretanto, se não tivesse entrado em um navio e experimentado uma tempestade, nunca talvez tivesse pensado em "O Holandês Fugitivo". Mendelssohn deparou com o tema para a "Sinfonia das Hébridas" quando ouviu as ondas estrondando numa caverna que estava explorando. Se o jovem advogado não tivesse descido o Mississípi em um barco, a patente para dispositivo destinado a acelerar os navios com roda motriz na pôpa não teria dado entrada em Washington. O inventor "de sorte" foi Abraham Lincoln. Em cada um dêstes casos, porém, a inspiração forneceu sòmente a diretiva para um triunfo criador — não forneceu a resposta.

Como se dá na acumulação de alternativas hipotéticas, os acidentes criadores obedecem à lei das probabilidades — quanto mais tentamos, tanto mais ficamos em condições de acertar. Conforme Matthew Thompson McClure nos disse, a idéia que sobrevém "como centelha", em geral, vem àquele que está experimentando o problema.

"Há indivíduos que buscam resolutamente a inspiração", disse o Dr. William Easton, "como quem busca caça. Vão onde é provável encontrá-la; estão sempre atentos. Embora a inspiração seja incontrolável, as probabilidades para que ocorra podem aumentar quando se amplia a acumulação de idéias no espírito, multiplicando as observações."

Ainda neste caso a quantidade atrai a qualidade. É indispensável a fôrça de impulso para acumular as oportunidades de acidentes favoráveis. Portanto, em conjunto, a sorte constitui produto acessório do esfôrço. De fato é acidente raro vir a inspiração sem transpiração.

2. *A observação capitaliza a inspiração*

Muito faz a sorte para aquêles que se dedicam a uma pesquisa específica; quanto mais atentos estivermos, tanto melhor aproveitaremos essas ocasiões felizes. Por vêzes, até mesmo uma observação acidental fornece-nos, não sòmente a diretiva, mas também a resposta. Por exemplo, quando engenheiros de telefonia estavam inventando a Permalloy — que como resultado final multiplicou por seis a rapidez das comunicações submarinas — estavam paralisadas ante a falta de um fluxo para soldar as extremidades. "Vamos experimentar sal", disse um dêles brincando. Aconteceu que se encontrava à mão um saleiro, e êle o sacudiu. A tampa caiu, derramando o conteúdo e em breve um fluxo, como se fôsse espuma, cobriu completamente a junção. Aconteceu que o sal deu a resposta — exceção à regra.

Frank Clark, engenheiro da General Electric, talvez estivesse lendo alguma revista cômica em certa tarde; mas mantinha o espírito em busca de certo objetivo. De sorte que, em lugar de divertir-se, pôs-se a folhear uma publicação técnica. Saltou-lhe aos olhos um têrmo. "Aqui está!" exclamou. Era o "difenil", que se revelou o elemento que faltava na pesquisa da maneira de impedir curtos circuitos nos transformadores de uma linha de fôrça. Êste golpe de sorte conjugado à atenção é o que impede ficarem os povoados às escuras quando os raios atingem os transformadores.

Foi a observação sagaz que fêz com que dois franceses convertessem um acidente na descoberta da fotografia. Louis Daguerre e Nicephore Niepce há muito que procuravam a maneira de sensibilizar chapas de vidro, de sorte a "apanhar" imagens; mas não tinham podido conseguir um meio de conservá-las. Parecia não haver nada que impedisse o desaparecimento das imagens, até que um dia acidentalmente Daguerre deixou algumas chapas expostas perto de um frasco com mercúrio. Aconteceu algo de extraordinário a estas chapas. Nas palavras de Hendrik Van Loon, "êste fato foi o comêço de maravilhosa investigação química que veio terminar na invenção da arte fotográfica — a arte de desenhar por meio da luz".

Quando dirigia a seção de vendas de uma fábrica de camas, tive ocasião de entrar numa concorrência para um grande fornecimento a hospital. Era preciso, entretanto,

193

que os pés das camas fôssem providos de rodízios de vidros, e os únicos que podíamos comprar eram de preço muito elevado. Assim sendo, atribuí ao espírito a tarefa de procurar maneira de satisfazer essa especificação com o menor dispêndio. Ao meio-dia seguinte, na secretaria do meu chefe, estávamos falando de outros assuntos quando toquei com o cotovêlo a garrafa de água. Olhei-a e vi a tampa de vidro. Comecei então a imaginar a maneira de fundir o vidro com pinos que tivessem a haste munida de tarraxa. Na ponta do pé haveria uma abertura em que se encaixasse a haste. O resultado foi o rodízio de vidro fundido perfeitamente ajustado que custava um dólar menos por leito. Foi assim que a observação, ao lado da sorte, mostrou-me como transformar uma rôlha de vidro em rodízio de cama.

Se ficarmos bastante atentos durante certa pesquisa, a sorte poderá conduzir a objetivo inteiramente diferente. Koroseal foi descoberto em 1926 pelo Dr. Waldo Semon, da B. F. Goodrich Company, enquanto procurava outro produto qualquer. Os melhores bolbos das lâmpadas que o Dr. Langmuir nos deu estão cheios de Argon. Lord Rayleigh descobrira êste em 1894, mas na ocasião não o estava procurando; queria determinar a densidade do azôto, observando então certas discordâncias estranhas nas medidas. "Esta observação acidental levou-o à descoberta do Argon" conforme disse Henri Le Châtelier.

Em 1876, Robert Koch observou que as manchas de uma batata cozida eram de côres diferentes. Esta observação levou-o à descoberta de como cada espécie de germe se multiplica e forma colônias. Acidente semelhante conduziu à descoberta da penicilina. Alexander Fleming não sabia exatamente o que estava procurando, mas quando a chapa de uma cultura ficou contaminada por bolor, examinou-a cuidadosamente, deparando com colônias de bactérias que pareciam ilhas — cercadas de espaços *claros*. Êste fato sugeriu-lhe que o bolor talvez impedisse o crescimento das bactérias. O acaso abriu assim a porta à penicilina. Não devemos esquecer, contudo, que muitos biologistas tinham inúmeras vêzes manuseado tais placas mofadas, mas foi sòmente o Dr. Fleming quem observou a significação possível daquela contaminação.

Por vêzes, um engano transforma-se em acidente feliz. Um dia, quando William H. Mason foi almoçar, esqueceu de

194

interromper o aquecimento e a pressão em uma prensa experimental, na qual procurava criar nova forma de isolamento poroso com fibra de madeira rebentada. Demorou um pouco no restaurante e quando voltou para o laboratório fisou pesaroso ao ver que o calor e a pressão ainda estavam agindo sôbre a placa de fibra. Supôs estivesse inutilizada; mas quando a retirou, deu com uma placa dura, densa, lisa — primeira peça de "madeira artificial" que se conseguia fazer. Esta nova "Masonite" constituiu sòmente um dos seus muitos triunfos criadores, e o único em que o acaso representou certo papel.

No texto original dei, ao chegar a êste ponto, com a versão da "descoberta acidental" do verniz Duco. Verifiquei depois estar errada. Aquela referência baseava-se em uma entrevista com um homem que parecia estar em condições de conhecer os fatos. E acreditava sinceramente no que me relatou. Repetimos aqui essa narrativa, pois se presta a revelar como uma história inventada sem intenção pode passar a ser considerada como verdadeira. Eis essa história conforme publicada nas edições anteriores:

"Depois da primeira Guerra Mundial, a companhia Du Pont ficou com enorme quantidade de explosivos inaproveitados. Para aproveitá-los, os químicos pensavam poder fazer com êles nova espécie de tinta. Conduziram sem-número de experiências e conseguiram aproximar-se da resposta; contudo, não surgiu dessas experiências tinta alguma digna do nome Du Pont.

"Um dia um dêsses químicos foi visitar outro e ao sair do laboratório dêste último observou uma lata que apanhou, cheirando o conteúdo. Perguntou excitadamente: "Que é isso?" O outro químico disse que, afinal, 'era mais um daqueles erros. "Levei o material a um forno, mas esqueci de tirá-lo quando fui para casa ontem à noite." O químico de tintas voltou para o próprio laboratório gritando: "Nós o conseguimos! Estava bem próximo há tanto tempo! Não sabíamos que era preciso aquecê-lo durante a *noite inteira.*" Foi assim que se descobriu o Duco. A sorte representou certo papel; mas a observação do químico forneceu a mágica."

Funcionários da Du Pont autorizaram depois a seguinte versão, como autêntica, relativamente à origem do Duco:

Em julho de 1920, um químico da usina de Du Pont, em Parlin, Nova Jersey, observou que a adição de pequena quantidade de acetato de sódio a uma solução espêssa de nitrocelulose, seguida de repouso, fazia com que a solução ficasse bastante diluída para aplicar-se por aspersão. Descobriram-se, mais tarde, outros processos destinados a reduzir a viscosidade da nitrocelulose; mas esta descoberta conduziu a intenso programa de pesquisa no sentido de se desenvolverem lacas baseadas nesta nova nitro-celulose de "baixa viscosidade". A formulação de tais lacas, que tivessem durabilidade juntamente com a resistência e a flexibilidade exigidas para emprêgo em automóveis, implicava em grande número de experiências com muitas gomas, resinas, plastificadores e pigmentos diferentes — expondo-se placas para experimentar-lhes a durabilidade em todo o caminho de Nova Jersey à Flórida. Em 1921 lançou-se no mercado uma laca clara, não pigmentada, derivada da nitrocelulose de baixa viscosidade, destinada ao acabamento de móveis, seguida em 1923 da introdução do "Duco" pigmentado para acabamento de automóveis.

Tal a verdadeira história da descoberta do Duco, ou antes, da maneira por que se desenvolveu. Mas houve um acidente que representou papel importante. Quando o químico de 1920 descobriu a maneira de tornar menos espêssa a solução de nitrocelulose, não tinha por objetivo produzir tipo melhor de tinta; estava tentando descobrir maneira de eliminar a eletricidade estática em filmes cinematográficos baseados em nitrocelulose; procurava evitar que a estática raiasse o filme.

3. A perseverança capitaliza a inspiração

Escreveu o Dr. James Conant: "Através de tôda a história da ciência têm-se renovado as conseqüências de seguirem-se ou não as descobertas acidentais. Existe real analogia entre a vantagem que um general consegue com um êrro do inimigo e a inspiração feliz como a captura da ponte de Remagem."

Um naturalista holandês, Swammerdam, tinha observado o mesmo fenômeno de contração da perna da rã muito antes de Galvani; nunca desenvolveu, contudo, aquela obser-

196

vação. Por outro lado, aquela contração eletrizou Galvani, levando-o à ação. "Diante disso", escreveu Galvani, "penetrou-me incrível zêlo e vontade de verificá-la para trazer à luz o que estava escondido."

A Sra. Curie e o marido parece, como dizem, terem tropeçado no rádio. Na verdade, o que aconteceu foi que a tese da Sra. Curie para o grau de doutor versava o problema dos raios de luz que o urânio parecia desprender. Experimentou sem-número de elementos químicos, compostos e minerais, mas sòmente o malôgro a esperava em tôdas as tentativas. Foi quando o marido se juntou a ela na pesquisa e finalmente entraram "por acidente" na senda de certo material nôvo e misterioso, que denominaram "rádio". Depois de gastar quatro anos a trabalhar em um galpão abandonado, tratando tonelada após tonelada de minério, finalmente produziram pequena porção de rádio, não maior que um dente de criança. Tôda a sorte que os Curies tiveram proveio de perseverança inabalável.

Conforme narra Colin Simkin, a litografia constituiu descoberta "acidental" de Alois Senefelder, em 1796. Quando jovem, verificou ser-lhe possível vender certo número de exemplares das peças que escrevia, mas o custo de impressão lhe consumiria o lucro. Pôs-se então a procurar um processo mais barato de tirar cópias.

Começou escrevendo às avessas em chapas de cobre que lhe servissem para imprimir; mas o custo era muito elevado, de sorte que lançou mão de ladrilhos.

Entretanto, tinha inventado uma tinta de escrever feita de sabão, cêra e negro de fumo. Um dia teve de registrar algumas notas, e verificando que a tinta por êle inventada tinha endurecido, apanhou um pedaço para escrever as notas no ladrilho. Quando tentou mais tarde lavá-lo, viu que o material poroso tinha absorvido a água por tôda parte, exceto onde havia tinta. "Foi assim", lembra Colin Simkin, "que se estabeleceu o princípio fundamental da litografia, baseado na ausência de afinidade entre a água e a gordura."

Embora o acaso representasse certo papel na descoberta de Senefelder, nada teria acontecido se êle não se tivesse resolutamente entregue à tarefa de descobrir qualquer maneira de imprimir as próprias peças por menor custo. Tivesse continuado com as chapas de metal e nada teria conseguido. Na busca de outras alternativas, deu com o emprêgo da pedra. A sorte consistiu, principalmente, no fato de ser a pedra que estava à mão de porosidade especial. Contudo, se não fôsse a perseverança, não teria inventado a litografia. O principal elemento da assim chamada filosofia de Edison diz respeito à criatividade é a perseverança. Acreditava êle muito pouco em sorte, mas em vários casos se aproveitou dela. Uma vez estava trabalhando simultâneamente em transmissão por telefone e lâmpadas incandescentes. Em uma e outra não encontrava solução. Sôbre a mesa encontrava-se uma mistura de alcatrão e negro de fumo, que tinha estado a experimentar para o transmissor telefônico. Distraìdamente enrolou pequena porção dêste material entre o polegar e o indicador, dando-lhe a forma de fio. Aí estava a idéia da lâmpada que buscava — filamento de um elemento de carbono como êste era capaz de resolver o problema da lâmpada elétrica. E o resolveu — graças a um pouco de sorte e grande quantidade de perseverança.

A busca do filamento por Edison para a lâmpada exemplifica a opinião que tinha no valor da ideação quantitativa para a solução de problemas. Entre as milhares de alternativas em que fixou as idéias encontrava-se a fibra de bambu. Chegou mesmo a experimentar mais de 6.000 variedades dêste material em busca do filamento.

4. A sorte fornece diretivas

As boas inspirações têm grande valor por aquilo a que nos conduzem — se as seguirmos até o fim. Lance fortuito pode apressar o caminho mais simples para a idéia que procuramos, o qual poderia apresentar-se-nos de qualquer maneira só muito mais tarde. Grande número de experiências criadoras resulta de pequenos passos e um pouquinho de sorte pode produzir um grande salto.

A sorte pode igualmente fazer-nos passar de uma busca criadora para outra. Conforme as palavras de Lorton Stoddard, "Walter Scott estava procurando anzóis em uma gaveta quando deparou com a parte de uma novela que tinha escrito e abandonado. Estava desanimado de escrever poesias diante do sucesso de Lorde Byron. "Assim", escreveu Stoddard, "Walter Scott releu o fragmento esquecido com interêsse, pôs-se a trabalhar no mesmo — dando início a nova e grande carreira literária. Esta descoberta fortuita conduziu à série inteira das "novelas de Waverley".

Ocorrem certas diretivas felizes quando não estamos à procura de algo especial, conservando-nos, entretanto, criadoramente alerta na ocasião. Robert Louis Stevenson conta em *Juvenalia* como deu com a idéia para uma de suas obras. Estava entretendo um menino desenhando o mapa de uma ilha, cheia de cabos e cavernas debaixo do qual Stevenson escreveu: "Ilha do Tesouro". "Imediatamente", disse êle, "os personagens do livro começaram a aparecer nas árvores imaginárias."

Edna Ferber conta história semelhante em sua autobiografia. Depois de ensaiar uma peça, um companheiro disse ao grupo de atores: "Na próxima vez lhe direi o que faremos — vamos fretar um "showboat" para descer algum rio."

"Que vem a ser um "showboat"?" perguntou a Srta. Ferber, visto que nunca tinha ouvido falar a respeito. "É um teatro flutuante. Costumavam dar representações, subindo e descendo os rios do Sul, especialmente o Mississípi e o Missouri. Desciam o rio, inspirados pela musa, e paravam no cais da cidade para dar o espetáculo." Ferber, sempre alerta, reconheceu imediatamente esta descrição como diretiva inspiradora de trabalho a empreender.

Diretivas acidentais podem levar amadores a empreendimentos criadores. Wilbur e Orville Wright eram apaixonados por papagaios de papel. Negociavam em bicicletas, sem pensar em aeroplanos. Um dia leram que um alemão tinha morrido ao levar a efeito a tentativa de planar do alto de uma montanha, tendo asas prêsas aos braços e uma cauda atada às costas. Os irmãos Wright, inspirados por essa notícia, construíram um deslizador tendo em vista ùnicamente o esporte. A descoberta dos dois irmãos, em Kitty Hawk, filiou-se a um recorte de jornal; mas êste foi apenas uma diretiva; forneceu nada mais que uma parte diminuta da resposta.

Têm-se conhecido acidentes físicos que dão origem a novos objetivos criadores. Dizem que uma vez Charles Kettering quebrou o braço com a manivela de arranque de automóvel, o que o levou a procurar um arranque automático. O carro de Gene McDonald perdeu o contrôle nas montanhas Lookout. Quebrou a cabeça e ficou surdo de um ouvido.

199

Começou então a pensar em um dispositivo que lhe restabelecesse a audição. Cêrca de 30 anos mais tarde, como diretor da Rádio Zenit, ofereceu o mimalho da sua imaginação às pessoas meio surdas, por menos de metade do preço comum. O jovem George Westinghouse, viajando de trem, ficou retido em um choque entre dois trens de carga. Todo mundo, naquela época, aceitava tais desastres, pois ainda era preciso manobrar os freios a mão, gastando-se muito tempo para fazer parar um trem comprido. Foi êsse acidente que o levou a inventar o sistema de freios de ar, que se aplicam simultâneamente a todos os carros.

O filho de Elmer Sperry fêz-lhe um dia esta pergunta: "Papai, por que o pião fica em pé quando gira?" Esta observação fortuita levou Sperry à invenção do girocompasso, que revolucionou a navegação marítima e contribuiu para tornar possível a aviação moderna. Contudo, não foi uma felicidade que Sperry estivesse em condições de reconhecer aquela diretiva e fôsse bastante engenhoso para aproveitá-la?

Os compositores referem-se a diretivas fortuitas como "tips". Alguns sucessos como *Shoo, Shoo Baby*, resultaram grandemente de observações acidentais. Mas, conforme diz Gertrudes Samuels, os *Shoo, Shoos* estão longe de ser características. Conforme julga, talento, mais conhecimento, mais esfôrço — em lugar de acidente ou inspiração — são responsáveis por quase tôdas as 50 mil canções editadas anualmente. A afirmação da Srta. Samuels foi confirmada por George Gershwin, nas seguintes palavras: "Dentre minha inteira produção anual de canções, talvez duas ou, no máximo, três resultassem diretamente de inspiração."

O Dr. L. L. Thurstone resumiu o papel representado pela sorte na criatividade: "Ordinàriamente, não se ouve falar da maneira por que os profissionais chegam às idéias aproveitáveis; há, porém, abundante material anedótico sôbre a maneira por que se fizeram descobertas. Tais histórias, muitas vêzes, dão a impressão de que estas foram inteiramente acidentais. É mais provável que os investigadores se tivessem prèviamente identificado com certo problema, cujos têrmos interpretassem à sombra de algum efeito acidental. As descobertas científicas não são, em todos os níveis, provàvelmente tão acidentais como se afigura ao observador casual."

200

TEMAS

1. Distinguir entre iluminação e inspiração. Discutir.
2. É tradição no futebol que as equipes mais bem treinadas colham mais louros. Aplica-se esta observação às pesquisas criadoras? Discutir.
3. Qual foi o incidente que conduziu dois franceses à invenção da fotografia? Até que ponto foi "acidente?"
4. Por que o princípio de ideação de Edison tende a apoiar-se na sorte? Discutir.
5. Os mais famosos empresários de espetáculos têm, quase sempre, tantos sucessos quantos fracassos. Será, portanto, razoável concluir-se que aquêles são devidos à sorte? Por quê?

EXERCÍCIOS

1. Encontram-se máquinas de escrever com tipos muito diversos em quase tôdas as línguas. Imagine três outros tipos de teclados úteis para certos fins específicos.
2. Imagine três maneiras de adaptar-se um velho tambor a outros usos.
3. Imagine seis maneiras para usar uma bicicleta dentro da casa.
4. Sob que aspecto poderiam introduzir-se melhoramentos nas galochas?
5. Indique três artigos de uso cotidiano que sejam suscetíveis de melhoramento. Surgira em cada caso qual o melhoramento especial que deve ser introduzido.

REFERÊNCIAS

"A Romantic Achievement in Industrial Chemistry". Scientific American. July 1926, págs. 34-36.

"Accidental Discoveries" Mechanical Engineering. August 1926, págs. 865-866.

CANNON, WALTER B. — "The Role of Chance in Discovery". Scientific Monthly. March 1940, págs. 204-209.

DALE, HENRY — "Accident and Opportunism in Medical Research". British Medical Journal. September 4, 1948, págs. 451-455.

EWING, A. M. — "Turning Accidents into frofit Through Careful Observation; Simultaneous and Independent Discoveries". Journal of Chemical Education. November 1936, págs. 530-532.

GRISWOLD. F. H. — *Creative Power; the Phenomena of Inspiration; an Inquiry into the Practical Methods Used by Men of Genius in Developing Original Ideas.* Philadelphia. David McKay Company, 1939.

HARDING, ROSAMOND E. M. — *An Anatomy of Inspiration.* Cambridge. W. Heffer and Sons, Ltd., 1948.

McLEAN, F. C. — "The Happy Accident". *Scientific Monthly.* July 1941, págs. 61-70.

MONTMASSON, J. M. — Invention and the Unconscious. New York. Harcourt, Brace and Company, 1932.

SARTON, GEORGE — "The Discovery of X-Rays". *Isis.* 1936-1937, págs. 26, 346-369.

CAPÍTULO XIX

Procedimentos detalhados de "brainstorming"

JUNTAMOS O PRESENTE capítulo e o seguinte às edições anteriores dêste livro, principalmente porque o "brainstorming" em grupo tem sido muito mais amplamente aceito do que o autor antecipara. Assim sendo, êste tema adquiriu tal importância que exige tratamento mais detalhado.

O capítulo XXVI da edição original passou, nesta, a ocupar, o lugar do VII. Certos professôres sugeriram essa mudança por verificarem que aquêle capítulo fornece os dados indispensáveis aos estudantes para que participem produtivamente do "brainstorming" em grupo, iniciando desde cedo o curso e continuando através de tôda a série de sessões.

O presente capítulo, mais desenvolvido, tornou-se possível porque a experiência trouxe à luz maiores conhecimentos com relação aos princípios, procedimentos e aplicabilidades do "brainstorming" em grupo. A maior parte dos novos dados proveio do uso prático dessa operação, por tôda espécie de organizações — na educação, indústria, vendas a varejo, govêrno e outros campos, inclusive saúde, economia doméstica e serviço social.

203

Assim também, as instituições educacionais contribuíram para desenvolver conhecimento mais profundo do modo de aplicar a operação em foco. Começando em 1955, as Universidades de Akron, de Búfalo e de Pitsburgo criaram institutos distintos de pensamento criador. As conferências aí realizadas reuniram centenas de educadores, homens de negócios e oficiais militares, que tinham sido os primeiros a ter experiência em conduzir essa operação. Desenvolveram-se, dêsse modo, muitos aspectos novos da sua problemática.

Contudo, como resultado de tudo isso, parece que foram confirmados os seguintes princípios:

1. *A ideação torna-se mais produtiva quando se exclui a crítica exercida simultâneamente.* — Considerou-se êste princípio importante, devido à educação e à experiência terem treinado muitos adultos a pensar mais judiciosamente do que criadoramente. Daí resulta a tendência que revelam de impedir a própria fluência de idéias, por aplicarem demasiadamente cedo a faculdade crítica.

2. *Quanto mais idéias melhor.* — Aquêles que tiveram mais experiência com o "brainstorming" são unânimes, pràticamente, em afirmar que, na ideação, a quantidade contribui para melhorar a qualidade. Em caso após caso, as últimas 50 idéias produzidas em uma dessas sessões revelaram média mais alta em qualidade do que as primeiras 50.

3. *A ideação em grupo pode ser mais produtiva do que a individual.* — Verificou-se êste princípio mediante uma série de experiências na Universidade de Búfalo. Durante as mesmas, metade do grupo deixou a sala. Recomendou-se aos que ficaram, para escrever as próprias sugestões sem se consultarem. Durante a segunda parte de cada uma dessas experiências, os outros membros do grupo voltaram, trocando de lugares com a primeira metade; depois, em conjunto e oralmente, passaram a idear o mesmo problema.

Êste tipo de experiência revelou que, no mesmo prazo e sob condições convenientes, uma pessoa, em média, imagina cêrca de duas vêzes mais idéias com o grupo do que quando trabalha só — a menos que os ideadores individuais se submetam ao princípio da operação que manda suspender o julgamento. A pesquisa de Meadows Parnes mostrou ser a ideação individual 90 por cento mais produtiva quando é seguido o princípio de "brainstorming", em lugar de permitir que o julgamento interfira concorrentemente com a imaginação.

Sob a direção do Prof. S. G. Trull empregou-se na Universidade de Cornell, com pleno sucesso, uma combinação de ideação em grupo com ideação individual, dentro de uma base formal. O Prof. Trull empregou êste sistema com quatro grupos de cientistas eletrônicos da General Electric — dois grupos em Itaca e dois grupos em Electronics Park, em Siracusa. Embora a operação em grupo fôsse o método principal do Dr. Trull, parte importante do procedimento exigiu ideação individual.

Algumas pessoas matriculadas em institutos fundados recentemente revelaram ligeira tendência a atribuir à operação de "brainstorming" indevida significação psicológica. Embora os princípios fundamentais pareçam bastante claros e relativamente simples, um dos diretores apresentou a seguinte teoria:

"Os cientistas reconhecem que a "ação sinérgica" significa se poderem combinar dois ou mais elementos com o intuito de produzir um elemento maior do que a soma total das partes individuais — como se disséssemos: $2 + 2 = 5$. A operação de "brainstorming" em grupo fornece também semelhante ação sinérgica."

Um funcionário federal sugeriu que esta operação induz percepções extranormais de natureza psìquicamente intuitiva (como em Tecla, Newton, Ouspensky). "Pelo menos, na minha experiência", disse, "as sessões de "brainstorm" produziram, uma vez por outra, certo resultado que se me afigurou solução intuitiva a problema relativamente fundamental."

Por outro lado, na qualidade de autor dêste livro, prefiro estimar pragmàticamente a operação de "brainstorming." Uma das fontes mais esclarecedoras, para mim, consistiu na oportunidade de ser o primeiro a observar as operações que se realizaram na firma, para cuja fundação colaborei. Em 1955, os nossos 46 grupos conduziram mais de 300 sessões e originaram perto de 15 mil idéias — idéias extras que de outro modo não se poderiam ter imaginado. Sòmente cêrca de 1.000 dessas idéias se mostraram merecedoras de aproveitamento; êste rendimento, porém, foi considerado pela direção de muito maior valor do que o tempo gasto. O consenso de opinião dos que fazem uso do "brainstorming", é de não irem além de 10 por cento as idéias produzidas que pode esperar-se serem potencialmente utilizáveis. E estas mesmas autoridades demonstraram convicção crescente de que o valor da operação em causa depende largamente do que se faz com as idéias uma vez produzidas. Devido à importância crescente dêste último aspecto, juntou-se o capítulo seguinte a esta nova edição.

2. Mais provas de solidez

A aceitação de um grupo de princípio e procedimentos, largamente adotados, constitui razoàvelmente prova parcial de validez. No caso da operação que estamos considerando, essa evidência compreende muitos campos. O mais significativo talvez provenha de grandes operações. Nessas organizações a decisão para adotar-se qualquer medida exige o concurso de vários chefes, todos profundamente experientes, muitos dentre êles altamente educados. Quanto ao emprêgo do "brainstorming", pelas grandes emprêsas, vamos citar algumas entre muitas: Aluminum Company of America, Armstrong Cork, Bristol-Meyers, Christmas Clubs of America, Corning Glass Works, Du Pont Ethyl Corporation, General Electric, International Business Machines, New York Telephone, R. C. A., Reynolds Metals, Rexall, Scott Paper Company, Taylor Instruments, Union Carbide, U. S. Rubber, U. S. Steel.

Em muitas companhias existe a tendência de ampliar o uso dessa operação. Por exemplo, nos princípios de 1954, a U. S. Rubber Company iniciou esta prática na usina de Naugatuc, Connecticut. Tomando por base os resultados conseguidos naquela usina, o escritório central, em novembro de 1955, expediu um boletim aos gerentes de tôdas as usinas recomendando a adoção dêsse desenvolvimento.

Assim também a Armstrong Cork Company iniciou o "brainstorming" apenas em uma usina. Um ano mais tarde, designou-se especialmente um diretor para ajudar na instalação dessa operação em 20 outras usinas da companhia.

A General Foods Corporation igualmente escolheu um diretor para o fim exclusivo de animar e coordenar a execução completa dêsse serviço através do seu vasto império. Em algumas organizações industriais dela se faz uso como um complemento aos sistemas de sugestões. Um grupo da General Electric ataca o problema das "maneiras de melhorar o sistema de sugestões, de sorte a se conseguirem idéias dos empregados em maior número e melhores". Dentro de 35 minutos imaginaram-se 131 idéias para êsse fim. Os institutos universitários também demonstraram a produtividade dessa operação. Na conferência de 1955 da Universidade de Búfalo, se dividiram os conferencistas em grupos separados, cada um com um interêsse homogêneo. Um dêles era o Grupo do Mercado.

O Dr. James E. Gates, da Universidade de Geórgia, apresentou um problema baseado em nôvo tipo de ferramenta caseira. Dividiu-se então o grupo, que contava 80 membros, em quatro subgrupos iguais. Cada um dêles dedicou um período de 15 minutos a cada um dos três problemas específicos que diziam respeito à ferramenta de nôvo tipo. Em resumo, as quatro sessões produziram o total geral de 1.322 diretivas possíveis para soluções dos três subproblemas considerados.

Apresentaram-se no mesmo instituto exemplos específicos referentes à solidez da procura da quantidade na ideação. Um dos casos foi o do engenheiro da Union Carbon and Carbide. Tendo feito um curso noturno de imaginação criadora, pediu aos chefes que o deixassem atacar algum problema da usina. Entregaram-lhe certa questão, que há muito tempo preocupava os engenheiros mais velhos. O rapaz organizou um grupo de seis associados. Dentro de 30 minutos tinham em conjunto imaginado 46 possíveis soluções. Quando a gerência avaliou essas sugestões, *sòmente seis* foram rejeitadas como não merecedoras de exploração. Quatro, dentre as restantes idéias, conduziram à solução final do problema.

A extraprodutividade da operação foi substancialmente confirmada por experiências em aulas de cursos de pensamento criador. Uma série de experiências foi destinada a determinar a amplitude com que a intromissão prematura do julgamento tende a dificultar a fluência das idéias. Para êste tipo de pesquisa, é dividida a classe em dois grupos:

207

(1) Sessão criadora ou possitiva; 2) Sessão judiciosa ou negativa. Sempre que o grupo criador sugere soluções para o problema, o grupo judicioso tem liberdade de apresentar críticas. Tendo-se por essa forma metade da classe ponderando as idéias oferecidas pela outra metade, o número de soluções sugeridas foi, na média, menos de cinco para 15 minutos de sessão. Para a segunda parte da experiência, a metade judiciosa da classe deixa a sala. Proibe-se aos restantes expressar qualquer crítica. Tais grupos puramente criadores produzem, na média, quase 50 idéias em 15 minutos de sessão.

Resultados repetidos provenientes dêste tipo de experiência indicam que o grupo pode produzir proporcionalmente mais ou menos dez vêzes mais idéias durante o mesmo período quando a ideação não fica prejudicada, ao contrário do que se dá quando é permitida a interfernêcia concorrente do julgamento.

O Dr. Richard Youtz, da Universidade de Colúmbia, fêz um levantamento exaustivo das experiências psicológicas, que apresentassem significação de relêvo para os princípios de "brainstorming". Várias dentre as experiências, por êle relatadas, reportavam-se a dois obstáculos emocionais, que tendem a restringir a ideação no tipo convencional de conferência — malôgro e fixação funcional.

O Prof. S. M. Moshin revelou, nas pesquisas que levou a efeito, "'a influência do malôgro no processamento da solução de problemas". Em primeiro lugar, daí se conclui quanto um sentimento de inferioridade limita sèriamente o rendimento criador. Como o "brainstorming" exclui todos os fatôres que tendem a induzir aquela emoção, êste processo não só reduz ao mínimo o malôgro, como também provoca a autoconfiança.

Várias das experiências constantes do relatório do Dr. Youtz tratam dos fatôres que tendem a aumentar a "fixidez funcional" e a "rigidez". Êsses obstáculos à ideação ficam reduzidos a um mínimo pelo uso da regra da "polia louca", que governa forçosamente cada sessão da operação em causa. Resumindo a pesquisa que se tinha levado a efeito nos campos acima delineados, comenta o Dr. Youtz: "Estas verificações experimentais sustentam a afirmação de que se deve reservar o processo judicoso até se terem completado as soluções conjecturais."

3. Composição dos grupos de "brainstorm"

Sujeitou-se a um sem-número de experiências a questão de saber qual deve ser a quantidade de pessoas para formar um grupo de "brainstorm". Exemplo extremo foi uma sessão de mais de 200 diretores de repartições federais em Washington. Muito mais de cem idéias promissoras surgiram dêste grupo em menos de 30 minutos. Assim também a Associação Americana de Editôres Industriais conseguiu mais de 400 idéias de quatro grupos que tinham na média 50 pessoas cada um. Igualmente o Prof. Dan Pursuit, da Universidade da Califórnia, referiu que no curso para oficiais da polícia realizado pelo Instituto para Contrôle da Delinqüência, grupos até de 40 pessoas trabalharam com resultado.

Contudo, o consenso de opiniões prefere a divisão dêsses grupos em sessões menores. O Dr. F. C. Finsterbach defende fortemente esta medida. Êste consultor educacional teve ocasião de conduzir essa operação com um conjunto de 28 membros do corpo administrativo. Primeiro, contudo, dividiu o pessoal em quatro grupos de sete.

Fêz uso da técnica de duas sessões. Na primeira aplicou o processo ao seguinte problema: "Quais são os problemas específicos da nossa companhia que mais precisam de solução?" Daí se originaram 51 alvos para o trabalho da sessão seguinte. Desta resultaram mais de 200 idéias, as quais atacaram criadoramente dois problemas escolhidos como resultado da primeira sessão.

O que acima fica diz respeito a ocasiões especiais, em grande parte controladas pela necessidade da rapidez. Por outro lado, quando se usa contìnuamente a operação, pode determinar-se prèviamente o número mais conveniente de membros. A quantidade preferível, baseada em centenas de experiências, indica ser de mais ou menos uma dúzia.

Um número par, como 12, poderá parecer que contraria um dos princípios formulados pelo Prof. Robert F. Bales, da Universidade de Harvard, como resultado das pesquisas a que procedeu sôbre conferências. Êle aconselha um número ímpar, principalmente para assegurar uma maioria, evitando assim o perigo da subdivisão do grupo em dois partidos iguais. Êste motivo tem, evidentemente, razão de ser com relação a conferências que tomem decisões, mas não tem importância nas de ideação, das quais se exclui a avaliação enquanto funcionam.

As idéias produzidas pelo "brainstorming" devem sempre submeter-se a certa seleção, para que se processem em conferências posteriores — de preferência, por pessoas diferentes daquelas que imaginaram as idéias. Como tais conferências julgam, e às vêzes decidem, seria de indicar número ímpar de membros. O melhor número, em tais casos, deve ser de cinco, de acôrdo com as experiências do Prof. Bales.

A experiência indicou também que o grupo ideal deve consistir de um chefe, um chefe associado, cêrca de cinco membros regulares 'e outros cinco convidados. Os membros regulares servem para controlar o andamento. Devem ser pessoas que tenham demonstrado possuir facilidade, acima da média, em oferecer sugestões.

Em muitos casos, deve-se convidar um grupo diferente de pessoas para cada sessão. Entretanto, será bom esperar que participem ativamente dos trabalhos, e não tão-só como observadores.

O Dr. Merle Ogle, principal consultor educacional da Fôrça Aérea, recomenda insistentemente o rodízio dos convidados. Eis a conclusão a que chega: "O mesmo grupo abandonado a si próprio, durante período mais ou menos longo, tem a tendência de entregar-se a um esquema rígido de pensamento, de tal maneira que qualquer membro pode antecipar as reações dos outros. Portanto, esforçamo-nos em alterar a composição dos grupos para as sessões de "brainstorming".

A natureza do problema a estudar-se contribui para determinar o tipo de convidado. Por exemplo, se o assunto consiste em espingardas, devem-se convidar pessoas que tenham experiência de caçadas; se diz respeito a hotéis, os convidados preferidos devem ser pessoas que tenham viajado bastante.

Várias organizações verificaram ser proveitoso incluir mulheres em cada grupo. Para problemas de natureza feminina, pelo menos metade dos membros deve ser de mulheres. As môças esforçam-se por ultrapassar os homens em idéias, e vice-versa. Induz-se, por essa forma, certa rivalidade extra que estimula o fluxo de idéias.

A experiência justifica uma palavra de conselho no sentido de que o grupo consista de pessoas aproximadamente da mesma classe. Se estiverem presentes funcionários superiores, verifica-se a tendência pela expressão do rosto, ou por outra maneira qualquer, para a indução de um complexo de inferioridade sôbre os membros do grupo, travando a "polia louca". Um caso dêstes ocorreu em uma companhia telefônica. Um dos chefes tomou parte em uma sessão. As idéias começaram a surgir com velocidade extremamente lenta. Depois de 10 minutos êle se retirou. Com resultado, nos últimos 20 minutos foram apresentadas quatro vêzes mais sugestões.

Por outro lado, se o grupo consistir sòmente de funcionários superiores, a operação pode tornar-se inteiramente eficiente. Provou-o a experiência que o autor teve na base da Fôrça Aérea, em Montgomery, no Alabama. Uns 36 coronéis e majores atacaram o seguinte problema: "Se 700 milhas de fios telefônicos estivessem cobertas com três polegadas de geada, que impedissem ligações a grande distância, como se poderia restabelecer o serviço normal com tôda a rapidez?"

Os oficiais sugeriram 53 soluções em 25 minutos. Logo que se manifestava uma idéia, registrava-se a mesma num quadro-negro; numeraram-se tôdas as idéias. A sugestão de número 36 deu solução prática ao problema. Sabíamos que assim seria, porque o problema se baseava em uma ocorrência apresentada no Estado de Washington, em novembro de 1952. O encarregado dos telefones mandou que alguns helicópteros voassem por cima dos fios. A corrente descendente de ar produzida pelas enormes pás da hélice derreteu ràpidamente a geada, restabelecendo o serviço de longa distância em pouco tempo.

Houve um caso em que a "fixidez funcional" do grupo agiu em sentido contrário. Como homens que se dedicavam à aviação, podia esperar-se pensassem primeiramente em aviões. O ponto mais significativo, porém, foi o seguinte: se o grupo tivesse ficado sòmente em 35 idéias, provàvelmente não teria chegado à solução utilizável do problema.

Embora a preponderância da experiência indique tenderem as sessões de "brainstorm" a se tornar menos produtivas quando está presente um funcionário superior, a General Electric tem conseguido sessões proveitosas com a presença de tais funcionários — mas não como participantes e sim como simples observadores. Daí concluir-se outra indicação: o processamento delineado acima não se deve considerar como inflexível. Exceto no que respeita às regras fundamentais, tôdas as outras fases da metodologia devem adaptar-se às circunstâncias.

4. Procedimentos preliminares

Deve-se treinar antecipadamente o chefe do grupo para exercer a função. De preferência deverá fazer um curso em pensamento criador. Pelo menos deve ter estudado assìduamente os princípios e procedimentos expostos neste livro.

Indústrias há que contrataram educadores profissionais, a fim de treinar chefes criadores. Encontra-se êste exemplo na maneira como agiu a Owens-Illinois Company de Bridgeton, M. J., contratando o Deão B. B. Goldner, do Colégio LaSalle, para êsse fim. O deão fêz um curso intensivo para nove membros do corpo administrativo daquela usina, antes que êles assumissem o encargo da chefia.

Tendo adquirido os princípios fundamentais do "brainstorming", o chefe de cada grupo deve desenvolver, no início de cada sessão, a sua lista de soluções sugeridas pelo problema. Mais tarde, se a corrente de idéias se retrai, o chefe poderá ativá-la intercalando as próprias sugestões. Por outro lado, deve sempre conter-se quando qualquer membro do grupo aguarda ocasião para falar.

O chefe também deve estar preparado para sugerir diretivas por meio de certas classificações ou categorias. Por exemplo, poderá dizer: "Vamos procurar idéias sôbre êste problema em tal ou qual campo." Para o fim de indicar por essa forma as direções em que se devem procurar idéias, as perguntas relacionadas no capítulo XXI dêste volume têm sido freqüentemente usadas com resultado.

A primeira tarefa do chefe, ao instalar a sessão, consiste em processar o problema. O objetivo deve ser o de assegurar tudo que é particular e não geral. Um problema propondo "Como introduzir nova fibra sintética" é por demais amplo. Seria preciso decompô-lo em três subproblemas: 1) "Idéias destinadas à introdução de nova fibra nas fiações e nas fábricas de tecidos." (2) "Idéias para introdução da nova fibra em fábricas de roupas." (3) "Idéias para a introdução da nova fibra entre os varejistas." O princípio que serve de guia consiste em que o problema deve ser simples ao invés de complexo. Quando não se restringe o problema a um único alvo se corre o risco de prejudicar o sucesso de qualquer sessão de "brainstorming". Em outras palavras, a orientação do alvo é muitas vêzes meia batalha ganha. Antes de tudo, devemos esforçar-nos por decompor o problema nos seus componentes. Em seguida, se deve apresentar cada subproblema por meio de pergunta perfeitamente definida. Êstes e outros fatôres no conveniente processamento dos problemas foram expostos detalhadamente no capítulo X desta obra. Aplicam-se mais amplamente ao "brainstorming" do que à ideação individual.

O chefe deve também preocupar-se com o condicionamento de novos participantes para a sessão inicial. Para êsse fim, emprega-se comumente a prática de uma discussão prévia no início da sessão. Êsses exercícios exigem ideação de algum problema ultra-simples, como seja: "De que maneira se poderão introduzir melhoramentos em paletós e calças de homens?"

Aos convidados, que ainda não tomaram parte em qualquer sessão e que desconhecem a operação de "brainstorming", comumente costuma-se fornecer com antecedência uma cópia do capítulo anterior sôbre êste assunto — isto é, o capítulo VII da presente edição.

Os chefes do grupo escolhem de início o pessoal. Depois, pelo menos dois dias antes da sessão, convidam-se os participantes, distribuindo simultâneamente exemplares com um esquema de mais ou menos uma página.

O duplo objetivo dêste esbôço é orientar os membros, fazendo com que "durmam sôbre o problema", e favorecendo-lhes por essa forma a incubação destinada a aumentar o efeito da associação. Em um esbôço característico, emitido com a assinatura do chefe do grupo, o primeiro parágrafo indicará tempo e lugar. O segundo poderia dizer: "Temos de atacar o seguinte problema: *Quais os novos produtos necessários ao lar, não disponíveis atualmente?* Aí se encontra a oportunidade de imaginar dispositivos, melhoramentos etc., que se acredita poderem tornar a vida mais agradável no lar."

O esquema deve incluir alguns exemplos do tipo de idéias desejáveis. Neste caso, podem mencionar-se diretivas como se segue:

1. QUARTO DE DORMIR — Lençóis com o tecido reforçado ao meio, onde primeiro se manifesta o desgaste.

2. COZINHA — Furos de sucção no fundo dos aparelhos de bater ovos, para impedir que transbordem.

3. SALA DE ESTAR — Venezianas construídas de tal maneira que possam abrir as réguas da metade superior ou inferior, independentemente.

4. PORTA DE ENTRADA — Interruptores para as campainhas da porta, de modo a poder desligá-las quando as crianças estão dormindo ou quando não se quer receber qualquer pessoa.

Realizou-se uma sessão para a qual se preparou êste esquema. Dentro de 40 minutos, 12 homens e mulheres produziram 136 idéias. Neste caso o problema era de natureza um tanto múltipla. Teria sido melhor que cada um dos quatro ou cinco subproblemas fôsse atacado separadamente. Embora se tivesse gasto mais tempo, os resultados teriam sido relativamente mais satisfatórios.

5. Como conduzir a sessão

As sessões podem ser realizadas em qualquer ocasião. A experiência indica, contudo, que a parte da manhã é preferível. Os que fizeram uso dessa operação mostram-se favoráveis a uma sessão de lanche, começando às 12h15, com o programa aproximadamente conforme se segue.

Além das introduções usuais, cada membro do grupo identifica-se mediante um cartão que pode ser visto em todo o comprimento da mesa. O período destinado à refeição toma cêrca de meia hora. Durante esta ligeira refeição, não se faz qualquer esfôrço para guiar a conversa no sentido da discussão de qualquer problema. Quanto mais sociável a conversa, tanto mais à vontade se sentem os membros do grupo. E esta atitude conduz ao "brainstorming" proveitoso.

Por volta de 12h45, retiram-se os pratos servidos e dá-se início à sessão, com uma explicação mais detalhada do problema e respostas às perguntas. Gastam-se nisso 5 minutos.

O chefe passa então a apresentar as quatro regras fundamentais (conforme indicado no capítulo VII desta edição). Um quadro de grandes dimensões contra a parede exibe essas regras. À frente do chefe está uma campainha de tipo antigo. O chefe explica que a fará soar sempre que um membro do grupo violar qualquer das regras.

O chefe pede, então, sugestões para solução do problema em foco. Reconhece ràpidamente os que erguem a mão para indicar que têm idéias a oferecer. Às vêzes, tantas mãos se erguem ao mesmo tempo que êle se põe a andar em roda da mesa deixando que cada pessoa apresente uma idéia de cada vez. Nunca se permite aos membros do grupo a leitura de listas de idéias, por êles trazidas para a reunião. Só se permite a cada membro apresentar uma idéia de cada vez. Se não se proceder dessa maneira, a marcha da sessão poderá ser prejudicada.

O chefe anima especialmente as idéias que resulta de outra anterior. Esta reação em cadeia merece de tal maneira desenvolver-se completamente, que se solicita aos membros do grupo estalem os dedos ao levantar a mão sempre que tenham tais idéias excepcionais para oferecerem.

Se várias mãos se erguem ao mesmo tempo, o chefe dá prioridade aos que estalarem os dedos por essa maneira utilizando ao máximo o poder de associação.

Quando várias mãos se erguem ao mesmo tempo, existe o perigo de que o último membro a ser chamado tenha ficado tão absorvido nas idéias dos outros que se esqueça do que estava para sugerir. Portanto, recomenda-se que cada membro tome nota das idéias que projeta oferecer, quando chegada a sua vez.

O chefe faz todo o possível para originar correntes de pensamentos. Sem dúvidas algumas, intercala idéias específicas próprias de tempos em tempos — mas ùnicamente quando não vê mãos erguidas. Acima de tudo, apresenta alusões, especialmente mediante a sugestão de diretivas segundo as quais é possível procurar idéias.

215

Entre parênteses, a importância psicológica destas alusões ficou provada em experiências levadas a efeito por N. R. F. Maier, com 84 estudantes já formados. Tal pesquisa revelou que todos quantos recebem alusões na direção da solução de um problema ficam em condições de aplicar mais produtivimamente a imaginação.

Deve-se nomear um secretário para registrar as idéias apresentadas durante a sessão. Êste deve ficar sentado perto do chefe, de jeito a poder tomar parte na conversa entre êle e os outros membros. Devem-se registrar as idéias resumidamente, não palavra por palavra.

Algumas organizações verificaram que convém ter dois secretários. Consegue-se dessa maneira maior exatidão e clareza. Neste caso, um secretário toma nota das idéias de número par e o outro das de número ímpar.

Às vêzes registra-se a sessão em fita magnética. O secretário fica assim em condições de verificar a lista de idéias que organizou resumidamente durante a sessão.

Em qualquer caso, numera-se consecutivamente cada idéia. Desta maneira, o chefe está em condições de saber quantas sugestões foram apresentadas em qualquer ponto da reunião, e em que momento deve fazer uso de pressão, conforme êste tipo: "Vamos conseguir mais dez idéias"; ou então: "Vamos chegar a 100"; e ainda: "Vamos ver se cada um de nós apresenta mais uma idéia antes de encerrarmos a sessão." Esta espécie de animação descobre muitas vêzes novas idéias, que fazem surgir uma cadeia de outras idéias.

A Johnson and Johnson Company verificou que convinha colocar um asterisco à margem de cada idéia sugerida por uma mulher. Quando o problema diz respeito a um produto de preferência feminina, as idéias sugeridas pelas mulheres podem assim ser vantajosamente separadas, para ponderação apropriada.

Não se identifica qualquer idéia com o nome de quem a sugeriu. Uma mesma idéia pode ter sido anteriormente imaginada por outro membro do grupo. Ou ter resultado diretamente de uma sugestão feita por outra pessoa qualquer, alguns minutos antes. A necessidade de compatibilidade de grupo contrabalança largamente a vantagem de reconhecer-se o mérito individual.

216

A sessão de lanche termina por volta de 13h45. Em geral, a essa hora umas cem ou mais idéias já estão em mão. Ao encerrar a reunião, o chefe agradece em primeiro lugar aos participantes; depois pede-lhes que conservem o problema no espírito até o dia seguinte, quando serão interrogados sôbre pensamentos subseqüentes.

Fica assim esboçado o tipo comum de problema para sessões de "brainstorm". Sem dúvida, pode haver muitas variações. Por exemplo, Harold E. Schmidhauser, da Associação Americana de Gerentes, organiza a sessão numa base de alternativas usando uma ampulheta para medir um período de três minutos para cada idéia. Depois interrompe e concede aos membros um período de cinco minutos de silêncio para incubação. Em seguida marca outro período de três minutos, seguido de outro de cinco minutos para incubação, e assim sucessivamente.

No tipo usual de ideação contínua foi verificado que a velocidade da corrente de idéias tende a acelerar-se. Por exemplo, a Armstrong Cork Company atacou um problema de emprêgo para a usina de Macon, na Geórgia. Os primeiros dez minutos produziram 27 idéias. Os 15 minutos seguintes deram origem a 86.

6. Valôres indiretos do "brainstorming"

Depois de realizar vários cursos em pensamento criador na Universidade de Pitsburgo, e em seguida à condução de muitas sessões de "brainstorm", o Dr. Sidney Parnes organizou uma lista de 47 vantagens resultantes da participação neste tipo de atividade.

Os valôres múltiplos constam igualmente de um boletim interno da Ethyl Corporation: "Embora o objetivo principal seja produzir idéias, o que de fato se consegue inteiramente, podem ser muitos os subprodutos de tais sessões: elementos para melhorar o moral; fornecimento de um processo para descobrir o que pensam em geral a respeito de problemas de supervisão, e contribuem para que os supervisores adquiram melhor conhecimento uns dos outros. Conforme disse alguém, depois de uma reunião: "Fiquei respeitando mais a cada uma das pessoas que tomaram parte na sessão. Foi para mim experiência nova e dignificante."

217

Um dos subprodutos importa em satisfação. Eis aqui o que afirmou um membro do grupo, ao encerrar-se uma sessão trabalhosa: "Foi uma verdadeira maravilha. Ao terminar, sentia-me satisfeitíssimo; uma hora mais tarde, porém, estava fatigado. A experiência é fatigante; no entanto, é divertida. A conferência comum é muito menos fatigante. A diferença é quase a mesma que há entre o gôlfe e o tênis. No primeiro só se tem que perambular, mas no segundo suamos. Aprecio o esfôrço árduo — e daí gostar de "brainstorming."

Efeito muito importante sôbre os membros do grupo é o melhoramento da iniciativa. Na maioria dos casos, chegam à primeira sessão com a imaginação preguiçosa, por falta de uso. Em resultado da experiência nas sessões, o gôsto de atacar problemas é-lhes despertado de maneira mais empreendedora e mais criadoramente.

Êste desenvolvimento pessoal implica em compensação comum do esfôrço despendido nas sessões. A êsse respeito, o chefe administrativo de grande firma assim se manifestou: "Três dos nossos chefes de grupos passaram a postos mais elevados — para os quais provàvelmente não estariam aptos, pelo menos durante algum tempo, se não fôsse o desenvolvimento pessoal que conseguiram ràpidamente por meio da experiência adquirida como chefes dos nossos grupos contínuos de "brainstorm". Quanto ao valor das idéias produzidas, tudo depende dos processos subseqüentes, tais como seleção, combinação, adaptação e desenvolvimento. O próximo capítulo tratará dêstes procedimentos.

TEMAS

1. Por que é de desejar-se a combinação da ideação de grupo com a ideação individual?

2. "De que maneira se pode combater a delinqüência juvenil? Esta pergunta constituiria bom problema para uma sessão? Discutir.

3. Como se pode empregar o "brainstorming" nas condições de adjunto ao sistema de sugestões de uma companhia?

4. Qual o resultado usual da experiência controlada, na qual um grupo puramente criador de idéias entra em concorrência com um grupo em que se permite a crítica?

5. "Grupos misturados estão comumente condenados ao fracasso, devido à rivalidade inerente aos dois sexos". Concorda? Por quê?

EXERCÍCIOS

1. Redija um esquema prévio para "brainstorm", tomando por base o seguinte problema: "Quais os melhoramentos que se podem introduzir na pia da cozinha?"
2. Faça uma relação dos diversos tipos de convidados que você julga capazes de melhorar a produtividade de uma sessão de "brainstorm" para resolver o problema anterior.
3. Faça uma lista de dez alusões que o chefe do grupo poderia usar durante aquela sessão.
4. Decomponha o seguinte problema geral em subproblemas convenientes a "brainstorming": "Em 1954, os esforços do primeiro-ministro francês Pierre Mendes-France para difundir o uso leite no país não tiveram grande êxito. Que teria êle podido fazer para conseguir melhores resultados?"
5. Aplique o "brainstorm" a um dos subproblemas resultantes do problema anterior.

REFERÊNCIAS

ADAMSON, R. E. — "Functional Fixedness as Related to Problem Solving". *J. Exp. Psychol.* 1952, *44*, págs. 288-291.

ADVERTISING AGE — "Don't Try to Create Idea and Judge it at Same Time". February 27, 1956, pág. 188.

BIRCH, HERBERT G. — "The Relation of Previous Experience to Insightful Problem Solving". *J. Comp. Psychol.* 1945, *38*, págs. 367-383.

BIRCH, H. G. e RABINOWITZ, H. S. — "The Negative Effect of Previous Experience on Productive Thinking". *J. Exp. Psychol.* 1951, *41*, págs. 121-125.

BUSINESS WEEK — "How to Keep New Ideas Coming". October 22, 1955, págs. 112-118.

BUSINESS WEEK — "Teaching of Creative Thinking Added to Executive Training". August 6, 1955, pág. 158.

CLARK, CHARLES H. — "Visual Spur to Wild Ideas". *Life.* Jun. 11, 1956, págs. 20-21.

COWEN, EMORY L. — "Stress Reduction and Problem Solving Redigity". *J. Cons. Psychol.* 1952, *16*, págs. 425-428.

219

GEHMAN, RICHARD — "Train Your Own Inventors". *Nation's Business.* February 1955, págs. 28-100.

GIBSON, E J. e McGARVEY, H. R. — "Experimental Studies of Thought and Reasoning". *Psychol. Bulletin.* June 1937, págs. 327-350.

HIX, C. R. e PURDY, D. L. — "Creativity Can Be Developed". *G-E Review.* May 1955.

INDUSTRIAL AND ENGINEERING CHEMISTRY — "Freedom to Dream". March 1955, págs. 7A-9A.

JOHNSON, DONALD M. — "A Modern Account of Problem Solving". *Psychol. Bulletin.* 1944, págs. 201-229.

LUCHINS, A. S. — "Mechanization in Problem-Solving". The Effect of Einstelling". *Psychol. Monog.* 1942, *54*, whole N.º 248.

MAIER, N. R. F. — "Reasoning in Humans. Part I. On Diretion". *J. Comp. Psychol.* 1930, *10*, págs. 115-144.

PRATT, C. C. — "Experimental Studies of Thought and Reasoning". *Psychol. Bulletin.* 1928, *25*, págs. 550-561.

CAPÍTULO XX

Processamento de idéias
por "brainstorm"

JUNTOU-SE ÊSTE capítulo à edição revista por vários motivos. Em primeiro lugar, embora o capítulo XIV frisasse como a verificação é indispensável, muitas pessoas criticaram esta obra, na sua forma inicial, sob o fundamento de que havia exagêro quanto à ideação e restrição respeito ao julgamento. Na verdade, êste texto trata principalmente do pensamento criador. E assim é como devia ser, porquanto se tem relativamente desprezado a ideação na arte de resolver problemas. E é natural que assim seja, pois quase todo mundo gosta mais de julgar, estando todos sempre dispostos a fazê-lo em qualquer ocasião. Como conseqüência das pressões da experiência e das disciplinas da educação, a faculdade crítica de qualquer pessoa fica relativamente bem treinada; e, instintivamente, é a primeira função que se aplica a quase todos os assuntos.

Por outro lado, aquelas mesmas influências tendem a atrofiar a imaginação da infância. Em grande parte, todos nós vamos usando cada vez menos esta faculdade enquanto prosseguimos na educação, e mais tarde se desenvolve a mesma retenção quando entramos na batalha da vida. Então, como já foi dito antes, "perdemos aquilo de que não fazemos uso".

221

Tendo dirigido negócios bastante grandes durante uma série de anos assinalados por condições econômicas adversas, não pude deixar de reconhecer inteiramente como o pensamento judicioso é indispensável. De fato, considero "imaginação-sem-julgamento" mais deplorável do que "julgamento-sem-imaginação".

Entretanto, não há qualquer motivo para estas duas funções mentais se excluam mùtuamente, exceto talvez no que respeita à ocasião de empregá-las. Com tôda certeza não há necessidade em desprezar-se qualquer das duas quando nos entregamos a qualquer esfôrço em prol da solução de algum problema. Uma e outra são fundamentalmente indispensáveis.

A fim de assinalar a minha convicção quanto à necessidade de aplicar-se a faculdade crítica aos produtos da ideação, citarei o seguinte fato: redigindo o programa de dois dias para o Instituto de Solução de Problemas Criadores, na Universidade de Búfalo, em julho de 1955, insisti em que se dedicasse uma tarde inteira ao procedimento a adotar-se para acompanhar idéias, seja produzidas individualmente ou conjuntamente, por meio das sessões de "brainstorm". Êste processamento subseqüente foi estudado sob os seguintes títulos: suplementação, avaliação, desenvolvimento, confirmação e apresentação.

Participou desta sessão o Prof. John Arnold, que ensina criatividade nas classes do Instituto de Tecnologia de Massachusetts. Estou de acôrdo com a seguinte afirmação dêle: "Poucas idéias são praticáveis por si mesmas. É mais pela falta de imaginação ativa na aplicação do que nos meios de aquisição que malogram. O processo criador não termina com a idéia — apenas começa com ela."

Êste capítulo tem dois objetivos principais: (1) Esboçar as medidas por meio das quais se podem escolher, desenvolver e pôr em ação as idéias; (2) Indicar a função da imaginação em relação ao pensamento judicioso para aquêles fins.

2. Aquisição e seleção subseqüentes

Quanto à suplementação, aplica-se não só às idéias produzidas por esfôrço individual como também às das sessões de "brainstorm". Em qualquer caso, deve-se dar à incubaçãc tempo suficiente para se ajuntarem as idéias de amanhã ao total das produzidas hoje.

Assim sendo, a reunião das idéias posteriores à sessão representa fase importante no procedimento do "brainstorm". O processo usual é o seguinte: o chefe do grupo, ou um assistente, telefona ou visita os membros do grupo do dia seguinte e toma nota das sugestões subseqüentes. Se uma idéia é complexa, pede-se ao membro respectivo que a registre por escrito.

Como os vários membros da sessão dormiram nesse ínterim sôbre o problema, provàvelmente algumas das idéias mais valiosas aparecem durante esta fase do acompanhamento das idéias. Indicou-o a experiência de um dos departamentos federais, que faz uso do "brainstorming". A sessão desenvolveu 105 idéias em 33 minutos. Depois a coleta dos pensamentos subseqüentes produziu mais 23. Quatro dentre estas últimas se mostraram melhores do que qualquer das primeiras 103.

Certos chefes de sessão empregam forma um pouco mais complicada de suplementação. Por exemplo, Douglas Thompson, da U. S. Rubber Company, assim se exprimiu: "A fim de reunir mais idéias, enviamos minutas datilografadas de cada sessão de "brainstorm" a cada membro, deixando um espaço suficientemente grande em branco para idéias adicionais. Também fazemos circular uma página em branco, num prazo limitado, para receber novas idéias escritas a mão. Igualmente, às vêzes, estabelecemos um sistema subseqüente de recordação para alistar de nôvo participantes de ideação posterior para o problema "

Para a avaliação e a seleção o procedimento usual do "brainstorm" exige os três passos preparatórios seguintes:

1. O secretário do grupo prepara uma lista, escrita a máquina a três espaços, de tôdas as idéias sugeridas não só durante a sessão como depois;

2. O chefe do grupo publica a lista, verificando antes se cada idéia foi apresentada de forma sucinta, mas convenientemente. Ao mesmo tempo, classifica as idéias em categorias lógicas;

3. Realiza-se então nôvo encontro de seleção destinada á escolha das idéias que parecem mais promissoras.

Muitas vêzes se indicam outros passos no sentido de assegurar uma avaliação mais exata. Por exemplo, um gerente de vendas procurava um nome para nôvo produto, cujo melhor mercado se encontrava entre môças. As sessões produziram mais de 300 sugestões. Um grupo de seleção escolheu as dez melhores. Submeteram-se então estas a cem môças. Com surprêsa para o chefe do grupo, 61 membros dêste júri de consumidores escolheram a mesma palavra.

Uma pergunta para discussão seria: Quem deverá fazer a escolha final? No Instituto da Universidade de Búfalo deparamos com uma grande divergência de opiniões a êste respeito, entre os que tinham empregado o "brainstorming". O consenso de opiniões afirmava que a escolha final não devia ser feita pelos membros do grupo, mas por outro grupo — pessoas que estivessem melhor situadas em relação às possibilidades de execução, tanto quanto possível mais judiciosas e mais objetivas. "Não sendo assim", disse um educador, "é como se as mães das futuras jovens julgassem o concurso de beleza."

O processo por meio do qual se traz uma idéia, desde a origem até a final adoção, compreende uma espécie de ciclo. Definir o problema importa em trabalho árduo, que o "brainstorming" em grande parte torna divertido, e durante o qual o processamento das idéias volta a ser trabalho árduo. Entretanto, qualquer parte do ciclo pode e deve compreender aplicação conscienciosa da imaginação criadora.

3. Desenvolvimento das idéias selecionadas

Quanto à fase de desenvolvimento do processo em que se acompanham as idéias, as melhores resultam geralmente da combinação de outras. Portanto, mesmo durante a sessão devem fazer-se todos os esforços para a produção de idéias melhores e em maior quantidade. Êste princípio se aplica ao processamento de idéias que forem escolhidas e em seguida selecionadas como mais promissoras.

Por exemplo, conforme mencionamos anteriormente, o Centro Eletrônico da General Electric, na Universidade de Cornelll, fazia funcionar um programa de organização elevada de ideação, sob a direção do Prof. S. G. Trull. O manual de processamento dêste autor exige que a comissão de seleção faça muito mais do que simplesmente julgar e escolher. Uma das funções que lhe atribuí era tornar a processar criadoramente as idéias por combinação, elaboração ou outros meios.

J. Frank Hix, da General Electric, previne contra a seleção demasiadamente rápida de idéias de grande alcance. Acredita ser possível, por vêzes, de uma lista de sugestões escolher as que parecem mais esdrúxulas, experimentando-as de todos os lados e extrair delas a melhor de tôdas. Êste tipo de procedimento conduziu a soluções favoráveis para vários problemas da General Electric. Em certo caso, um grupo estudou o problema da maneira mais econômica de proteger e suspender cabos de cobre, condutores de energia elétrica nas fábricas. Uma das muitas idéias que resultaram da sessão consistia em "pendurá-los com correntes". Quando levaram tôdas as sugestões ao gerente, esta provocou-lhe um sorriso — mais desdenhoso do que de satisfação.

O chefe do grupo pediu imediatamente prazo mais dilatado. Realizou então outra sessão destinada tão-só ao estudo da maneira de pendurar aquêles cabos "com correntes ou de outra maneira qualquer". E desta formulação resultou a solução final do problema.

4. Confirmação da exeqüibilidade

Com o processo de verificação se procura confirmar o que parece verdadeiro, respeito à utilidade da idéia.

Neste estágio, a idéia escolhida já deve estar bem desenvolvida. Por exemplo, se diz respeito a nôvo alimento, deve-se ter preparado um modêlo grosseiro do acondicionamento. De qualquer maneira, já devem estar à mão os fatos conhecidos, inclusive dados de estudos anteriores. Então, também, já devem ter sido consultados os que se ocuparam anteriormente com esta espécie de problema. E, sem dúvida, o processo de verificação poderá perfeitamente compreender novos estudos ou novas experiências, ou uns e outras.

A ideação (seja individual, seja de grupo, ou uma e outra) deve entrar de nôvo em função neste ponto, a fim de se encontrarem as formas de exeqüibilidade mais convenientes à confirmação ou ao repúdio do valor da idéia.

225

Um dos problemas será *onde* experimentar. Pode acontecer que o lugar menos evidente seja a melhor resposta. Assim aconteceu com uma companhia telefônica que precisava verificar a seguinte idéia: podem vender-se vantajosamente, a senhoras, aparelhos telefônicos coloridos? Os aparelhos eram produzidos em oito côres diversas. Sugeriram que um supermercado seria o melhor lugar para verificar a possibilidade de venda. Montaram então uma exposição em um dêstes mercados. Exibiram os aparelhos de côres diferentes, acompanhados dos cabos em espiral, extensões e bornes. Estava presente um representante da companhia telefônica para responder às perguntas e registrar os pedidos. A experiência durou três dias. Das 3.700 freguesas que visitaram a loja, 325 pararam diante da exposição e 19 compraram aparelhos.

Dessa maneira, experiência extraordinária confirmou as esperanças de sucesso para uma nova linha de mercadorias, surgida do embrião de uma idéia. Êste caso e muitos outros semelhantes indicam ser a experimentação prática a maneira mais desejável de verificação.

5. *Apresentação de idéias*

Quando se torna necessário persuadir outros indivíduos do valor de uma idéia, os seus promotores se confrontam com um desafio criador. Tal acontece especialmente nas organizações de certa importância, nas quais o destino de novas idéias fica nas mãos dos chefes superiores.

Ao preparar-se uma apresentação, é indispensável ter em mente o conselho de Benjamin Franklin: "A melhor maneira de vender-se uma idéia a outrem é apresentá-la moderada e com exatidão. Assim se consegue a receptividade do ouvinte e com tôda a probabilidade êle se voltará e convencerá do valor da própria idéia. Contudo, se você aproximar-se dêle com um tom de positividade e arrogância, é muito possível que se volte contra a sua idéia, embora muito aproveitável."

Outro ponto importante é a ocasião mais apropriada. Acontece que um pouco de demora pode apresentar vantagem. O Dr. William J. Reily formula o seguinte conselho:

"A ocasião de discutir uma idéia com outras pessoas é *depois* de tê-la meditado suficientemente."

Para certos fins, é conveniente concretizar a idéia por meio de mapas, modelos e exposições. As fotografias também muito contribuem. Por exemplo: quando Calvin Coolidge era presidente, tive a idéia de fazer entrar William J. Donovan para o Govêrno Federal. Preparei um volume com recortes de jornais, muitas fotografias do general — como atleta, advogado, oficial do Exército e chefe da Legião Americana. Desta maneira se tornou possível vender a idéia à administração, enquanto que sem o preparo criador provàvelmente teria malogrado.

Tem grande importância a planificação da seqüencia mais conveniente à apresentação. Assim o recomenda fazer Daymond Aitken:

1. Preparar o caminho desenvolvendo o problema ou a situação. Mostrar uma necessidade. Se prática, empregar algum meio concreto.

2. Organizar a recomendação em tôrno de pontos-chave. Lançar mão de croquis, fotografias, diagramas, modelos ou qualquer outro motivo que mais convenha ao fim em vista. Mostrar e explicar com simplicidade. Não gastar o tempo em palavras. Apresentar um quadro geral, frisando os aspectos importantes. É conveniente deixar os pequenos detalhes para a fase de discussão.

3. Resumir os pontos importantes. Declarar enfàticamente os resultados e vantagens. Tornar a frisar a necessidade. Se houver ocasião, terminar com um apêlo à ação, mesmo que seja ùnicamente a título de experiência.

Com relação a esta última recomendação de Aitken, o diretor de uma grande firma recomenda a seguinte tática, ao apresentar uma idéia aos superiores:

"Procure pelo menos facilitar a aceitação provisória, sugerindo certas medidas fáceis. Por exemplo: sugerir que se nomeie uma comissão para melhor estudo; ainda sugerir uma pequena verba para acumular maior número de fatos ou o preparo de uma estimativa de custos; que se faça uma pesquisa sôbre a patente, além de qualquer espécie de experiência limitada."

Uma companhia pequena apresenta a vantagem de ação rápida, ao considerar qualquer idéia nova. Pode citar-se o caso de uma grande corporação em que um grupo de "brainstorm" tinha imaginado certa idéia nova e promissora para expor mercadoria nas lojas. Fêz-se um modêlo que se submeteu à diretoria. A recomendação circulou entre todos os chefes. Depois de decorridos vários meses, resolve:am adotar a idéia. Entretanto, antes de montar-se a exposição, certo concorrente pequeno apareceu virtualmente com o mesmo projeto.

O fecho éclair nas calças de homem constitui exemplo clássico no mesmo sentido. Quando os encarregados da direção examinaram a idéia, resolveram de comum acôrdo não ser a mesma praticável. Sòmente três anos depois deram alguns passos nesse sentido. Quão simples não teria sido levar a efeito uma experiência — combinar com um alfaiate fazer algumas calças com êsses fechos e experimentá-las em homens que não tivessem qualquer ligação com a companhia. Se o tivessem feito, teriam aberto um mercado muito lucrativo cêrca de três anos antes.

6. Tipos alternados de meditação

Através de todos os processos atrás esboçados, há necessidade de imaginação criadora e pensamento judicioso. E sempre que se fizer o trabalho de acompanhamento de idéias por meio de grupos, pode-se adotar o tipo de "um-dois" de procedimento de conferências.

Por exemplo, suponha o leitor que é o presidente de uma comissão que deve escolher o principal orador no jantar de inauguração de uma campanhia qualquer. O processo usualmente seguido consiste em convocar a comissão que indique e escolha nomes. Talvez se considerassem por esta forma uns 12 nomes.

Todavia, vamos supor que se realizem duas reuniões — uma para os nomes e outra para a escolha. Solicitar-se-ia a cada membro comparecesse à reunião com lista própria. Na reunião, o presidente leria todos os nomes em voz alta, sem qualquer comentário, pedindo em seguida mais outras sugestões. Os nomes todos assim reunidos, provàvelmente, somariam uns cem em lugar de sòmente dez.

Poder-se-ia então mandar uma relação das pessoas indicadas a todos os membros, pedindo-lhes comparecessem à segunda conferência trazendo indicação das dez escolhas que cada um fizesse. Chegar-se-ia fàcilmente, nesta reunião, a uma lista composta de preferências; os membros discutiriam, então, os prós e os contras dêstes nomes, resolvendo sôbre os dez oradores mais desejados na ordem de preferência. Haveria, por essa forma, tôda probabilidade de que alguns dos nomes na lista final nunca tivessem sido sugeridos pela forma corrente de conferência.

A fim de melhor exemplificar o princípio da separação dos dois tipos mais importantes de pensamento, os vários passos da solução de problemas poderiam seguir seqüência alternada, mais ou menos da seguinte maneira:

1. *Imagine tôdas as fases do problema.* Os aspectos principais do problema são por vêzes tão obscuros que descobri-los exige imaginação. Daí ser preferível começar com uma única tentativa criadora.

2. *Escolha os subproblemas a atacar.* Em seguida, depois de ter acumulado uma relação bastante completa das fases possíveis do problema, examine-as judiciosamente, escolhendo os alvos isolados.

3. *Imagine quais os dados mais favoráveis.* Tendo esclarecido o problema, precisamos de fatos. Primeiramente, porém, dedique um período criador à imaginação da espécie de materiais mais favoráveis. (O Dr. Walter Reed assim procedeu, quando da solução do mistério da febre amarela. Muitos cientistas tinham cansado a vista examinando bactérias e sangue ao microscópio. O Dr. Reed sugeriu a investigação de insetos, o que conduziu à solução).

4. *Escolha as fontes mais convenientes de dados.* Tendo examinado completamente a questão das informações necessárias, pode-se passar a uma sessão de resolução, determinando exatamente quais os elementos daquela lista que se devem pesquisar em primeiro lugar.

5. *Conjeture tôdas as idéias possíveis como chaves para o problema.* Esta parte do processo exige, evidentemente,

229

a aplicação profunda da imaginação, sem a interferência concorrente do pensamento crítico.

6. *Escolha as idéias que pareçam mais prováveis na direção da solução.* Êste processo de seleção exige, principalmente, o pensamento judicioso, com ênfase para a análise comparativa.

7. *Imagine tôdas as maneiras possíveis de verificação.* Ainda neste caso há necessidade de pensamento criador. Muitas vêzes se torna indispensável uma nova maneira de verificar com exatidão.

8. *Escolha as maneiras mais seguras para verificar.* Tendo resolvido a melhor maneira de verificar, continue a fazer uso do pensamento judicioso, verificando o que parece já ter sido provado.

9. *Imagine tôdas as contingências possíveis.* No caso de ter sido a solução final corroborada pela experiência, deve-se considerar perfeitamente o que teria acontecido como resultado da adoção da mesma. Por exemplo, qualquer estratégia militar tem de processar-se, finalmente, na base do que o inimigo pode fazer.

10. *Resolva sôbre a resposta final.* Para fazê-lo com acêrto deve-se ponderar todos os prós e contras. E, sem dúvida, para isso é necessário aplicar-se o julgamento mais frio.

Tudo o que fica acima dito se resume, finalmente, no seguinte: quando se trata de pensar, deve ser feito todo o esfôrço, para agir como se tratasse de duas pessoas — de um lado, quem medita; de outro lado, quem julga. Falando figuradamente, da mesma forma que a voltagem da eletricidade pode aumentar com a corrente alternada, consegue-se igualmente aumentar o poder mental mediante a alternativa dos processos de pensamento.

TEMAS

1. "O processo criador não termina com uma idéia — ùnicamente começa com ela". Concorda? Discuta.

2. Quais os passos preparatórios que se devem dar para facilitar a avaliação?
3. "Como sabem mais a respeito das próprias idéias do que qualquer outra pessoa, os membros do grupo do "brainstorm" são, lògicamente, os que devem executar o processo final de seleção". Concorda? Discutir.
4. Qual o perigo que pode provir da rejeição de idéias de grandes alcance, sem maior exame? Discutir.
5. Qual o método mais útil para verificação da escolha de uma idéia, para possível adoção? Discutir.

EXERCÍCIOS

1. Escolha a idéia de "maior alcance" dentre as de sessão recente de "brainstorm", e por meio de ataque criativo mais prolongado desenvolva-a para solução mais utilizável.
2. Imagine maneiras por meio das quais os chefes de grupos ficaram em condições de obter maior número de idéias posteriores à sessão.
3. Aplique um "brainstorm" a um problema da sua localidade. Depois apresente as melhores idéias à autoridade competente, formulando recomendações para experiência.
4. Inúmeros pequenos comerciantes abrem anualmente falência. Escolha um dêles e imagine maneiras por meio das quais o dono do negócio poderia ter prèviamente experimentado as suas probabilidades de sucesso.
5. Conduza uma experiência na sua própria casa. Imagine uma nova idéia para presentar à espôsa, marido ou pais. Antes de apresentá-la, faça uma lista de tôdas as objeções possíveis que poderão formular contra ela. Depois imagine uma resposta para cada objeção. Finalmente apresente a idéia e descubra quantas objeções adicionais se formularam.

REFERÊNCIAS

Air Force Personnel Newsletter — "Problem Solving Techniques". December 1955, págs. 12-13.
Chemical Digest — "Adventures in Imagination". N.º 2, 1955.
Chemical Digest — "Tomorrow Is in Creative Minds". N.º 2, 1955.
Chemical Week — "New Creativity Gambits: How Management Can Fish For Dollar Ideas". July 23, 1955.

FACTORY MANAGEMENT AND MAINTENÁNCE — "How to Make Good Ideas Come Easy". Vol. 114, N.º 3, March 1956, págs. 84-90.

FOREMAN'S LETTER — "Applied Imagination". National Foremen's Institute, December 5, 1955.

GENERAL FOOD'S NEWS — "Brainstorming". November 1955, págs. 3-4.

GOODMAN, WALTER — "Brainstorming". The New Republic. February 20, 1956, págs. 8-10.

HARVARD — Critical Study Enttitled "Imagination — Undeveloped Resource". Prepared under Direction of Professor George F. Doriot, 1955.

HEIDBREDER, E. F. — "Reasons Used in Solving Problems". J. Exp. Psychol. August 1927, págs. 397-414.

LARSON, J. W. — "Products of More Creative Thinking Sought by Society". Dallas Times Herald. Sec, 8, February 19, 1956, pág. 2.

MONITOR, THE — "Brainstorming". Associated Industries of New York State, Inc., January 1956, págs. 5-28.

READER'S DIGEST — "Brainstorming for Ideas". April 1965, págs. 137-138.

STILLMAN, DONALD G. — "Creative Problem Solving". The Clarkson Letter. Clarkson College of Technology, April 1956.

THOMPSON, A. STEWART, JR. — "Brainstorming to Success". The Business Quarterly. Spring 1956, págs. 47-52.

THOMPSON, A. STEWART, JR. — "How To Spark and Idea". Supervisory Management. American Management Association, January 1956, págs. 42-44.

WALL STREET JORNAL. December 5, 1955, pág. 1.

CAPÍTULO XXI

Perguntas como incentivo á ideação

O PRESENTE CAPÍTULO e o seguinte esboçarão cêrca de 75 perguntas capazes de incentivar idéias. Podem ser usadas na ideação individual. E em "brainstorming" podem se tornar úteis ao chefe do grupo, quando as empregar como alusões — diretivas segundo as quais os membros do grupo podem orientar a imaginação.

Estas perguntas também são suscetíveis de uso proveitoso no processamento prévio de um problema para a sessão de "brainstorming". Tomemos, por exemplo, a pergunta: "Como fazer um cargo melhor?" Tal pergunta é demasiadamente geral para ataque proveitoso. A fim de restringir o alvo, poder-se-iam formular perguntas sob esta forma: "Que é que se deve juntar a um carro?"... "Que é que se deve eliminar?" etc.

Quando à eliminação, perguntaríamos mais especificamente: "Qual a parte do sistema elétrico que se poderia dispensar?"... "Qual a parte do sistema de combustível dispensável?"

Ou ainda mais particularmente: "Poder-se-ia eliminar o carburador?" Acontece que êste mesmo problema foi atacado pela organização de pesquisa da companhia Rand, em Cleveland. Uma das autoridades em automóveis que examinou a questão me disse que a solução estava à vista. A pergunta técnica já foi reconhecida há muito tempo como meio de induzir a imaginação. Certos professôres, que procuraram tornar o ensino mais criador, empregaram muitas vêzes êste artifício. Por exemplo, quando Walter Dill Scott estava no Instituto de Tecnologia Carnegie, conheciam-no pelas perguntas hipotéticas que fazia aos estudantes — às vêzes esdrúxulas como estas: "Que aconteceria se tivéssemos olhos na frente e atrás da cabeça?"... "Que aconteceria se pudéssemos nadar, mais fàcilmente do que andar?"

Na prática da solução de problemas, podemos dar *direção consciente* ao pensamento por meio de perguntas que formulamos a nós mesmos. O Exército norte-americano aplicou êste método, com sucesso, não só a cogitações criadoras como judiciosas. Durante a última guerra, a pergunta-técnica provocou melhor pensamento na operação de todos os arsenais, oficinas de conservação de motores, e muitas outras instalações para a produção de guerra. Disse Bayard Pope: "Sòmente em 50 instalações que conheço, esta técnica deu como resultado a economia de 6 milhões de homens-hora por ano."

Esta técnica funciona da seguinte maneira: Primeiro se isola o assunto ou o problema a respeito do qual se deseja pensar. Em seguida é formulada uma série de perguntas a respeito de cada passo do assunto ou problema. Aqui estão as perguntas que os oficiais tinham de formular a si mesmos: (1) *Por que* é necessário? (2) *Onde se* deve fazer? (3) *Quando* se deverá fazer? (4) *Quem* o deve fazer? (5) *O que é* preciso fazer? (6) *Como* se deve fazer?

Em geral um problema criador exige muito maior número de perguntas, necessàriamente mais gerais. Tem-se de guiar a imaginação por incentivos desta espécie: "Que *tal...*" e "O que *se...?*" Continuando-se sempre a animá-la com "Que *mais?*" e novamente "Que *mais?*" Bombardeando a imaginação com estas perguntas acumulamos grande quantidade de material sob a forma de tôda espécie de idéias — boas, más e indiferentes. De todos êste material acumulado, o nosso julgamento ou o de outros consegue extrair uma série de boas idéias.

Mesmo quando se trata de preparar e analisar um problema criador, perguntas que se formulem a si próprio aproximam a solução. Nestas primeiras fases do procedimento, devemos imaginar as perguntas destinadas a encaminhar-nos a imaginação à trilha conveniente. E mesmo na avaliação, a melhor maneira de examinar as soluções conjecturais consiste em imaginar as perguntas convenientes a se aplicarem às descobertas — perguntas como as seguintes: "Pode-se experimentar isso?"... "Quais seriam as melhores experiências?

Conforme disse o Dr. Frank Kingdon: "As perguntas constituem os atos criadores da inteligência."

2. Quais serão os outros usos?

Quando chega a ocasião de acumular hipóteses, certa pergunta fundamental tem de reportar-se a outros usos. Isto é tão importante que no livro intitulado *Psychology Invention in the Mathemical Field*(*), Jacques Hadamard referiuse a "duas espécies de invenção", comentando conforme se segue:

"Uma delas consiste em descobrir os meios de alcançar certo objetivo que nos tenha sido dado, de modo que o espírito vá do objetivo aos meios, da pergunta à solução. A outra espécie consiste em descobrir-se um fato e depois imaginar em que se pode usá-lo, de sorte que, desta vez, o espírito vai dos meios ao objetivo; a resposta revela-se-nos antes da pergunta. Ora, por mais paradoxal que pareça, esta segunda espécie de invenção é a mais geral, ficando cada vez mais genérica à proporção que a ciência se adianta."

Sol o título geral de "outros usos" apresentam-se muitas perguntas que podem servir de incentivo à imaginação — tais como : "De que *novas* maneiras poderiam usar isto como *está?*"... "Como se poderia *modificar* isto para ajustar-se a nôvo uso?"... "Que mais se poderia fazer com isto?" "De que outras maneiras se poderia usar isto?" Às vêzes, esta sugestão conduz a nôvo desenho de um produto de modo a dar-lhe outras funções. Edward Barcalo tinha fabricado travesseiros comuns durante muito tempo. Imaginou nôvo modêlo a que chamou "6-way" (*), almofada

---

(*) Psicologia da Invenção no Campo da Matemática.

triangular para ler na cama, para sentar em cima, e mais quatro fins.

"Em que outros produtos se poderia aplicar o meu material?" Tal pergunta a formular a nós mesmos só é evidente quando temos em mão certo material para o qual desejamos alargar o mercado. O Dr. George Washington Carver imaginou mais de 300 artigos úteis derivados do amendoim. Sòmente para o lar, imaginou 105 maneiras diferentes de preparar amendoim para a mesa.

Qualquer fabricante está constantemente em busca de outros artigos que possa preparar com o material fundamental que usa. Tal se deu particularmente com a borracha. Dentre milhares de idéias consideradas, aqui estão algumas que foram rejeitadas por uma companhia: lençóis, banheiras, cobertas de banheiras, meios-fios, alfinêtes de fralda, gaiolas, maçanêtas e trincos, caixões de defunto e pedras tumulares.

O sucesso de grande parte dos materiais sintéticos baseia-se na descoberta de novas maneiras para usar o produto. O "neoprene" de Du Pont tornou-se negócio de enorme volume devido a milhares de novas aplicações, algumas das quais sòmente poderiam provir de experiências ao acaso. Por exemplo, um fabricante de brinquedos faz com o "neoprene" um osso com cheiro de chocolate para os cachorros roerem. O fabricante de bonecas cobre algumas das suas criações com uma pele mágica de "neoprene" dando-lhe colorido tão natural que a criança pensa tratar-se de um bebê de verdade. A lista não tem fim — carneiro coberto de lã; patos, cachorro chamado "Pocky", pintainhos; baleia que espirra água; submarino parecido com êste peixe; navio de três chaminés.

O mesmo se dá com o celofane e o "nylon". Êste último, por exemplo, já deslocou a corda de tripa em quase tôdas as raquetas de tênis. Cada vez se tornam mais populares as linhas de "nylon" para a pesca. Tôdas as mulheres conhecem as malhas de "nylon". Enormes cabos e gigantescos ilhoses também se fazem de "nylon".

Durante o ano de 1935 aconteceu que me estava iniciando em fibras de vidro. O grande problema com que nos de-

---

(*) "Seis maneiras"

frontávamos era o seguinte: "Para que fins se poderia utilizar o fio de vidro?" Imaginamos centenas de aplicações; mas desde então imaginaram-se mais outras centenas. E por meio destas idéias de outros usos, aquêle fiozinho de vidro deu origem a uma grande indústria. Uma das aplicações que nenhum de nós tinha previsto foi em caniços para a pesca, que um fabricante desenvolveu mais tarde mergulhando os fios de vidro em uma liga plástica. Nem mesmo qualquer de nós acumulou bastantes alternativas para acertar com o maior uso recente de fibras de vidro, revelando quando Hitler forçou a América do Norte a construir uma armada para dois oceanos, na qual se adotou êste material para isolar os navios de guerra com um meio nôvo e melhor.

"Qual a aplicação que se pode dar aos restos?" Neste sentido é particularmente importante e acumulação de alternativas. A indústria de carne da América do Norte ergueu-se sôbre a habilidade para descobrir novos usos para quase todos os produtos acessórios, menos o "guincho do porco".

Assim também se deu na indústria do aço. As escórias costumavam ser produto dispendioso de refugo. Agora guardam-se para lastro do leito de estradas de ferro, para fazer cimento e para entrar na composição de blocos de paredes. A escória da usina de Tennessee, perto de Birmingham, é tão rica em fósforo que atualmente se ensaca e se manda para o Sul como condicionador do solo.

"Pra que poderão servir aquêles gases?" Tal a pergunta que algum fabricante de aço deve ter formulado há muito tempo, ao contemplar as enormes nuvens de fumaça que se desprendiam dos fornos. Que progresso esta pergunta produziu! Hoje em dia, por meio do emprêgo de fornos para coque, aproveitam-se êsses gases que dão origem a milhares de produtos no campo da indústria química. Enquanto muitas pessoas pensam em têrmos de 50 mil produtos derivados de tal aproveitamento, um amigo meu, que trabalha em aço, acredita poder-se desenvolver em um futuro próximo mais de 500 mil usos para êsses gases.

Outro desafio à criatividade é o que fazer com refugos. Às vêzes é fácil vendê-los como artigos de segunda mão. Entretanto, pode-se encontrar resposta mais proveitosa. E o que fazer com retalhos também exige igualmente imaginação. L. A. Conley, da B. F. Goodrich, viu pedaços de tubos de borracha em uma barrica de lixo. "Por que não cortá-la em anéis iguais aos que milhões de pessoas usam para prender pequenos volumes?" perguntou. Conley recebeu 150 dólares pela sugestão. O lucro que a companhia realizou com esta idéia foi tremendo — arrancado de material que nenhum valor tinha.

Muitas vêzes, finalmente, casos há em que nôvo uso pode tornar um malôgro em triunfo. George Westinghouse imaginou cêrca de 400 invenções, das quais o único malôgro era um motor rotativo. Contudo, recusou jogá-lo fora. Ao invés, juntou nova invenção e começou outro negócio — transformando simplesmente um motor inútil em hidrômetro nôvo e melhor.

3. Que outros usos ainda?

"Quais são os outros usos para isto?" Tal uma boa pergunta para formular à imaginação diante de um objeto, um pensamento ou um talento. Adicionando usos pode-se adicionar valor. Assim também acumulando alternativas mediante outros usos é provável surgir *melhor* aplicação.

A imaginação de aplicações adicionais pode alargar mercados para produtos conhecidos. Dispositivo de limpeza bem conhecido teve origem na pia da cozinha. A aplicação na limpeza de pneumáticos proporcionou outro mercado — e bastante grande, consistindo em 20 milhões de pneus pintados de branco.

Novos empregos para os telefones abriram igualmente minas de ouro. Um dispositivo automático anuncia a hora certa e o último boletim meteorológico. Por êste uso adicional, a Companhia Telefônica de Nova Iorque cobra um níquel por chamada, juntando dois milhões de dólares por ano à receita.

O uso mais recente dos telefones consiste em mensagens inspiradoras. Começou-o a Y. M. C. A. (*) de Baltimore, em 1955. Disca-se Mulbery 5-3510 e recebe-se uma mensagem que dura 28 segundos baseada na Bíblia, escritos seculares, ou em ambos. Nos primeiros 90 dias transmitiram-se 500 mil mensagens dessa natureza. Desde então, Filadélfia,

---

(1) Associação Cristã de Moços.

238

Chicago, Nova Iorque e outras cidades instalaram essa nova maneira de usar o telefone.

Vez por outra a existência de nôvo produto depende da imaginação de muitos novos usos. Os helicópteros estão ameaçados de se tornarem peças de museu, a menos que alguém imagine novas aplicações em número suficiente para êles — nas quais funcionarão nas melhores condições, como seja o patrulhamento das linhas de alta tensão sôbre as montanhas.

As fitas adesivas transformaram-se de pequena especialidade em grande indústria. O fabricante fêz uma lista de 325 aplicações distintas. Tom, Dick e Harry imaginaram outras tantas. Eu mesmo fui beneficiado por uma dessas idéias. Uma das minhas faces ficou parcialmente paralisada por ter recebido um.sôpro de ar gelado. Um especialista em nervos do Canadá disse-me que só com o tempo poderia curar-me, mas que nesse ínterim podia tentar a aplicação da fita adesiva. Mostrou-me como, antes de me deitar, devia trazer a face à posição apropriada passando depois a fita.

Alguns grandes progressos da ciência resultaram da descoberta de nôvo uso para artigo já conhecido. Em Londres, por volta de 1620, uma senhora estava custando muito a ter uma criança. Um médico, de nome Chamberlain, apareceu com um volume debaixo do braço. Cobriu-o com um lençol e ràpidamente extraiu a criança. Durante quase um século as "mãos de ferro" do doutor conservaram-se em segrêdo dentro da família Chamberlain — e, entretanto, tenazes semelhantes encontravam-se em quase todos os lares. De acôrdo com um cirurgião meu amigo, "o fórceps fêz mais para encurtar as dores do parto e conservar a vida, do que qualquer outra invenção cirúrgica até hoje imaginada".

4. *Progresso científico por meio de novos usos*

Lorde Lister imaginava Louis Pasteur como mistificador, quando êste tentava descobrir a maneira de conservar doce o vinho. Mas o trabalho de Pasteur levou-o a pensar se não haveria aplicação mais importante para a descoberta. Perguntou a si próprio, especìficamente: "Se os germes arruínam o aroma, não poderiam ser a causa de tantas mortes não explicadas na cirurgia?" Êste *outro uso* da nova teoria

239

de Pasteur conduziu à prova de que os germes invadiam as feridas; e esta verdade forneceu a chave para a cirurgia antisséptica que imortalizou o nome de Lister. Roentgen dedicava-se à ciência pura quando deu com os Raios-X. Não tinha meios de saber que raios eram aquêles, pelo que os chamou de "X". Não antevia qualquer *uso* para êles. Dizem mesmo que êle próprio ficou surpreendido quando soube da vasta aplicação que a descoberta poderia ter — não sòmente sob a forma de terapia, mas como olhos que permitiam ao cirurgião ver dentro do organismo antes de fazer uso do bisturi.

Na ciência moderna o pesquisador esclarecido está sempre atento às maneiras de aplicar princípios antigos, ou novos, a novos usos. A administração das emprêsas não mais considera a pesquisa pura como desperdício de dinheiro. Inúmeras teorias "sem valor" transformaram-se em melhoramento proveitoso mediante a resposta à pergunta: "Para que servirá isto?"

Por vêzes, novos usos levam a alterações progressivas na confecção de um produto. Quando a companhia Corning Glass Works criou um globo mais forte para as lanternas das estradas de ferro, um pesquisador da companhia pôs-se à procura de novos usos para êsse nôvo vidro, aplicando-o ao vasilhame de acumuladores. Uma vez, em 1913, cortou o fundo de uma dessas vasilhas e levou-o para casa, pedindo à espôsa para usá-lo cozendo um bôlo. Foi assim que se começou a usar o vidro nos fornos. Daí surgiu a pesquisa para outros novos usos. "Como se comportaria o vidro exposto diretamente ao fogo?" foi uma das perguntas formuladas. O Dr. Eugene Sullivan, naquela ocasião chefe do laboratório de química, chegou à conclusão de que o vidro usado nos fornos não era bastante forte para resistir ao calor da chama direta. Seguiram-se quatro anos de experiência. Nelas efetuaram-se milhares de tentativas, nas quais quase 10 mil quilos de batatas passaram em panelas ou frigideiras de vidro. Daí resultou o "Flameware(*) que veio dar nôvo uso a êsse material.

Muitos pensam que o Koroseal é uma única espécie de produto, sempre o mesmo. Contudo, a verdade é que se multiplicaram seus usos, os quais provocaram vasta progressão

---

(*) Tipo de louça para fogo.

240

nas variedades dêsse material. O Dr. Waldo Semon, que mais se ocupou com a criação do Koroseal, estima que desde 1926 mais de 10 mil materiais semelhantes à borracha tiveram origem com o fito de adaptar-se o produto original a novos usos. As matérias-primas do processo ainda são cal, coque e sal. As características fundamentais do produto são ainda impermeabilidade à água e isolamento da eletricidade. Contudo, a variação do produto acompanhou intimamente a multiplicação dos usos.

Progresso semelhante assinalou a multiplicação dos usos das lâmpadas elétricas. Durante muitos anos só se empregaram as lâmpadas para iluminação. Veio depois a mudança de comprimento de onda, que motivou a duplicação dos raios ultra-violeta do sol. Sobreveio, igualmente, outra mudança que nos proporcionou o calor infravermelho. Entretanto, os pesquisadores de Nela Park, centro das lâmpadas da General Electric, continuaram em busca de outras aplicações. Um dêles perguntou: "Quem sabe se é possível descobrir um comprimento de onda que mate germes sem prejudicar o homem?" Tal pergunta conduziu à nova lâmpada germicida, que extermina as bactérias existentes no ar. Quando se modificou a lâmpada para êste fim especial surgiu a pergunta: *Onde* terá esta lâmpada melhor aplicação?" Das alternativas assim acumuladas, surgiram novos usos para a invenção em hospitais, escolas, quartéis, salas de espera de consultórios médicos, frigoríficos, cozinhas de hotéis e residências. De fato, até mesmo em galinheiros. Na granja Casler, no Ohio, dentro de seis semanas 240 pintainhos ficaram 14 por cento mais pesados do que outros 240 em um cercado de contrôle, que não estavam sujeitos às lâmpadas germicidas. Três vêzes mais pintos neste morreram."

5. Outras aplicações para "perguntas de outro uso"

Explicamos a aplicação das perguntas de "outro uso" em têrmos de objetos. Tanto mais que a mesma técnica se aplica a pensamentos, temas, princípios — de fato a qualquer assunto.

Por exemplo, em um problema vocacional, assim se pode formular: "Para que outros usos estas aptidões melhor se aplicariam?" Nesse sentido, muito pode contribuir a ima-

241

ginação na orientação, vocacional. Que os pais encaminhem o espírito criador de que dispõem nesta direção. Por exemplo, certa menina, nossa conhcecida, gosta de trabalhos manuais. No dia de Ação de Graças orna as vidraças do quarto com perus que recorta e pinta. Em Halloween as janelas ficam enfeitadas de abóboras e no dia de Natal alegram-se com estrêlas e sinos. A mãe dela mostrou-me uma lista que tinha preparado das vocações em que a filha pudesse utilizar melhor o talento, e para as quais poderia orientá-la.

Em alguns casos, é por acaso que se descobre nôvo uso para o talento. Daniel M. Eisenberg pôs-se a procurar dois tios ricos com os quais a família tinha perdido contato. Embora tivesse indagado durante meses não foi capaz de localizá-los. Descobriu, entretanto, que tinha talento para descobrir parentes desaparecidos de outras pessoas. Formulou a si próprio a pergunta: "Como utilizar êste talento?" Daí surgiu a idéia de operar um negócio de "pessoas desaparecidas". Mais de 65 mil mulheres já lhe pagaram desde então para descobrir os maridos.

Tendo sido mal sucedido como criador, John Gast verificou possuir certa tendência artística, o que o levou a imaginar a maneira de utilizá-la. No meio das suas cogitações surgiu esta idéia: "Até mesmo uma erva pode ser muito bonita, quando a contemplamos de certo modo. Estilizada, poderá mesmo tornar-se algo de belo." Para experimentar, prateou uns ramos de eucalipto e levou-os a uma grande loja de Los Angeles para ornamentação de vitrinas. Aí começou uma carreira proveitosa para o Sr. Gast. Dizem que faz agora 50 mil dólares por ano utilizando ervas que muita gente acha inúteis. Embora grande parte dos materiais que usa venha da Califórnia, manda empregados ao Kansas à procura de lótus, à Flórida em busca de algas, e a outros pontos distantes para arranjar espécimes raros.

A Sra. Joseph Watson tirava bem fotografias. Viu uma em um jornal de três ratos refestelados sôbre um gato. Achou que a fotografia fôsse um truque. Por que não poderia eu fazer fotografias interessantes de animais sem lançar mão de truques?" A partir desta idéia, a Sra. Watson montou um negócio que lhe tem sido bastante lucrativo. A primeira fotografia que fêz foi de um jerico mastigando um chapéu de palha. Conseguiu combinar satisfatòriamente 13 animais diferentes em uma única fotografia.

Ray Giles conta a história de quatro jovens artistas que descobriram ser impossível vender as paisagens que tinham feito. Resolveram imaginar as diversas maneiras de aproveitar as respectivas habilidades. Um dêles passou a pintar, bem pago, as figuras em tambores de bandas musicais. O outro especializou-se em modelos de barro para museus. O terceiro está-se saindo muito bem pintando caras de bonecas. O quarto pede hoje o preço que quer por pinturas de cães, gatos e cavalos, às pessoas que gostam mais dos mimalhos do que do dinheiro.

"Que *nôvo* uso?"... "Que *outro* uso?" Todos nós possuímos bastante poder criador para acumular alternativas em abundância, lançando a imaginação por esta larga estrada, sem desprezar os atalhos.

TEMAS

1. Quais são as seis palavras-chave nas perguntas usadas pelo Exército, a fim de estimular a meditação?

2. Ao pensar novos usos, quais as perguntas específicas que mais contribuem para ativar a imaginação na direção acertada?

3. Que aconteceria se tivéssemos olhos à frente e atrás da cabeça, Que vantagens daí resultariam para nós? Será possível imaginar a maneira pela qual se pudesse aproximar dêsse resultado?

4. Com que produto está associado o nome de George Washington Carver e quais as direções em que êle aplicou o pensamento criador para aumentar-lhe a utilidade?

5. Se um aeroplano pudesse voar tanto para trás quanto para a frente, que vantagem apresentaria sôbre os aviões atuais?

EXERCÍCIOS

1. Que mudanças pode sugerir no mostrador de um relógio para aumentar-lhe a utilidade, com fins gerais ou especiais?

2. Suponha o caso de um fabricante de escôvas de dentes que tivesse acumulado um grande estoque. Quais os outros usos a que se poderia destinar êste artigo?

3. Quais as aplicações, novas e adicionais, que se podem imaginar para o helicóptero?

4. Quais as aplicações que se podem dar à casca do côco?
5. Para a fita adesiva, imagine 10 aplicações de que não tenha ouvido falar.

REFERÊNCIAS

BEVERIDGE, W. I. B. — *The Art of Scientific Investigation.* New York. W. W. Norton and Company, 1950.

BORAAS, JULIUS — *Teachnig to Think.* New York. Macmillen Company, 1922.

CANNON, W. D. — *The Way of an Investigator.* New York. W. W. Norton and Company, 1945.

GREGORY, R. — "Discovery and Invention". *Journal of the Royal Society of the Arts.* May 16, 1941, págs. 394-407.

HUMPHREY, GEORGE — "The Problem· of the Direction of Thought". *British Journal of Psychology.* January 1940, págs. 183-195.

HUTCHINSON, E. D. — *How to Think· Creatively.* Nashville. Abingdon-Cokesbury Press, 1949.

KINGSLEY, H. L. — "Search: a Function Intermediate between Perception and Thinking". *Psychol. Monog. 163,* 1926.

OSBORN, ALEX F. — "How to Hunt Ideas". *Society of Automotive Engineers Journal.* December, 1951, pág. 19.

PORTERFIELD, AUSTIN, L. — *Creative Factors in Scientific Research.* Durham. Duke University Press, 1941.

WYMAN, W. I. — "The Classification of Inventive Ideas". *Scientific Monthly.* September, 1938, págs. 211-219.

CAPÍTULO XXII

Adaptação, modificação e substituição

EM QUALQUER PESQUISA de idéias vale a pena seguir tôdas as sendas possíveis, de conformidade com a primeira lei de Aristóteles referente ao associativismo-semelhança. A fim de dirigir-se a imaginação conforme essas trilhas, pode-se lançar mão das seguintes perguntas: "O que é que se parece com isto?"... "Que idéia isto sugere?"... "O passado oferece algo de igual?"... "Que mais se poderia adaptar?"... "Haverá algo de semelhante que se possa copiar?".

Esta última pergunta pode dar a impressão de que aprovamos o plágio e a infração dos direitos de outrem. Tal não acontece. Sem dúvida alguma não se deve, não só legalmente como moralmente, roubar a criação de outrém com prejuízo do criador. Mas é legítimo derivar uma diretiva daquilo que outra pessoa imaginou. Boa política pública sanciona esta atitude; porque, sem essa adaptação, haveria muito menos idéias em benefício de todos. Esta prática é comum e inevitável. Conforme Wendell Phillips assinalou: "Em todos os assuntos que dizem respeito à invenção, ao uso, beleza ou forma, temos de tomar emprestado." Esta afirmativa é corroborada pelo número de invenções existentes no departaménto de patentes, que se superpõem.

245

Não se poderia acusar Thomas A. Edison de plagiar idéias. Contudo, aconselhava o seguinte: "Devemos procurar habituar-nos a acompanhar atentamente idéias novas e interessantes que outras pessoas tenham usado com êxito. As idéias de cada um sòmente precisam ser originais na adaptação ao problema em que se está trabalhando."

Muitos casos há em que se transplantam as idéias quase totalmente. O "Book-of-the Month"(*) torna-se a "Fruit-of-the Month" (**) ou o "Candy-of-the-Month" (***). Mais tarde apareceu o "Hobby-of-the-Month" (****), no qual a primeira seleção escolhida foi um sortimento de dentes de tubarão para os que se dedicam à montagem de jóias. Depois veio o "Gadget-of-the Month Club" (*****), que atualmente se orgulha de mais de 500 mil membros.

As mais das vêzes a adaptação é sòmente parcial. O basebol, por exemplo, é adaptação do esporte inglês de "rounders". O futebol deriva do "rugby". O basquete constitui o único jôgo de origem americana. O Dr. James Laismith pôsse resolutamente a imaginar um esporte completamente nôvo, que se pudesse jogar em um ginásio. Contudo, a cesta não foi produto da imaginação dêle, mas acidente. O bedel, quando lhe pediram caixas, não as pôde encontrar; de sorte que voltou com algumas cestas de pêssegos. Daí o nome do jôgo e de seus gols. (******)

É quase impossível aos escritores deixar de adaptar. Um romancista se vê forçado a usar um enrêdo fundamental, geralmente adotado. James N. Young contou 101 dêsse tipo. Goethe era de opinião que só havia 36. Willa Cather dizia: "Há sòmente duas ou três histórias humanas, que se repetem ferozmente como se anteriormente nunca tivessem acontecido." Don Marquis sustentava só haver um enrêdo fundamental. "O mundo só tem uma história a contar", escreveu êle, "e é muito antiga — històriazinha simples, que se conta em duas palavras: "Havia um môço em Babilônia que gostava muito de certa môça!"

(*) Livro do Mês.
(**) Fruta do Mês.
(***) Doce do Mês.
(****) Passatempo do Mês.
(*****) Clube da "Bugiganga do Mês".
(******) Basket, traduzido por "basquete", significa cesta. (N. do Trad.)

Shakespeare recolheu uma lenda dinamarquesa dando-lhe a forma do *Hamlet*. Mas não copiou simplesmente. Imaginou bastantes idéias para transformar em drama brilhante uma lenda relativamente sem interêsse.

Quanto a "humor", George Lewis, do Instituto Gag de Escritores, afirmava que em cada "nova" anedota podia perceber o esqueleto de uma dentre seis anedotas fundamentais. Em resumo, conforme êste autor — cada nova anedota constitui simplesmente versão de uma outra anedota antiga.

"Que estilo poderei imitar?" Tal a pergunta que alguns autores formulam de si para si. Robert L. May ficava encantado com o sucesso perene de *The Night Before Christmas* e no mesmo estilo e no mesmo metro escreveu *Rudolph the Reed-Nosed Reindeer*. Em 1939 a Montgomery Ward publicou 2.365.000 exemplares dêste poema. Sete anos mais tarde não bastaram 3.776.000 exemplares. Seguiu-se-lhe uma canção como adaptação daquela adaptação.

A composição musical baseia-se largamente em empréstimos. Inúmeras vêzes consiste em uma transplantação completa de antiga melodia em novas palavras. Em outras ocasiões, a adaptação é tão diferente que o público — e até mesmo o compositor — pode acontecer que não a reconheça. Dos muitos sucessos que constituíram reaparecimentos de clássicos, um exemplo foi *Til the End of Time*. Reproduzia quase inteiramente uma *Polonaise* de Chopim. *The Star-Spangled Banner* — "criada" para desafiar a Inglaterra — nada mais era, no fundo, do que uma canção popular, naquela época, nas tavernas de Londres. Sigmund Spaeth assinalou muitos empréstimos musicais dessa ordem. As exceções são as canções inteiramente nòvas.

2. Por meio de adaptação

"Com que poderei fazer isto aparecer?"... "Qual a idéia que poderei incorporar?" Tais perguntas são legítimas e proveitosas quando se trata de modas. Entre os criadores da moda faz parte conscienciosa da criatividade a coleta de idéias de outras já lançadas. Recente traje de banho baseia-se, sem cerimônia, em uma peça íntima. O sobretudo de Winston Churchill inspirou uma criação em forma de caixa de seis botões. A jaqueta de combate do General Eisenhower

247

adaptou-se a um paletó elegante, com um cinto justo e guarnecido de punhos, tendo lapelas militares e mais uma medalha no ombro.

O Museu Metropolitano de Arte de Nova Iorque oferece um serviço especial aos criadores de modas. Os desenhistas de Nova Iorque colhem muitas idéias dêste tesouro de arte antiga. A base de algumas criações de Marcel Vertes é a forma das asas de um anjo de um quadro do XV século. A desenhista Lina Harttman inspirou-se nos guerreiros representados em um vaso grego de mais ou menos 800 A. C. E em Hollywood, um dos grandes sucessos de Adriano foi um desenho tirado do elmo e do ôlho de um guerreiro de 500 anos A.C.

Por vêzes, a adaptação reduz-se a simples cópia sob forma muito mais barata. A Sra. Edith Holmes, de Conley, Geórgia, ouviu falar de uma boneca muito cara que supunham ter pertencido a uma criança da família do Czar muito antes da revolução russa. A boneca figurava uma princesa em trajes reais, mas quando se virava de cabeça para baixo tornava-se camponesa em farrapos. Disse-me a Sra. Holmes: "Tomamos esta idéia para a nossa boneca "Topsy-Eva" e reduzimos o custo de modo a poder vendê-la por um dólar cada uma."

Richard Moot era oficial sinaleiro em um dos grandes porta-aviões. Cabia-lhe controlar e dirigir os aviões, quando baixavam sôbre o navio depois de cada vôo de combate. Na escuridão da noite, os pilotos não podiam ver os sinais na plataforma; se usassem bastante luz, o inimigo perceberia a posição do navio.

Richard Moot lembrou-se da "Black magie"(*) na Exposição Mundial de Nova Iorque, recomendando uma adaptação daquela idéia. Passou-se, então, a equipar os oficiais sinaleiros com uniformes e raquetas de certo material que se tornava luminoso e visível aos pilotos — mas não aos inimigos — quando se usava a luz negra.

Não só novos estilos mas também novos produtos que fizeram época foram descobertos por adaptação. Rudolf Diesel queria queimar o combustível diretamente nos cilindros do motor, mas não sabia como inflamar o combustível. Alinhando os semelhantes, pensou nos acendedores de cigar-

---

(*) Magia Negra.

ros. Analisou um que tinha as seguintes características essenciais: (1) O ar e o combustível estavam no cilindro. (2) Um pistão comprimia repentinamente o ar no cilindro. (3) Por êsse modo conseguia-se inflamar o combustível. Por meio desta comparação imaginou como chegar à invenção do primeiro motor Diesel, em 1892. "Que outros *processos* poder-se-iam adaptar a êste objetivo?"... Poder-se-ia torná-lo melhor e mais barato pela montagem em série?" Perguntas desta espécie conduziram a idéias que elevaram o padrão de vida norte-americano. Da mesma forma se tem adaptado ferramentas destinadas para certo fim, a outros diferentes. Exemplo extremo dessa espécie de adaptação forneceu-o uma fábrica de aviões. A guerra estava no auge e as fôrças armadas clamavam por aviões. Entretanto, era preciso terminar cada avião até o último rebite. Era preciso enfiar as porcas em arames, polvilhá-las de grafite e passá-las através de uma bobina de indução, a fim de revelar falhas do metal. Um chefe de turma, tentando imaginar processo mais rápido, teve a idéia de um saca-rôlhas. Tomou de um arame comprido e enrolou-o em tôrno dêste. Êste dispositivo, girando ràpidamente dentro de uma caixa de porcas, podia colhêr mais de 100 por minuto. Por êsse modo se conseguiu acelerar a produção de aeroplanos pela adaptação de algo de semelhante, a fim de criar uma ferramenta melhor.

"De quem será o livro do qual posso tirar uma fôlha?" Tal pergunta pode mandar a imaginação pela senda da adaptação, até o ponto de iluminar-nos a vida. Porque também nos problemas pessoais muitas vêzes vale a pena procurar semelhanças.

Um ítalo-americano tinha um filho muito estudioso. O rapaz foi para a guerra como soldado raso, e voltou primeiro-sargento. Entrou então para a escola de medicina. Um dia perguntei ao velho Joe como estava o filho. "Despedaça-me o coração" foi a resposta. "Não conversa mais comigo. Antes de ir para a guerra, estávamos sempre falando de esportes. Costumávamos discutir as médias do basebol, os pontos do futebol, Joe Louis e até mesmo os lutadores. Agora, porém, não fala. Estuda contìnuamente para formar-se em medicina. Quer ser médico do Exército. Não cogita mais de esportes e guarda os pensamentos para si mesmo."

Preocupei-me com isto, de sorte que procurei imaginar a maneira de ajudar Joe. Pensando nos semelhantes, lembrei-me do mútuo interêsse dêles nos esportes e como conseqüência natural, fui levado a perguntar a mim mesmo: "Por que não desenvolver interêsse mútuo pelo Exército?" Joe achou que era uma boa idéia, de sorte que se pôs a aprender um nôvo assunto. Aplicou-se a ler a respeito de questões militares. Depois começou a fazer perguntas ao filho, que ficava radiante ao responder-lhe. Agora, quando o rapaz volta para casa, em lugar de saudar o pai com frieza se põem os dois a discutir assuntos militares, com o mesmo gôsto com que antes discutiam esportes.

3. Por meio de modificação

Tendo acumulado alternativas por meio de adaptação, como também por meio de outros usos, vamos agora tratar de modificação. Formulemos a seguinte pergunta: "O que aconteceria se modificasse isto um pouco?" "Como se poderá alterar para melhor?" "Que tal a nova mudança?" Muitas vêzes até mesmo leve mudança contribui para um assunto ou um pensamento. Os gracejadores lançam comumente mão dêsse processo de modificação. Os que escrevem pilhérias para as grandes rêdes de exibições recebem perto de 100 mil dólares por ano, contudo, difìcilmente imaginam qualquer uma realmente nova — mas principalmente novos aspectos de histórias antigas.

Seja qual fôr o problema criador que nos confronta, convém formular a pergunta: "Como se poderia mudar isto para melhor?" Mesmo quando temos de fazer um discurso, é conveniente desafiar cada aspecto da fala com essa pergunta. Por exemplo, deve-se começar com uma tirada ou hesitantemente — conforme alguns dos melhores oradores fazem mui de propósito?

"Quais as mudanças que se podem introduzir no processo?" É esta uma boa pergunta em questões de tecnologia ou mesmo de cozinha. Mudança muito leve na maneira de torrar tem contribuído muito para melhorar certos produtos. Muitos melhoramentos na maneira de processar os produtos resultaram de simples mudança na temperatura.. Para fermentação do vinho, Pasteur determinou exatamente o calor

250

necessário para matar os micróbios sem prejudicar o aroma. Quando mais tarde se aplicou esta leve mudança ao leite, a idéia tornou-se revolucionária. Ninguém poderá dizer quantas vidas se salvaram pela pasteurização. A esponja de borracha não servia para almofadas. Foi quando alguém se lembrou de cozer o látex como se faz com o pão: daí têrmos agora assentos de borracha tèrmicamente confortáveis.

"E se mudássemos a *forma?*... "De que *maneira?*"... "De que *outras* maneiras?" Segundo estas diretivas podem-se acumular, provàvelmente, muitas alternativas quando se pondera um produto.

Os rolamentos de esferas remontam ao ano de 1500 e a Leonardo da Vinci. Durante quatro séculos consistiam em cilindros retos, de aplicação mais limitada do que os rolamentos de esferas. O melhoramento revolucionário aconteceu em 1898, quando Henry Timkin patenteou pela primeira vez os rolamentos ligeiramente cônicos. A modificação assim introduzida na forma do cilindro foi muito pequena. Contudo, o nôvo desenho provia a ambas as cargas, radial e de empuxo, superando assim tôdas as outras formas de rolamentos.

"Que aconteceria se isto fôsse *curvo?*" Um fabricante formulou esta pergunta com êxito e desenhou uma grelha para toucinho com o centro curvo. A tampa impede que o toucinho se enrole, enquanto a curva serve para esgotar a banha para dentro da base da grelha.

Curvar ou enrolar muito contribuiu para nos dar a lâmpada elétrica atual, de grande eficiência. O Dr. Langmuir, da General Electric, tinha que descobrir a maneira de usar um filamento delgado, que servisse tão bem quanto um filamento grosso. Modelando-o em espirais — e usando um nôvo gás em lugar do vácuo — criou uma lâmpada quase 15 vêzes tão eficiente como as primeiras lâmpadas de filamento de carvão.

"Sob que outras formas poder-se-ia fazer isto?" É outro atalho que a nossa imaginação deve explorar. O açúcar foi primeiramente granulado, depois pulverizado, finalmente moldado em tijolinhos. Foi quando alguém da American Sugar Company apresentou uma pergunta a respeito da forma. "Êstes blocos semelhantes a dados não ficariam mais

251

atraentes se fôssem retangulares como os dominós?" "Dominó" foi desde então marca de sucesso.

"Que outro *acondicionamento?*" É pergunta que se combina com "Que outra forma?" Além desta também podemos perguntar: "Poder-se-á *combinar* o acondicionamento com a forma de modo a prover nôvo aspecto?" A Eskimo-Pie constitui idéia triunfante neste sentido. É um pouquinho da América que a Rússia adotou para lá da Cortina de Ferro. Cada vez mais se usa preparar comestíveis em acondicionamentos que se podem comer. Diz o Dr. Willard Dow: "Aprendemos a fazer invólucros sintéticos para salsichas, bem como cartuchos sintéticos para sorvetes. Por que deter-nos aí?"

4. *Os sentidos como fontes de idéias*

"Que mudanças podem introduzir-se com o fim de provocar maior apêlo aos *sentidos?*" Vamos explorar o que se deve fazer para atrair os olhos e o ouvido, aguçar o paladar, agradar ao tato e ao olfato.

Vamos formular perguntas com relação ao apêlo à vista, começando pela côr. Neste sentido, um cientista resolveu o problema de como iluminar a fachada da casa sem atrair insetos. Bastou mudar a côr de uma lâmpada comum Mazda de branco para amarelo.

Em 1955, três indústrias foram fundamentalmente afetadas pela côr. O apêlo extra da variedade de côres contribuiu para elevar o total das vendas de automóveis, daquele ano, a novos recordes. Nesse mesmo ano a nova lâmpada côr-de-rosa veio mudar a padrão do mercado de lâmpadas elétricas. E ainda nesse ano os telefones coloridos tornaram-se fator importante na indústria telefônica.

Cada vez mais os fabricantes de máquinas industriais formulam a pergunta: "Qual a côr que seria melhor?" Quase tôdas as máquinas costumavam ser pretas mas as novas revestem-se de côres brilhantes que absorvem muito menos luz. Inúmeras usinas aumentaram a produção, reduziram os refugos e elevaram o moral do pessoal, com essa mudança.

Atualmente se detonam as espoletas das cargas de dinamite por meio de fios revestidos de "nylon" plástico ricamente colorido. As côres brilhantes — vermelho, amarelo e azul — distinguem-se com facilidade contra as paredes rochosas de um túnel de mina. Parte as minas de carvão, que são negras, o plástico de "nylon" adotado é branco brilhante. Para as minas de sal, que são brancas, o "nylon" é prêto. A fim de conseguir maior apêlo visual, vamos também perguntar: "Que dizer do *movimento*?" Atualmente existem luzes para árvore de Natal, que não sòmente brilham em várias côres mas também borbulham com efervescência. Douglas Leigh ganhou uma fortuna introduzindo mais movimento em anúncios espetaculares. Anéis de fumaças, de grandes dimensões, saem da piteira: mas não é fumaça, é vapor.

"O que dizer de maior apêlo ao *ouvido?* ... "Que podemos fazer com o som?" Elmer Wheeler ganhou fama fazendo a imaginação percorrer êste caminho. A idéia dêle era vender churrascos "chiantes". Para fins de promoção, a adição de som tem contribuído com novos elementos. Por exemplo, muitas lavanderias de calças para crianças instalaram nos caminhões nôvo tipo de busina sonora que toca *Rock-a Bye Baby.* Um secador elétrico interrompe-se automàticamente com a cantiga *How Dry I Am.*

Também podemos perguntar: "Como se pode fazer apêlo ao olfato?" Muito pouco se tem pensado a êste respeito. Tome-se, por exemplo, o pão. Todos os que passam perto dos fornos de padaria sabem como é delicioso o aroma que nos penetra as narinas. Algum dia, alguém irá imaginar um invólucro para pão com êste mesmo aroma. Até mesmo a questão do apêlo ao tato deve ser merecedora de exploração. E o apêlo ao gôsto é evidentemente importante.

As novas mudanças que se devem imaginar nas direções indicadas não têm limite. A modificação, em têrmos de maior apêlo aos sentidos, deve tornar-se assunto importante para a imaginação criadora de quem quer que procure criar ou melhorar qualquer produto.

5. *A técnica do "isto-por-aquilo"*

Ao fim da modificação e da adaptação apresenta-se a questão da substituição. Maneira evidente de acumular outras idéias consiste em imaginar o que se pode conseguir mudando *isto* por *aquilo* e vice-versa. Assim sendo, devemos formular para nós mesmos perguntas como as que se seguem: "Que poderei *substituir?*"... "Que é que se deve pôr *em lugar de*...?"

A busca de substitutos é um processo de tentativas que todos nós podemos usar na criatividade cotidiana; e, entretanto, a mesma técnica é a chave da experimentação científica. Paul Ehrlich procurava a tintura conveniente para colorir as veias dos ratos do laboratório. Nesta fase da longa pesquisa, que empreendeu em busca de algo capaz de matar tripanosomas, usou uma tintura após outra — ao todo mais de 500 côres diferentes.

A mudança disto por aquilo não se limita a elementos inanimados. Lugares, pessoas e até mesmo emoções podem transferir-se. Até as idéias podem ser transferidas. O exemplo clássico dêste caso é o que contam de Arquimedes. Êle tinha de descobrir se uma coroa era tôda feita de ouro. Como calcular o volume da coroa estava acima das fôrças dêle. De sorte que fêz o que muitas vêzes vem em auxílio do pensamento criador — foi tomar banho quente.

"O meu corpo faz com que a água se eleve dentro da banheira. Desloca exatamente o mesmo volume. Vou mergulhar a coroa dentro de água, medir o volume por ela deslocado, chegando assim ao volume dela. Multiplicando êste pelo pêso conhecido do ouro, poderei provar se a coroa está contrafeita. "Heureca!". Dêsse modo substituiu idéias, pondo o deslocamento da água em lugar da medida do volume do metal.

Inúmeras idéias novas valiosas resultaram da busca de um componente de substituição. Assim devemos perguntar: "Que outra *parte* em lugar desta?" As caixas de mudança exemplificam esta maneira de atacar um problema criadoramente. Melhorou-se a transmissão nos automóveis pela substituição de roscas metálicas às engrenagens. Por que não usar um fluido em lugar de engrenagens metálicas? A idéia poderia parecer descabida; entretanto, foi o que se fêz para facilitar a direção dos modernos automóveis.

A substituição tem ido tão longe que se chega a pôr coisa alguma em lugar de alguma coisa, e em seguida inverter. Êste feito excepcional da mudança de componentes contribuiu para nos dar a lâmpada elétrica melhorada. O Dr. Irving Langmuir deu início à pesquisa de melhores lâmpadas, procurando verificar por que as de Edison ficavam escuras pelo lado de dentro. Teòricamente nada havia lá dentro senão o filamento — nem mesmo ar. Langmuir melhorou o vácuo mas as lâmpadas continuavam a escurecer por dentro. Passou, então, a experimentar gases, encontrando afinal o árgon como preferível. A substituição dêste gás ao vácuo — mais a descoberta da melhor maneira de enrolar o filamento — deu em resultado a lâmpada cheia de gás, duas vêzes mais eficiente do que as primitivas lâmpadas a vácuo com filamento de tungstênio.

Devemos também formular a pergunta: "Que outros *ingredientes?*" Durante muitos séculos, sabão foi sabão. Depois sucederam-se os melhoramentos, mediante a substituição de ingredientes.

Quem algum dia pensaria em pôr cola em um composto para limpeza? Poderia esperar-se que um grande laboratório de pesquisa o imaginasse. Mas tal não se deu: foram dois homens do Milwaukee, que estavam desempregados e não sabiam o que fazer os autores da descoberta. Êles e as mulheres produziram o "Spic and Span". As mulheres acondicionavam, os maridos distribuíam. As donas de casa experimentaram e compraram mais. Procter and Gamble observaram o sucesso meteórico do produto do Meio Oeste e pagaram aos químicos amadores uma fortuna pela invenção.

O preço de aves e ovos ainda seria mais elevado se os criadores não adquirissem a vitamina D sob a forma de Delsterol, da Du Pont. Em geral se tinha extraído êste elemento alimentício do óleo de fígado do halibute e do tuna. A Du Pont, porém, substituiu-o pelo de mexilhões — fonte abundante, barata e até então nunca empregada. Esta substituição veio a calhar, pois aquêles dois peixes já estavam rareando, devido à guerra.

"Que outro *processo?*" é outra pergunta que faz achar idéias. Deverá processar-se no vácuo ou sob pressão? Deve-se fundir ou estampar? São estas algumas das inúmeras maneiras pelas quais podemos interrogar um processo, a fim de descobrir idéia melhor.

"Que outra *fôrça* poderia atuar melhor?" Embora o acionamento da máquina de costura, mediante o pedal, exigisse pouco esfôrço, a substituição do pedal pela de energia elétrica revelou-se de grande alcance. E nos novos automóveis os acessórios movidos a ar para levantar e abaixar vidraças originam-se de uma idèiazinha procurada e encon-

255

trada por John Oishei, há uns 40 anos atrás. Incentivado por um acidente quando dirigia um carro em 1912 no meio da chuva, imaginou um enxugador manual para vidraça da frente, que se tornou equipamento padronizado de todos os carros. Apesar deste sucesso, continuava a perguntar a si mesmo: "Por que ter de operá-lo a mão?" A busca de fonte mais simples e mais segura de fôrça levou-o à descoberta, que êle comparava a "encontrar um poço de gás no jardim da própria casa". Furando o tubo de coleta de ar, extraiu êste por meio de um tubo flexível fino, e o ar assim canalizado moveu um motorzinho no alto da vidraça.

Em seguida Oishei adaptou o motorzinho às buzinas e aos ventiladores para tirar a neve das vidraças. Com a mesma fonte de fôrça passou a derramar água sôbre a vidraça para lavá-la, ou então para limpar o vidro quando coberto de pó. A mais recente adaptação é a que fornece contrôle instantâneo, por meio de um botão, para levantar ou abaixar as vidraças do carro.

"Quem o faria melhor?" Acumulando-se alternativas por substituição, poderemos formular a nós mesmos perguntas nesse sentido. *"Quem fará isto melhor?"* é boa pergunta a formular-se. Certa vez tive de escrever uma circular a fim de levantar dinheiro para um monumento de guerra. Quanto mais meditava, mais me convencia de que essa circular exigia muito mais poder espiritual do que dispunha. Fiz uma lista dos que podiam escrevê-la melhor e escolhi um homem cujo filho tinha estado na Fôrça Aérea e cujo coração estava na causa para a qual eu procurava fundos. A carta dêle era duplamente melhor do que qualquer uma que eu pudesse ter escrito.

Também é conveniente perguntar: "Em que lugar mais?" A mudança de lugar pode importar na mudança do ambiente emocional. Durante quase 30 dias a América do Norte tinha ficado paralisada pela greve do carvão de 1948. John L. Lewis, dos mineiros; e Ezra Van Horn, dos proprietários das minas, eram irreconciliáveis. O líder Joe Martin arranjou nôvo lugar não-convencional para um encontro entre êles — o próprio escritório. Em 13 minutos os dois ficaram de acôrdo sôbre o ponto que permitiu terminar a greve.

Muitas vêzes a substituição de um interêsse por outro torna-se a chave de um melhoramento pessoal. Certa senho-

256

ra que conheci tinha um filhinho que gostava de brincar com fósforos. Ela voltou o espírito para "o que em lugar de?" e deu com canudos de refresco em substituição dos fósforos. A idéia deu resultado. Em muitos casos de delinqüência juvenil, pode ser a melhor resposta mudar os pais da criança. A resposta prática, embora tão-sòmente parcial, consiste em mudar o ambiente — substituir prazeres inocentes às influências perigosas.

As trilhas da adaptação, modificação e substituição revelam-se avenidas indefinidas para número infinito de idéias. Não importa qual o problema, convém verificar com a imaginação os inúmeros campos a que conduzem essas estradas.

TEMAS

1. Por que é vantajoso para o interêsse público sujeitar as idéias de outrem à adaptação? Discutir.

2. Quantos "clubes do mês" você pode indicar? Imagine mais três que poderiam lograr êxito.

3. Que modificação criou nôvo sucesso na indústria de rolamentos? Que sucessos semelhantes você é capaz de indicar?

4. Indique três maneiras pelas quais os cinco sentidos serviram como diretivas para idéias.

5. Indique cinco maneiras pelas quais se melhoraram produtos mediante a imaginação de substitutos.

EXERCÍCIOS

1. Quais os aspectos da casa que se poderiam melhorar tornando-os curvos ao invés de retos?

2. As visitas brincam com os seus filhos depois do jantar e êstes ficam tão excitados que não querem dormir. Como resolveria êste problema?

3. Existem livrinhos com gravuras em seqüência que, quando desfolhados ràpidamente contra o polegar, dão a impressão de uma fita cinematográfica. Para que novos usos poderia adaptar esta idéia antiga?

4. É notório que os pais encontram dificuldades em conversar com as filhas adolescentes. Sugira seis assuntos de conversação em que uns e outros se interessem.

5. Cite três canções que sejam tão apropriadas a operações domésticas a exemplo de "Como estou enxuto" em relação ao uso do secador elétrico.

REFERÊNCIAS

BILLINS, M. L. — Problem Solving in Different Fields of Endeavor". *American Journal of Psichology.* April 1934, págs. 259-272.

EASTON, WILLIAM H. — *Creative Thinking and How to Develop It.* New York. American Society of Mechanical Engineers, 1946.

GUILFORD, J P., GREEN, R. F., e CHRISTENSEM, P. R. — "A Factor-Analytic Study of Navy Reasoning Tests". Reports from the Psychological Laboratory, The University of Southern California, N.º 3, 1951.

HALL, S. R. — "Adapting vs. Adopting Ideas". *Printer's Inc.* April 7, 1927, págs. 109-110.

OSBORN, ALEX F. — *Wake Up Your Mind.* New York. Charles Scribner's Sons, 1952.

PATRICK, CATHERINE — "Whole and Part Relationship in Creative Thought". *American Journal of Psichology.* January 1941, págs. 128-131.

SPEARMAN, C. e JONES, WYNN — *Human ability.* London. Macmillan, 1950.

THORNDIKE, E. L. — "The Psychology of Invention in a Very Simple Case". *Psychol. Review,* July 1949, págs. 192-199.

WEIL, RICHARD JR., — *The Art of Practical Thinking.* New York. Simon and Schuster, 1940.

CAPÍTULO XXIII

Adição, multiplicação, subtração, divisão

A BUSCA DOS CORRELATOS "mais assim" e "menos assim" constitui fase importante da técnica da auto-interrogação, que pode impelir a imaginação para idéias cada vez em maior número. A categoria de amplificação compreende possibilidades em número infinito, por meio da adição e da multiplicação. A categoria da redução exige o acúmulo de alternativas, mediante subtração e divisão.

Para facilitar a exploração do primeiro campo, podemos perfeitamente formular as seguintes perguntas: "Que é que se deve juntar?"... "Deve ser *mais forte?*'... "Deve ser *maior?*"... "Qual o valor extra?"... "Que outro ingrediente?"

O *tamanho* é a chave mais simples para idéias por meio da amplificação. Por exemplo, os pneumáticos costumavam ser muito menores. Sendo estreitos apresentavam sempre perigo ao rebentar e não se fazia tão bem sentir o efeito de almofada. Há uns 25 anos, um fabricante perguntou: "Por que não os fazer mais *cheios?*" Tal pergunta conduziu ao tipo balão de pneumático. O princípio sensacional progrediu tão depressa que por volta de 1928 se tornou o tipo padrão. "Por que não o fazer ainda *mais cheio?*" conduziu ao superbalão, pelo qual os compradores de pneumáticos usados estão agora de boamente pagando ágio.

"Por que não *maior acondicionamento?*" pode-se perguntar com proveito muitas vêzes. As lojas em cadeia realizaram grandes lucros nesta direção. As fábricas de borracha fazem uso de grandes quantidades de cimento de borracha. Era costume acondicioná-lo em latas de um galão, que se abriam e se jogavam fora. Um trabalhador sugeriu o acondicionamento do cimento em tambores de 50 galões, com tampa, usando cada operador uma lata de um galão que se. pudesse encher de nôvo. Dêsse modo se enconomizaram as latas. O empregado que o sugeriu ganhou 500 dólares pela idéia do maior acondicionamento.

Ao acumular alternativas, mediante adição, deve-se pensar também em perguntas de tamanho. "Que dizer de *mais tempo?*" poderá ser uma delas. Inúmeros processamentos melhoraram sòmente por meio de demora mais prolongada. E nas relações humanas fator importante pode ser, muitas vêzes, mais tempo. Saímo-nos melhor quando contamos até três, antes de responder. Períodos de congelamento revelaram-se medida sábia em questões trabalhistas.

A maior freqüência também pode tornar-se digna de exploração. "Que resultaria se se fizesse isto *mais freqüentemente?*" Algum médico consciencioso deve ter 'formulado esta pergunta ao ter de tratar uma úlcera do estômago — daí resultando que refeições leves e freqüentes se tornaram prescrição proveitosa.

"Como *adicionar fôrça?*" constitui ainda outra chave. Pode-se perguntar mais particularmente: "Como *reforçar* isto?" A indústria de meias progrediu extraordinàriamente com o refôrço do calcanhar e da extremidade do pé. A Comunidade Oneida adicionou nôvo apêlo de vendas reforçando os pontos de desgaste das colheres de chá. Mediante tratamento pelo calor do bordo dos copos de mesa, a companhia Libby conseguiu êxito com êste artigo.

"O que *juntar* para tornar isto mais forte?" Esta pergunta conduziu à laminação. Entretanto, temos de admitir que a adaptação dessa operação ao vidro à prova de estilhaçamento foi em grande parte acidental. A versão mais corrente é que um químico deixou cair uma garrafa de colódio quando tentou apanhar os cacos de vidro, verificou que estavam presos. Daí a descoberta, que se cifra simplesmente em uma placa de material plástico entre placas de vidro.

No sentido do "mais assim" é conveniente pensar em têrmos de "Como se poderá adcionar *mais valor?*" Uma subquestão poderia ser: "Que dizer de maior quantidade em um pacote?" Sempre se venderam meias aos pares. Um proprietário de lojas em cadeia resolveu acrescentar meias às mercadorias do supermercado. Queria fazê-lo de modo diferente — oferecer mais valor. De sorte que imaginou a idéia de vender *três* meias por pacote em lugar de duas — "Compre um par e leve uma de graça." Inventou o nome "Triplons" para êste par-mais-uma de meias de "nylon".

A maneira comum de adicionar valor é dar mais por menos. Contudo, juntando *algo mais* muitas vêzes se pode animar ainda mais. Representa papel importante nos negócios americanos a adição de valor sob a forma de prêmios. Em um ano normal a soma total que se inverte em prêmios excede 500 milhões de dólares.

Outra pergunta que se deve formular é: "Quais os *ingredientes* que se poderiam juntar?" Muitas mulheres fazem instintivamente esta pergunta quando cozinham. Muita dona de casa adquiriu fama no têmpero de saladas juntando um pouquinho de alho ou de vinho. E se se trata da fabricação de produtos o *mais* de qualquer nôvo ingrediente é quase sempre digno de consideração. Graças à Universidade de Illinois, os fabricantes de dentifrício puderam juntar certo ingrediente amoniacal. Mais tarde adicionaram clorofila. Certa marca mui vendável contém êstes dois ingredientes.

"Que se poderá juntar como *característica extra?*" A Companhia Westclox há mais de 20 anos, tomou com êxito êste caminho dotando o Big-Ben com dois tons diferentes — um grito e um sussurro. Recentemente juntaram uma *luz* que pisca para chamar *silenciosamente;* mas se o adormecido não atende à luz, entra em ação uma campainha imperiosa.

Nas relações com os empregados, a questão do que se deve juntar para tornar o ambiente agradável reveste-se de grande importância. Em muitos casos, um pouco mais de côr muito contribuiu para fazer com que os operários gostassem mais do trabalho. Em outros, salas de descanso mais íntimas, algumas com café grátis, também contribuí-

261

ram. Música em tôda a extensão da usina, dominando o ruído das máquinas, também aumenta a satisfação dos empregados.

2. *Por meio da ampliação*

Quase tôdas as figuras de retórica fornecem diretivas para novas idéias não sendo exceção a hipérbole, têrmo retórico para *exagêro*. Daí devermos perguntar: "Que aconteceria se elevasse isto à potência n?... "Que aconteceria se exagerasse isto demasiadamente?"

"Que dizer do *exagêro desmedido?*" Êste se presta a explicar grande parte da propaganda da Rússia. Os retratos exibidos dos chefes soviéticos são geralmente do tamanho de uma casa. A Estátua da Liberdade foi precursora desta técnica do exagêro. A Inglaterra quase ganhou um colosso de Churchill. Um engenheiro americano ofereceu-se para levantar 100 mil dólares na América para dar início a um fundo destinado à ereção de uma estátua de 90 metros de altura do Primeiro-Ministro sôbre os rochedos brancos de Dover — com um charuto na mão, o qual teria um farol elétrico na extremidade. Mas Churchill rejeitou a idéia.

Constitui técnica fundamental dos caricaturistas levar o "mais assim" ao ponto do absurdo. Stan Hunt admite que o exagêro é a melhor arma de que dispõe. "Em um curso de psicologia de anormais", diz êle, "fiquei sabendo uma vez que as características do louco são simplesmente exageros das características normais. Os caracteres da caricatura desenvolvem-se de maneira muito semelhante."

A arte de Disney baseia-se, em parte, na multiplicação exagerada. Na fita da orquestra que executava *Guilherme Tell* apresentou um violinista tocando cinco violinos de uma só vez e depois cinco violinistas tocando um só.

A maior parte das pessoas deseja parecer com as outras, sem se destacar pessoalmente. Contudo, os que procuraram salientar-se lançaram mão muitas vêzes do exagêro do traje. O prefeito Fiorelo LaGuardia conseguiu grande sucesso nesse gênero com o chapéu que ganhou o apelido de "O Chapéu Grande". Diamond Jim Brady se destacou usando enorme diamante no peito da camisa. Alexander Woollcott alcançou-o usando enorme capa ondulante.

Nos problemas pessoais certa idéia desejada muitas vêzes se encontra no reino do exagêro. Quando nos confrontamos com uma falta séria em uma criança, podemos perguntar: "Como poderei levá-la a um extremo dramático?" Nesse sentido, certa senhora deu à filha uma lição marcante. A menina tinha recebido da tia uma caixa de bombons como presente de Páscoa. À noite, o pai pediu-lhe um. A filha respondeu: "Não são para a família. São todos meus!" No dia seguinte a mãe dela comprou duas caixas grandes de bombons, uma para si e outra para o marido. A menina compreendeu e aproveitou da lição.

Até mesmo em negócios, o exagêro pode contribuir bastante para salientar um aspecto qualquer. Charles Brower verificou que um dos redatores de anúncios para rádio se tinha deixado levar pela impressão de que os anúncios devem ser desagradáveis aos ouvintes para se tornarem eficazes. Brower então imaginou a seguinte parábola: "Um senhor foi à cidade fazer as compras do fim de semana para a mulher. Entrou em uma loja onde tinham ensinado aos caixeiros a psicologia da venda por meio do desagrado. O primeiro pisou-lhe o pé ao mencionar certa marca popular de sabão. O segundo puxou o chapéu do freguês sôbre os olhos, porque fazia uma venda especial de sabão enlatado naquele dia. Um terceiro deu-lhe um pontapé no queixo quando se esforçava para vender-lhe nova marca de calções."

3. Por meio da multiplicação

No sentido do "mais assim" podemos também considerar a multiplicação formulando perguntas como esta: "Que acontecerá se dobrarmos?" Por exemplo, John Oieshei imaginou, a princípio, apenas um enxugadór de vidraças para o carro. Mais tarde duplicou o emprêgo — dois enxugadores tornaram-se equipamento padrão em cada vidraça. Agora está tratando de instalar terceiro enxugador na vidraça traseira.

John Cornelius confrontava-se com o problema de introdução de nôvo produto comestível. Procurou chamar a atenção de maneira diferente e mais oifícil de acertar. Com grande inteligência aproximou-se primeiramente do problema malhando no evidente. Lançou mão da idéia de "experimentado-aprovado" com a garantia da devolução do dinheiro e em seguida tentou pensar como conseguir algo impressionàvelmente nôvo por meio de artifício tão mesquinho. Com a multiplicação chegou à idéia do: "*Dobre* o dinheiro de volta." O resultado foi tão favorável que pelo menos 16 anunciantes desde então copiaram a expressão.

A multiplicação tem dado origem a muitos produtos novos, o último dos quais constitui verdadeiro presente para os que pintam. Não mais se precisa raspar as tintas das palhêtas. John Anthony fornece agora uma palhêta compôsta de 50 fôlhas de papel impermeável. Basta retirar a superfície suja para se ter nova palhêta limpa.

E, sem dúvida, a multiplicação serve de base a imensa variedade da produção americana. Perfuradores em série constituem sòmente um dos muitos dispositivos de fabricação, baseados na multiplicação. Eis aqui dois pequenos exemplos de como se aplica tal princípio. Em uma fábrica de borracha empregava-se um dispositivo com quatro ganchos para dar banho ácido em pequenas peças de metal antes da cromação. "Por que não seis ganchos em lugar de quatro?", sugeriu um trabalhador. Por êsse modo aumentou-se a produção de 50 por cento. Um empregado perguntou igualmente: "Por que não se poderia empregar um molde *duplo* ao invés de um único para cortar esta peça?" Com isto *dobrou-se* a produção.

Além de perguntar: "Como poder matar dois passarinhos com uma pedra?" — boa pergunta a formular-se é: "O que acontecerá se duplicarmos isto em larga escala?" A Caixa Derby de Sabonetes constitui exemplo notável de como o "processo da bola de neve" transforma uma idèiazinha qualquer em acontecimento de larga repercussão. Myron Scott colheu esta inspiração enquanto observava rapazes correndo em carros feitos em casa na cidade natal de Dayton. A princípio, o Derby só atraía interêsse local. Mas, apadrinhado por Chevrolet, mudou-se para Akron em 1935, adquirindo nova pista de concreto.

4. *Por meio da redução*

Muitas vêzes se pode ampliar a faculdade criadora imaginando maneira de reduzir. É por isso que depois de ter procurado por tôda parte o "mais assim", pode-se passar ao "menos assim". Procurando idéias nessa direção, formulamos perguntas como sejam: "O que aconteceria se isto fôsse *menor?*"... "O que se poderia *omitir?*"... "O que dizer da divisão?"

Ao ponderar-se um produto, deve-se explorar a pergunta específica: "Como se poderia tornar isto mais *compacto?*" Relógios de bôlso mais finos e minúsculos relógios de pulso resultaram de meditação desta espécie. Os aparelhos de rádio fornecem outro exemplo. Nos primeiros dias da televisão, A. Atwater Kent fêz e vendeu mais de um milhão de aparelhos em um ano. Fazia quase tudo sòzinho, inclusive os desenhos. Em pleno sucesso, anunciou: "No próximo ano vou fazer o modêlo principal de metade do tamanho.". Os sócios duvidaram da prudência dessa resolução. O Sr. Kent porém manteve-a. O modêlo menor, chamado "compacto", tornou-se sucesso ainda maior que o precedente.

"Que aconteceria se fôssem menores?" pode perguntar-se mesmo com relação a furos. Walter Irving, criador dos campos de aterrissagem preparados de antemão no norte de África para as Fôrças Americanas, começou a trabalhar fazendo grandes portas de ferro para bancos, edifícios públicos e propriedades rurais. Depois passou a fabricar grades para as plataformas das estações subterrâneas. Verificou que os saltos dos sapatos das mulheres ficavam retidos nessas grades e os carros de crianças viravam. Foi levado então a imaginar um tipo de grade mais nôvo e melhor, com aberturas suficientemente pequenas para não prender os saltos altos. E daí passou à idéia dos campos de aterrissagem preparados de antemão.

Perguntamos anteriormente sob "mais assim": "Que dizer do *exagerado?*" Neste ponto devemos perguntar: "Que dizer de *miniaturas?*" Os fabricantes de bombons seguiram com êxito êste caminho. Um fabricante de canetas-tinteiro teve êxito com uma versão em miniatura denominada "meio-tamanho" que as senhoras podem usar prêsa em pé nas bôlsas.

Deve-se também perguntar: "Que dizer da *condensação?*" Um exemplo de boas idéias neste sentido constitui o nôvo guarda-sol de tamanho normal que se pode dobrar para ajustar-se à parte de cima da bôlsa feminina. Outro exemplo, é a nova carteirinha para o bôlso do colête de fôlhas de papel-sabão, com bolinhas que se expandem formando esfregão quando caem na água. Exemplo notável neste sentido é um concentrado — suco de laranja congelado — que revolucionou a indústria cítrica. Ùnicamente certa, marca dêste nôvo produto, que se deve a pesquisadores de Boston, vende atualmente cêrca de 70 milhões de litros de suco natural por ano.

Da mesma forma que, quando tratamos do "mais assim", formulamos perguntas de altura e comprimerto, devemos também perguntar agora: "Que dizer se isto fôsse *mais baixo?*" Ao desenhar novos carros, os engenheiros defrontam o constante desafio da possibilidade em reduzir a altura. Para conseguir um carro até mesmo um centímetro mais baixo, o fabricante chegará ao ponto de renovar completamente o desenho do modêlo a lançar.

Outra boa pergunta a formular: "Que dizer de *menor comprimento?*" A êste respeito, o último ponto a atingir-se são ondas sonoras e ondas luminosas. Um dos feitos criadores de Nela Park foi o encurtamento das ondas luminosas para que as lâmpadas preenchessem certas funções que anteriormente cabiam exclusivamente ao sol.

A energia radiante do sol reveste-se de três aspectos diversos: (1) Energia de onda longa, como seja o calor. (2) Energia visível que produz luz e côr. (3) Energia de onda curta, como seja o ultravioleta invisível. Quando se trata do encurtamento de ondas, a unidade científica de medida é o angstrom — 1/250.000.000 da polegada!

Os engenheiros da General Electric produziram a lâmpada solar por encurtamento do comprimento de onda mediante o emprêgo de um vidro especial. Raios ainda mais curtos que os do sol matam germes. Cêrca de 95 por cento desta energia germicida consiste de comprimentos de ondas tão infinitesimalmente curtos que medem sòmente 2.537 angstrons. Utilizando um vidro especial, as novas lâmpadas germicidas reproduzem as ondas que matam germes tão eficazmente. Contudo, êste triunfos de encurtamento resultam da idéia original de isolar as diversas faixas dos comprimentos de ondas da luz do sol. Daí a sugestão para a seguinte pergunta: "Que dizer da *separação* disto daquilo?"

"Que dizer se o fizéssemos *mais leve?*" Um inventor italiano aplicou esta pergunta aos trens de passageiros, criando nôvo tipo de carro, destinado a revolucionar o serviço de passageiros das estradas de ferro, segundo opinião dos editôres da revista *Life*. A American Car and Foundry Company já produziu e experimentou um dêstes trens. Os carros têm sòmente seis metros de comprimento e são tão leves como reboques de automóveis. Em lugar de oito rodas cada carro tem sòmente duas — situadas na extremidade posterior.

Em parte, o gênio de Kettering consistiu em perguntar: "Por que isto tem de ser tão pesado?" Todos acreditavam que os motores Diesel teriam de pesar demais para se usarem em automóvel. Kettering pôs de lado essa tradição e, auxiliado em Dayton pelos pesquisadores, concluiu que a principal resposta era nôvo tipo de injetor, tão infinitamente preciso que introduzia no motor exatamente a quantidade certa de combustível vaporizado, sob alta pressão e em intervalos rigorosamente iguais. Êstes motores pesam agora dez vêzes menos em relação à fôrça.

Pode-se fazer grande negócio em mangueiras contra incêndios e a concorrência é ativa. Um engenheiro criador perguntou: "Por que não fazer a mangueira mais leve?" Partindo desta pergunta, a companhia em que trabalhava criou nova mangueira 18 por cento mais leve do que qualquer outra anterior e que se pode pôr em ação em muito menos tempo.

Essa economia de tempo é de grande importância e sugere outra pergunta no mesmo sentido do "menos assim". "Poder-se-ia fazer isto *mais depressa?*" Foi o que conduziu Birdseye ao triunfo. Não era nova a congelação de alimentos. A descoberta dêle consistiu na maneira de congelar tão ràpidamente que a congelação penetrasse para dentro das menores células. Em seguida se pôs a meditar a questão de como adaptar essa técnica à *secagem* de alimentos e, depois de anos de esforços, achou a maneira de reduzir o tempo de desidratação em mais de 16 horas.

A eficiência americana na produção de artigos de preço baixo, apesar dos salários muito elevados por hora, em parte resulta de perguntas como esta: "Como se poderia tornar isto *mais rápido?*" ... "Quais os movimentos inúteis que se poderiam *suprimir?*" Se não se dedicassem o pensamento criador e estudos de tempo a estas perguntas, os preços seriam mais elevados e as compras menos numerosas. Ataques semelhantes sôbre o elemento tempo melhoraram igualmente o varejo. O sucesso das "cafeteiras" se deve à economia de tempo e, portanto, à redução do custo de mão-de-obra. O crescimento dos supermercados baseia-se tanto na economia de tempo quanto em outros elementos. Mesmo em problemas domésticos, pode ser conveniente explorar a questão de tempo. A criança que não tem boas notas na escola pode estar gastando tempo demasiado a ouvir rádio ou a qualquer outro passatempo. Convém que as mães, ao atacarem tal problema, incluam uma pesquisa relativa à maneira de encurtar tais períodos de diversão.

5. Por meio da omissão e divisão

A trilha do "menos assim" vai-nos conduzir agora ao atalho da *omissão*. Aqui formulamos a pergunta: "Que se poderá *eliminar?*" ... "Suponhamos que se abandone isto?" "Por que não *menos partes?*" Esta última diretiva resultou em óculos mais seguros durante a guerra, quando um fabricante se pôs a pensar mais ou menos assim: "Os óculos têm duas lentes. Por que duas? Por que que não uma lente cobrindo os dois olhos?" O resultado foi o "Monogoggle".

Ao invés de eliminar partes, até mesmo unidades inteiras, às vêzes, podem suprimir-se. Exemplifica-o o nôvo tipo de pneumático sem câmara de ar que elimina virtualmente o perigo de furos e estouros repentinos.

Martin Kearson, que trabalhava na usina Yellow Truck, em Pontiac, fêz duas sugestões que economizaram 76 mil pés de madeira em 60 dias. Uma delas foi um processo melhorado de encaixotar os caminhões do Exército para embarque. A outra foi decalcar as informações diretamente sôbre os caminhões, suprimindo assim certo número de tábuas. Com isto houve economia de 242 horas de trabalho por mês.

A eliminação daquilo que provoque objeções constitui desafio criador evidente. O Dr. Alex Schwareman assim o fêz quando resolveu que o óleo de rícino não devia ter o gôsto que tem, criando um tipo insípido. C. N. Keeney observou que as vagens são de preparo difícil e desagradáveis quando se comem, se ficam com as arestas duras. Observou, entretanto, que havia vagens sem arestas entre as que chegavam à fábrica. Resolveu dar uma busca para descobrir estas. Na estação apropriada, meteu-se em um macacão e foi percorrer as plantações, uma após outra, de cócoras, examinando planta por planta. Encontrou muitas vagens sem arestas, que reservou e replantou; depois repetiu o mesmo processo até ter o que procurava — vagens sem arestas.

Ao procurar qualquer idéia por meio da eliminação, outra pergunta a formular é: "Como se poderá fazê-lo *"streamlined?"* Pensando nesta direção chega-se a aumentar o apêlo à vista e diminuir o custo, como se dá na indústria automobilística. Outro exemplo se reporta aos aviões a jato. Quando viajam com a velocidade do som, o ar não cede lugar — fica comprimido e acumulado em tôrno aos bordos dianteiros da asa. Por trás desta onda de "choque" o ar pode apresentar tal resistência que chegue a despedaçar um aeroplano. Wright Field imaginou a construção de nôvo tipo de asa destinado a reduzir ao mínimo o atrito da superfície. A parte externa recebe acabamento e polimento como se fôsse um espelho — livre de rebites, juntas superpostas e outras saliências. Prepara-se a superfície da asa com várias camadas de pano de fibra de vidro cimentadas entre si.

Em grande parte o gênio da indústria americana consiste na simplificação; e quase sempre isto significa imaginar o que se deve suprimir. Aplicar o *"streamlining"* ao desenho é bom, mas aplicá-lo aos estágios de produção é ainda mais importante.

Não se deve limitar as idéias de "deixe-de-lado" à fabricação de qualquer objeto. O fator de omissão torna-se também, por vêzes, importante nas relações humanas. Convém formular a seguinte pergunta: "O que se poderia deixar de dizer?" Na diplomacia tal silêncio é de ouro, podendo representar papel importante no trato cotidiano, que permite às pessoas conviverem melhor.

Além de pensar em diretiva de supressão, devemos também procurar alternativas por meio da *divisão*. Vamos formular a pergunta: "Que acontecerá se se dividir isto?"... "Suponhamos que dividimos isto?"

O filhinho da minha filha não conciliava o sono, se não o cobrissem com certo cobertor. Era necessário, entretanto, lavá-lo; mas como fazê-lo se estava quase sempre em uso?

269

O pequeno conhecia instintivamente quando se usava outro no lugar daquele e rebelava-se. A minha filha resolveu, então, cortar o cobertor em dois, lavando cada metade de uma vez. Devemos também pensar na separação por *sortimentos*. Esta idéia parece dar resultado no negocio de aves. Atualmente muitos dêsses açougues se especializam em cortar as aves em pedaços, vendendo coxas aos que as preferem e peitos aos que os desejam.

"Dividir para conquistar!" era a principal estratégia de Hitler. "Como poderemos atacar êste problema *peça por peça?*". Constitui boa pergunta a fazer-se mesmo nos problemas cotidianos das relações humanas.

Outra trilha do *"menos assim"* merecedora de exploração é a de *dizer menos do que é*. Esta diretiva pode conduzir a melhor redação, como quando Shakespeare faz César exclamar: "Et tu, Brute!" O Conde de Turenne, depois de destruir o exercício espanhol, enviou a seguinte mensagem ao Rei Luís XIV: "O inimigo veio, foi batido, estou cansado. Boa noite!"

Na crítica dramática, aguça-se a mordacidade por êsse processo. Brooks Atkinson uma vez escreveu o seguinte: "Quando Wilbur chama a comédia que escreveu de *Meio Caminho para o Inferno*, subestimou a distâncias." E quando Robert Benchley estava comentando peças levadas nos teatros da Broadway, costumava muitas vêzes subestimar com o intuito de combinar um sorriso ao sarcasmo. Por exemplo, descreveu certo drama como sendo "uma dessas peças em que todos os atores, infelizmente, enunciam com grande clareza".

Na caricatura a técnica do "menor assim" toma forma da subestimação. O artista deixa de lado as minúcias, todos os detalhes para criar a figura com o menor número possível de traços. Cada vez mais os artistas de anúncios pensam em têrmos de subestimação, a fim de conseguirem impressionar. Mas esta diretiva ainda é tão nova, que a cidade de Nova Iorque ficou assustada quando *McCall's* publicou um anúncio de uma página inteira de jornal com o seguinte título: "*McCall's Magazine* estêve como que muda durante quatro eu cinco anos."

TEMAS

1. Que perguntas podemos formular a nós mesmos quando em busca de idéias alternativas por meio da ampliação?
2. Dê três exemplos de novas idéias a que chegou por meio de multiplicação.
3. Que perguntas podemos formular quando procuramos idéias alternativas por meio da redução?
4. Forneça três exemplos de novas idéias a que chegou por meio de "streamlining".
5. Quais seriam as vantagens para as donas de casa se vendessem o sabão em latas de metade do tamanho usual? Ou então cinco vêzes o tamanho usual?

EXERCÍCIOS

1. Surgia uma característica que se possa juntar a *The Reader's Digest* para aumentar o número de leitores.
2. Sugira, pelo menos, 6 idéias destinadas a tornar a vulgar sala de aula mais agradável e eficiente.
3. Sugira, pelo menos, 6 artigos aos quais se possa juntar clorofila para aumentar-lhes o valor de vendas.
4. Imagine, pelo menos, 3 prêmios convenientes, que se dêem com a compra de cada um dos seguintes artigos: (a) Sapatos para homens. (b) Máquina de lavar roupa. (c) Mobília de sala de estar. (d) Motor de barco.
5. Se um político, que deseja chamar a atenção, pretendesse lançar mão de trajes, quais as três idéias que se poderiam sugerir-lhe no sentido do chapéu marrom de côco de Al Smith ou o guarda-chuva de Chamberlain?

REFERÊNCIAS

BROWNELL, W. A. — "Problem Solving". *Yearbook National Society for the Study of Education*. Public School Publishing Company, Part. 2, 1942, págs. 415-443.

CRAWFORD, ROBERTO P. — *Think for Yourself*. New York. McGraw-Hill Book Company, Inc., 1937.

DIMNET, ERNEST — *The Art of Thinking*. New York. Simon and Schusder, 1929.

MARKEY, F. V. — "Imagination". *Psychol.* Bulletin. March 1935, págs. 212-236.

O'CONNOR, JOHNSON — *Ideaphori.* Boston. Human Engineering Laboratory, 1945.

OSBORN, ALEX F. — *Your Creative Power.* New York. Charles Scribner's Sons, 1949.

REISS, OTTO F. — *Now to Develop Profitable Ideas.* New York. Prentice-Hall, Inc., 1945.

SCHNACKEL, H. G. — *The Art of Business Thinking.* New York. John Wiley and Sons, Inc., 1930.

WERTHEIMER, M. — *Productive Thinking.* New York. Harper and Brothers, 1945.

WOOLF, JAMES D. e ROTH, CHARLES B. — *How to Use Your Imagination to Make Money.* New York. Whittlesey House, 1948.

CAPÍTULO XXIV

Nova disposição,
inversão e combinação

INTERROGAÇÕES QUE formulamos a nós mesmos contribuem para projetar a imaginação em vários outros campos correlatos. Inúmeras idéias se deparam no reino da *nova disposição*. A segunda lei de associação, contraste, patenteia numerosos novos caminhos por meio da *inversão*. E, sem dúvida, sempre se reconheceu na *combinação* função importante da imaginação criadora.

Em geral, a nova disposição oferece quantidade incrível de alternativas. Por exemplo, o capitão da equipe de basebol pode transmitir a ordem por 362.880 maneiras — dispondo assim diferentemente os mesmos nove jogadores! De fato, há inúmeras alternativas — inúmeras diretivas para idéias — que se podem conseguir por meio de perguntas, como sejam: "De que outra maneira se pode *dispor* isto?... "Que aconteceria se se *alterasse a ordem?"*

Felizmente, a tendência a dispor diferentemente constitui impulso inato. As crianças arrumam os mesmos blocos conforme maneira indefinidamente diferente. As donas de casa mudam continuamente a posição dos móveis da sala de estar, e isto, mais um nôvo abajur ou outro detalhe, apresenta a sala inteiramente nova. As môças de hoje chegam

273

até a dispor de outra maneira a aparência. Lançando mão dos mesmos elementos com que nasceram, modificam os lábios, as sobrancelhas e cabelos, a fim de criarem rostos diferentes, um depois do outro. "Que outra *arrumação* poderá ser melhor?"... "Onde se deve colocar esta parte em relação àquela?" Tais perguntas contribuem para a acumulação de alternativas por meio de nôvo arranjo dos elementos constituintes.

"Terá que se pôr o carro adiante dos bois?" costuma ser indagação acadêmica. "Deverá o motor ficar à frente ou atrás?" constitui hoje pergunta prática e oportuna. Em se tratando de carros de passeio se agitou e tornou a agitar esta idéia; mas até agora, parece que as desvantagens ultrapassam as vantagens. Contudo, nos ônibus, os motores à traseira tornaram-se comuns.

Assim também, nos primeiros tempos, acendeu-se uma controvérsia calorosa em torno de saber se o tipo de impulso dos aeroplanos era preferível com a hélice atrás — ou se era de preferir o tipo trator, com a hélice à frente. Foi êste último tipo que prevaleceu. Contudo, nos novos aviões a jato, a fôrça vem de trás; enquanto que os helicópteros têm as hélices por cima. Tudo isto mostra que existe sempre alguma *outra* alternativa especialmente no campo da nova disposição.

"Que outra *planta baixa* daria melhor resultado?" Esta pergunta está no fundo de tôda a arquitetura. E na arte de vender plantas baixas se sujeitam a tôda espécie de novas disposições. Quando as lojas arrumam os balcões paralelamente no sentido do comprimento os fregueses passam entre êles percorrendo tôda a extensão da passagem com muito pouca probabilidade de serem tentados por outras mercadorias. Recentemente procura-se dispor os balcões atravessados em relação à loja, deixando passagens estreitas para as alas principais. O nôvo "Food-O-Mate" adotou nôvo arranjo ainda mais radical. Tem por base o princípio de enchimento por gravidade. O comprador tira o pacote do fundo de um "cano" e os pacotes descem imediatamente por dentro do tubo. Cada "cano" é carregando pela parte de trás. Tal sistema economiza espaço e mão-de-obra.

Até mesmo os bancos têm revelado invejável capacidade no sentido de nova disposição. O Bayside National Bank fêz sucesso quando anunciou o nôvo "Pram Teller", que per-

274

mite às senhoras fazer operações de banco sem terem de deixar o carrinho das crianças. E muitos bancos já fizeram novos edifícios para servir os fregueses de automóvel. Os pagadores chegam a ter cestas que estendem para dentro do carro do cliente.

"Que maneira de *pagar* produziria o maior *incentivo?*" Caso trivial mais significativo apresentou-o um meu vizinho. Gostava de praticar gôlfe em pequena escala, quando voltava de tarde para casa. Arranjava 30 bolas e jogava-as por cima da cêrca para um lote vazio ao lado. O filho de cinco anos gostava de observá-lo e um dia lembrou-se de dizer: "Papai, quanto você me dá para eu ir buscar aquelas bolas?" O pai estava a ponto de oferecer-lhe 10 centavos mas voltou atrás e disse: "Dou-lhe um pêni para cada três que você achar."

O menino atacou a emprêsa àvidamente, mas só trazia 27 ou 28 bolas: raramente se dedicava ao trabalho durante bastante tempo para encontrar as últimas duas ou três. O pai ficou com mêdo de que o menino contraísse certo hábito de displicência, de sorte que deu nôvo arranjo à compensação. Disse ao filho: "Vou pagar 15 centavos ao invés de 10 se você encontrar tôdas as bolas. Você nada ganhará pelas primeiras 28 bolas que achar. Ganhará 5 centavos pela 29.ª e 10 pela 30.ª." Dessa maneira recuperava tôdas as 30 bolas de cada vez, e o menino apreciou muito mais o serviço.

Êste esquema de pai para filho apresenta-se aqui sòmente como exemplo de que o nôvo arranjo da recompensa pode provocar produção mais elevada, proporcionando maior alegria a quem executa a tarefa. Novos planos industriais de incentivo se conformam com êste mesmo princípio. Alguns dêles estão funcionando a contento do ponto de vista do empregador, do trabalhador e da economia nacional. Nôvo arranjo da compensação constitui ainda e sempre constituirá desafio criador para todos.

"Que dizer da *regulação do tempo?*" ... "Que dizer de uma mudança de velocidade?" ... "O que acontecerá se o *tempo* fôr diferente?" Tal nova distribuição faz parte do gênio dos campeões entre os jogadores de basebol, oradores, pregadores e atores. A mudança de andamento representa papel importante na arte de atores cômicos, como Jack Benny.

275

Que dizer de *programas?* Podia-se bem sujeitar ao "brainstorm" a pergunta: "Quais serão as melhores horas de trabalho?" Especialmente quando se trata de trabalho de escritório, apresenta oportunidade para melhorar a distribuição das horas de trabalho. Por exemplo, um advogado possuía uma casa de campo perto da minha, a uns 40 minutos do escritório. Durante o verão, ia sempre para o trabalho às 5h 30 da manhã, de modo a passar a tarde na praia do lago. De igual maneira, muitas lojas distribuíram diferentemente as horas de funcionamento, para maior conveniência do público e menor pressão sôbre os meios de transporte.

Em problemas domésticos convém muitas vêzes perguntar: "Deve-se fazer isto mais cedo ou mais tarde?"... "Que outra ocasião seria melhor para isso?" Até mesmo a ocasião das irritações pode distribuir-se de nôvo com proveito, como prova a escritora que se casou com um advogado. Embora tivesse resolvido que detalhes caseiros não interferissem com a camaradagem do casal, dentro de pouco tempo viu que o saudava quando chegava em casa com assuntos pouco românticos, como seja nôvo vidro para uma vidraça, nôvo chuveirinho para a bica da pia da cozinha e até mesmo um consêrto no vaso do toilete. Pôs-se à procura de uma idéia que acabasse com isso. Certa tarde saudou o marido sòmente com tópicos agradáveis. Êle ficou admirado com a mudança, mas nada disse. A explicação veio na manhã seguinte quando êle saía para o escritório; ela passou-lhe uma lista de incumbências que teria de executar durante o dia. Desde então o casal adotou êsse regime.

2. *Que outra seqüência?*

"Que dizer da seqüência?"... "Que é que deve vir depois do quê?" Autores e comediógrafos têm sempre de meditar profundamente sôbre tais perguntas. A ordem cronológica é a mais simples e muitas vêzes a melhor; mas um enrêdo, vez por outra, fica animado quando se movem os ponteiros do relógio para trás e para diante.

Nôvo arranjo da seqüência revela-se problema freqüente no rádio, especialmente onde colocar os anúncios com precisão. O diretor, sem dúvida, deseja a maior audiência para os anúncios, mas sem provocar mudança de estação por parte dos ouvintes. Durante 20 anos a irradiação teve de basear-se em opiniões pessoais com relação a êste dilema. Assim, Arthur Nielsen imaginou um sistema de orientação científica. Por meio de aparelhos registradores conjugados a rádios residenciais, revela agora exatamente quantas pessoas ouvem certo programa em *cada minuto*, e quantas isolam o aparelho em cada minuto. Por êsse meio concreto, os diretores podem distribuir de outra maneira a seqüência colocando os anúncios de maneira a assegurar audição máxima e mínimo desligamento.

Inúmeros problemas domésticos encontram solução se formulamos perguntas como esta: "Isto deve vir antes daquilo?" Por exemplo, uma das minhas filhas era débil quando muito jovem e o médico insistia em que ela comesse mais legumes. Não obstante todos os nossos pedidos e repreensões, comia invariàvelmente em primeiro lugar a carne, desprezando os legumes. Resolveu-se esta dificuldade por meio da pergunta: "Por que não lhe servir primeiro os legumes?" De então em diante enquanto comíamos carne e legumes, ela comia sòmente êstes. E os comia a fim de ganhar a carne. É bastante estranho que, quando casada, a filha apresentou o mesmo problema: e a mesma estratégia de nova distribuição resolveu-o recentemente.

Mudanças de seqüência na arrumação dos alimentos proporcionaram lucro às "cafeterias". Verificaram que se vendem melhor as sobremesas quando os fregueses as vêem no *princípio* do balcão ao invés de *no fim*, onde costumavam ficar, e onde lògicamente deveriam encontrar-se.

"Que dizer de *causa e efeito?*"... "Que aconteceria se as transpuséssemos?" Até mesmo tais perguntas de seqüência podem tornar-se fontes de idéias. Com que fundamento se deve o que nem sempre se sabe qual seja causa e efeito; ainda não estamos certos do que vem primeiro — se a galinha, se o ôvo.

Nota-se a mesma confusão relativamente à seqüência, mesmo em assuntos que devem ser científicos. Tomemos, por exemplo, a medicina. Uma pessoa está intoxicada e acusa febre. O diagnóstico indica como causa uma inflamação dos rins. Em certo caso que conheço, aquela causa se verificou finalmente ser o efeito. A causa real era eliminação vagarosa, sobrecarregando demasiadamente os rins e trazendo como conseqüência a inflamação da bexiga. Acelerando a eliminação, aliviou-se a bexiga e cessaram intoxicação e febre. Esta história verdadeira exemplifica quanto convém pensar em têrmos de transposição entre causa e efeito — perguntando de um efeito aparente: "Não será talvez a causa?" ou perguntando de uma causa suposta: "Não será talvez o efeito?" Levada para relações pessoais, tal atitude criadora se torna digna de nota. Inúmeras pessoas se abandonam ao alibi: "Não há quem goste de mim — é por isso que eu sou taciturno e sensível". Também neste caso pode tratar-se de confusão entre causa e efeito. Se esta pessoa esforçar-se bastante para estar alegre e objetiva, em lugar de preocupada e subjetiva, provàvelmente o efeito seria que todo mundo gostasse dela.

Desafiando a seqüência, podem romper-se círculos viciosos. Por exemplo, um homem vem para casa à tarde, muito fatigado. A fadiga leva-o a brigar com a família. O efeito disto torna-se causa — transtorna-o de tal sorte que, quando vai para a cama, não pode conciliar o sono. Então esta causa se torna efeito. Está cansado quando vai para o trabalho no dia seguinte. Por sua vez, daí resulta que vai para casa de tarde ainda mais cansado e mais aborrecido do que nunca.

Evidentemente, poderia mudar tudo isso pela simples alteração do primeiro efeito. Mesmo que se sentisse cansado, poderia esforçar-se por agir de maneira agradável ao chegar em casa. Dormiria melhor; no dia seguinte iria para o trabalho mais calmo. Portanto, estaria menos cansado no fim do dia, e em conseqüência menos irritado.

Como nem sempre a causa e o efeito são imutáveis, é sempre conveniente imaginar-se criadoramente qualquer mudança nesta relação. E, sem dúvida, além de tal transposição, é sempre conveniente enviar a imaginação em busca de tôdas as outras causas possíveis.

3. A técnica do vice-versa

Não sòmente causa e efeito mas quase tudo mais pode inverter-se. É por isso que o contraste pode dar origem à fluência ideadora. Entre as muitas perguntas que conseguem in-

278

centivar o espírito nesse sentido, aqui estão alguns exemplos: "Transpor positivo e negativo?"... "Que são negativos?"... "Devemos virar isso do avesso?"... "Por que não para cima em lugar de para baixo?"... "Ou por que não para baixo ao contrário de para cima?"

Por meio de inversões pode-se levar o nôvo arranjo ao extremo — até mesmo ao ponto do absurdo, conforme muitas vêzes fazem os comediantes. Chase Taylor, por exemplo, ganhou fama sob o nome Coronel Stoopnagel, pelas contorsões ridículas.

"Switcheroo" é o nome que dão em Hollywood à criatividade amalucada. Muitos enredos se imaginaram ou conseguiram fazendo com que o homem mordesse o cachorro ao invés da *vice-versa*. Juntem-se dois escritores de enredos em uma conferência, e se acendem pensamentos como êste: "Cá o tenho", exclamará um dêles: "Em lugar de fazer com que *êle* se apaixone pela estenógrafa vamos fazê-lo de esteno para que uma *rapariga*, chefe dêle, fique loucamente apaixonada por êle. Nesse ponto êle senta no colo dela para tomar notas, e todos morrerão de riso!"

O pensamento criador desta espécie baseia-se na busca do oposto ao convencional, e Leo Nejelski frisou a necessidade dêsse processo mesmo em negócio. Diz êle: "Muitas pessoas verificaram que conseguem idéias originais quando desafiam sistemàticamente o evidente." Thomas S. Olsen emprega versão ligeiramente diferente da meditação invertida. Disse êle: "Quando em busca de uma idéia, vou sempre do positivo ao negativo e vice-versa." Tentando pensar primeiro o evidente e depois o oposto, emprega corrente alternativa para incentivar o poder criador.

"Que dizer da inversão dos papéis"? Vamos também formular esta pergunta. Carl Rose emprega êste artifício muitas vêzes, conforme o demonstra a caricatura do pai que está lendo um jornal do lado de dentro de um cômodo de brinquedos enquanto quatro garotos esperam do lado de fora. Quanto ao emprêgo judicioso da inversão de papéis, explica E. M. Statler: "Esforço-me por não me considerar nunca proprietário de hotel, mas ponho-me sempre nos sapatos dos meus hóspedes. Pensando segundo as necessidades dêles, tenho chegado a algumas das minhas melhores idéias." Ao pensar em questões de concorrência, é também conveniente

279

pôr os sapatos no pé de outrem perguntando: "O que poderá fazer o meu concorrente para levar-me a melhor neste caso?" Poderíamos também formular a pergunta: "Que acontecerá se dissermos ao inverso?" É assim que o humorista arranja as melhores tricas. Quando usado judiciosamente, fica compreendido sob o título de *ironia* — figura de retórica que fere um assunto, fazendo uma afirmação que significa o oposto. Diversamente do sarcasmo ou da sátira, a ironia pode ser gentil. Usamo-la amiúde para tornar mais incisivo o que dizemos.

A ironia também pode tomar forma de lição objetiva. For exemplo, a Galeria de Arte Albright animava o bom gôsto por meio de' uma câmara de horrores. Chamavam-na de *This is Bad Design*, sendo uma "exposição para terminar exposições". Com isso atraiu multidões durante três dias seguidos. Os horríveis exemplos consistiam em móveis tão estranhos que sòmente a esquisitice os tinha salvo de um monte de lixo. Um crítico descreveu a coleção como sendo "o amontoado de bugigangas mais inacreditável que a geração precedente houvesse reunido".

Que tal se fizermos o *inesperado?*"... "O que se pode conseguir por meio da surprêsa?" Há alguns anos um agente de jornal de Hollywood foi convidado para figurar como comentador em um filme de atualidades. Uma fotografia mostrava um jogador de basebol parando repentinamente. "Ponha freios a guinchar por baixo", gritou para o controlador de som. Quando se exibiu a fita, os gerentes vieram em chusma para os corredores. Desta idéia o ex-agente Pete Smith passou a desenvolver uma série de fitas cômicas coroadas de êxito.

John Wanamaker acreditava igualmente na inversão do evidente. O seu melhor auxiliar disse dêle: "Wanamaker planejava deliberadamente fazer o inesperado de maneira diferente. Há tanta verdade nessa afirmativa, que alguns dos seus associados costumavam dar palpite no oposto do que se esperava dêle, e êsse oposto era sempre a melhor suposição."

Quando se tem de sujeitar a "brainstorm" um produto, será conveniente perguntar: "O que aconteceria se o invertesse?" "Por que não virá-lo do avesso?" Um negociante de peles desafiou a própria marca por esta maneira: mandando cozê-la nos capotes de pernas para o ar. Consegue com isso distinção; mas, ainda mais, quando penduram o casaco no

280

encôsto de uma cadeira, o nome do negociante fica na posição certa, facilitando a leitura.

"Por que não experimentá-lo pelo outro lado?" O nó da invenção de Howe, na máquina de costura, consistiu em que em lugar de dispor o furo da agulha na extremidade oposta colocou-o nesse ponto.

"Por que não construí-lo de cima para baixo?" Por meio da meditação invertida Henry Kaiser acelerou espetacularmente a construção de navios durante a última guerra. Teve a idéia de construir secções inteiras como sejam as cobertas do navio viradas às avessas, de sorte que os soldados podiam trabalhar para baixo em lugar de acima da cabeça.

Gene Commery, da usina de lâmpadas da General Electric, procurando novas maneiras de iluminar, formulou esta pergunta. "Por que não fazer com que a luz vá para cima ao invés de descer?" Daí resultou idéia completamente nova para iluminar-se a mesa da sala de jantar. Não se vê lâmpada alguma. A luz sai do soalho. Passa por um orifício na mesa para atingir o espelho contra o teto. Êste reflete luz suave que cobre sòmente a superfície da mesa.

4. Combinação ao infinito

A maior parte das idéias resulta de combinações tanto mais que se considera geralmente a *síntese* como constituindo a essência da criatividade. Com o objetivo de projetar a imaginação para êsse campo, podem-se formular perguntas como estas: "Que idéias se poderão combinar?"... "Que dizer de uma liga?"... "Que dizer de uma mistura?"... "Combinar unidades?" "Combinar objetivos?"... "Que dizer de um conjunto?"... "Como será com um sortimento?"

"Que materiais seria possível combinar?" serve para iniciar idéias que podem conduzir a alternativas em número infinito. Conforme a opinião de Albert W. Atwood, a última guerra foi em grande parte uma guerra de ligas metálicas. Por exemplo, depois de Pearl Harbor a América precisou repentinamente de grande quantidade de canhões. O processo antigo consistia em fundir e furar cada cano, um por um; mas gastava-se muito tempo nesta operação. Felizmente se tinha produzido nôvo tubo de uma liga, o qual era tão resis-

281

tente que podia transformar-se ràpidamente em cano de canhão.

As ligas têm representado papel importante no progresso da indústria, especialmente no campo automobilístico. Em muitos pontos dos carros Chrysler se encontram rolamentos que combinam metais com óleo. Geralmente pensamos nos pneumáticos como sendo borracha, mas a borracha crua não seria satisfatória a menos que a combinássemos com produtos químicos como aceleradores e substâncias contra o envelhecimento. E, sem dúvida, a carcaça é quase inteiramente fibra. A princípio era algodão, últimamente passou-se a usar fibra de cordas. Mais tarde a fibra de certos pneus foi substituída pelo raion; em outros, estão usando "nylon" em lugar de raion.

Devemos também formular a pergunta: "Que outro artigo poderia misturar-se vantajosamente com êste?"... "Que é que se poderá misturar com isto, de modo a formar uma unidade única?" Exemplo desta última apresenta-o a camisa moderna para homens. Qualquer de nós ainda se lembra das dificuldades que cercavam a colocação do colarinho e dos punhos engomados na camisa.

Vê-se outra combinação semelhante nos pátios de triagem para a lavagem das vidraças dos carros. Consiste em uma grande escôva com uma mangueira embutida, e que combina assim duas operações em uma única. A mais recente adaptação desta idéia é uma brocha de alimentação automática. O líquido chega aos fios quase da mesma maneira pela qual se distribui ao esguicho de um pulverizador.

As combinações apresentam-se em grupos. Mais de um espírito deve ter formulado a pergunta: "Com o que se poderia combinar um rádio de cabeceira?" Encontra-se hoje um pequeno aparelho receptor dentro de travesseiro de látex, que nos proporciona música aos ouvidos. Combinaram também um aparelho de rádio com lâmpada, que se pode prender na cabeceira da cama de modo o ouvir-se o rádio enquanto se lê.

Tais combinações conjugam tanto os usos como os produtos e, portanto, sugerem esta pergunta: "Que se poderá combinar para multiplicar o objetivo?" Inúmeras pessoas idosas ainda deveriam estar passando de óculos para distância a óculo para leitura, se não fôsse Benjamin Franklin. Cansou-se de trocar um por outro; de sorte que cortou as lentes em duas e ligou-as fazendo a leitura pela metade inferior. Foi assim que se originaram os bifocais. "Que é que se poderia fazer aplicando a combinação ao acondicionamento?" é pergunta que pode conduzir a imaginação a número ainda maior de alternativas. Era natural aplicar-se uma rôlha munida de escôva na bôca de um vidro de qualquer produto para tirar manchas. Assim também a idéia de acondiciocionar queijo em copos.

Vamos também perguntar: "O que se poderia fazer grupando artigos em *conjuntos?*" Exemplo simples é o que fêz Cluett Peabody oferecendo camisas, gravatas e lenços em combinação de côres. Outro fabricante de lenços combinou o produto com um livro, *The Night Before Christmas.* Junto a cada figura colorida encontrava-se um lenço apropriado. "Que dizer de um sortimento de sortimento?" Tal pergunta se tornou a base de nôvo negócio. Como inúmeros empregados eram pagos por cheques, o pagamento dêsses cheques tinha-se tornado verdadeira dor de cabeça para os bancos. B. F. Studebaker atacou êste problema. Em conseqüência muitos bancos colecionam agora as notas em sortimentos de 10, 20, 25, 50, 60 dólares, e assim por diante. Cada maço recebe a indicação do total em uma fita de papel. Distribuem-se então em prateleiras especiais nos balcões dos pagadores. Assim, durante as horas de maior movimento, em vez de terem de contar o dinheiro, os pagadores escolhem os maços convenientes completando-os com o trôco.

A ciência cria largamente por meio da combinação. Achamos difícil imaginar que se faça o "nylon" com ar, carvão, água, petróleo, gás natural e produtos agrícolas acessórios, como sejam sabugo de milho e casca de aveia. De fato, exprimi-lo desta maneira é simplificar demasiadamente; mas o fato é que os elementos são os que citamos.

Há mais de 25 anos, na obra *Mind in the Making,* James Harvey Robinson assinalou: "Até hoje o químico foi capaz de produzir artificialmente mais de 200 mil compostos, muitos dos quais a humanidade anteriormente ia buscar na alquimia dos animais e das plantas." Acidentalmente nessa mesma obra — escrita 20 anos antes de Pearl Harbor — Robinson fêz a seguinte profecia: "Talvez não esteja muito longe o dia em que, conseguindo o químico aprender a controlar a incrível energia interatômica, o motor a vapor pareça anacronismo tão completo como o moinho de vento."

Provàvelmente as combinações mais proveitosas são as de idéias. Assim, quando organizamos relações de alternativas formulando perguntas a nós mesmos, devemos considerar as idéias resultantes como elementos possíveis a combinarem-se em idéias ainda melhores. Conforme Ernest Dimnet observou: "Uma idéia cresce pela anexação das vizinhas."

5. Resumo da auto-interrogação

Os últimos três capítulos sugeriam muitas diretivas no sentido de tirar-se o maior proveito da imaginação. Resume-se tudo no acúmulo de alternativas de um ou de outro modo, de sorte a ter-se *abundância* — tantas que entre elas se manifeste probabilidade matemática no sentido de encontrar a idéia que buscamos. A quantidade assegura, dêsse modo, a qualidade — conforme as palavras do Dr. J. P. Guilford, presidente da Associação Americana de Psicologia: "Aquêle que é capaz de produzir grande número de idéias por unidade de tempo, sendo tudo mais igual, possui maior probabilidade de chegar a idéia significativas."

Eis aqui um resumo de algumas das perguntas que podemos fòrmular a nós mesmos e que conduzem a idéias:

Destinar a outros usos? Novas maneiras de usar? Outros usos, se modificado?

Adaptar? Que mais é semelhante? Que outra idéia isto sugere? Oferece o passado algo de semelhante? O que se poderia copiar? Com quem poderia eu rivalizar?

Modificar? Nôvo aspecto Mudar significação, côr, movimento, som, odor, forma? Que outras mudanças?

Ampliar? Juntar o quê? Mais tempo? Maior freqüência? Mais forte? Mais alto? Mais comprido?. Mais espêsso? Valor extra? Mais ingredientes? Dobrar? Multiplicar? Exagerar?

Reduzir? Subtrair o quê? Menor? Condensado? Miniatura? Mais baixo? Mais curto? Mais leve? Omitir? "Streamline"? Dividir? Subestimar?

Substituir? Por quem? Pelo quê? Que outro ingrediente? Que outro material? Que outro processo? Que outra fôrça? Que outro lugar? Que outra maneira de encarar? Que outro tom de voz? *Nova disposição?* Troca dos componentes? Outro padrão? Outro plano? Outra seqüência? Transposição entre causa e efeito? Mudança do andamento? Mudar de plano? *Inverter?* Trocar positivo e negativo? Que dizer de opostos? Virar para trás? Virar de cabeça para baixo? Mudar os papéis? Trocar de sapatos? *Combinar?* Que dizer de mistura, liga, sortimento, conjunto? Combinar unidades? Combinar objetivos? Combinar apelos? Combinar idéias?

O Instituto de Tecnologia do Massachusetts adotou esta lista, publicando-a em um livrinho ilustrado, cujos exemplares são remetidos gratuitamente pelo autor dêste livro.

A Sra. Bonnie Briscoll forneceu um exemplo da maneira pela qual se podem empregar estas perguntas: "Tendo de promover uma exposiçõ de modas no Waldorf Astoria, tentei em vão durante quase um mês coordenar as idéias necessárias. Comecei então a formular, de mim para mim, as perguntas daquela lista. Dentro de duas horas tinha acumulado 28 idéias — depois de três semanas de não ter absolutamente nenhuma idéia."

Sem dúvida não se podem assinalar limites efetivos entre êsses diferentes campos de pesquisa. Por exemplo, por meio de adição chegamos a certa idéia, sòmente para verificar que o valor dela depende de imaginar-se *nôvo uso.* Tal o caso quando a companhia Pittsburgh Plate procurou maior volume em vidro para espelhos. A primeira idéia foi vender espelhos *maiores.* Muito bem; mas, onde? Imaginou-se e experimentou-se uso relativamente nôvo — grandes espelhos para cobrir·portas — e aí estava a resposta.

Um fabricante de Rochester imaginou uma adaptação da tesoura de sorte a produzir melhor espécie de pinça; chamou o nôvo produto de "Twissors" combinando por êsse modo duas palavras comuns em uma só que se tornou propriedade dêle.

O *Reader's Digest* é outro exemplo de uma espécie de trunfo cruzado. Logo depois da primeira Guerra Mundial, Dewitt Wallace imaginou a idéia de condensar os melhores artigos em uma pequena revista, a qual cresceu até chegar a ser lida em 12 milhões de lares americanos. Wallace então

285

perguntou: "Como multiplicar êste sucesso?" De sorte que agora circulam 28 edições estrangeiras. Embora nenhuma delas atinja a Rússia, as outras estão levando o facho da América a quase todos os cantos do mundo. Tudo bem apurado e resumido, é a combinação que sobrepuja qualquer das outras categorias indicadas acima como meio de produção de boas idéias. E, a êste respeito, vamonos reportar ao fato atrás assinalado, de que nove pegadores de bola podem dispor-se em 362.880 maneiras. Aquela frase indica a solidez matemática do princípio que manda, ao tratar-se de idéias, acumular quantidade para assegurar a qualidade. Tal é a verdade, especialmente quando se considera a progressão geométrica das combinações de idéias.

TEMAS

1. Quais as perguntas que podemos formular a nós mesmos quando procuramos idéias alternativas mediante nova disposição?

2. Ao considerar alternativas por meio de seqüência, por que perguntar: "Deverá trocar-se causa e efeito?" Discutir.

3. Que perguntas podemos formular quando em busca de idéias alternativas por meio de vice versa?

4. Indique 6 exemplos de idéias a que se podia ter chegado por meio da técnica de inversão.

5. Que perguntas podemos formular quando em busca de idéias alternativas por meio de combinação?

EXERCÍCIOS

1. Indique três maneiras para melhorar a televisão.

2. O que poderia fazer uma senhora necessitada com família para descobrir emprêgo por poucas horas?

3. Que idéias podem sugerir-se a uma senhora, a fim de que persuada o filho a arrumar o quarto?

4. Sugerir, pelo menos, três dispositivos para despertar de manhã com delicadeza e firmeza.

5. Qual dos seguintes objetos se prestaria melhor para dar início a um incêndio: (a) Caneta-tinteiro. (b) Cebola. (c) Relógio de bôlso. (d) Lâmpada elétrica. (e) Bola de "bowling".

286

REFERÊNCIAS

BAINBRIDGE, JOHN — *Biography of and Idea: the Story of Mutual Fire and Casuality Insurance*. New York. Doubleday and Company, 1952.

CHASSELL, LAURA M. — "Tests for Originality". *Journal of Educ. Psychology*. June 1916, págs. 317-328.

DUNCKER, KARL — "On Problem Solving". *Psychol. Monog*. 270, 1945.

FEDERICO, P. J. — "The Invention and the Introduction of the Zipper". *Journal of the Patent Office Society*. December 1946, págs. 855-876.

FISICHELLI, V. R. e WELCH L. — The Hability of Art Majors to Recombine Ideas in Creative Thinking". *Journal of Applied Psychology*. June 1947, págs. 278-282.

GILFILLEN, S. C. — "Inventions and Discoveries". *American Journal of Sociology*. May 1932, págs. 868-875.

GUILFORD, J. P., WILSON R. C., CHRISTENSEN, P. R., e LEWIS, D. J. — A Factor-Analytic Study of Creative Thinking". Reports from the Psycho logical Laboratory, The University of Southern California, n.º 4, 1951.

KEYES JR., KENNETH S. — *How to Develop Your Thinking Ability*. New York. McGraw-Hill Book Co., Inc., 1950.

LUCHINS, A. S. e LUCHINS, EDITH H. — "New Experimental Attempts at Preventing Mechanization in Problem Solving". *Journal of General Psychology*, 42. 150, págs. 279-297.

MARCOSSAN, ISAAC F. — *Wherever Men Trade, the Romance of the Cash Register*. New York. Dodd, Mead and Company, 1945.

ROSSMAN, J. — The *Psychology of the Inventor*. Washington. Inventors Publishing Company, 1931.

SYMONDS, P. M. — *Education and the Psychology of Thinking*. New York. McGraw-Hill Book Company, Inc., 1936.

WELCH, L. — "Recombination of Ideas in Creative Thinking". *Journal of Applied Psychology*. December 1946, págs. 638-643.

CAPÍTULO XXV

Como a criatividade é indispensável na ciência

QUANDO ESTAVA começando o curso no colégio, encontrei o Dr. James L. Conant. Depois de ter-lhe dado parabéns pela obra *On Understanding Science* observei: "O que mais me impressionou foi a maneira por que o senhor frisou o papel que a imaginação criadora representa na ciência."

"É a própria essência dela", replicou êle sem hesitar. Sem dúvida, não o queria dizer literalmente. Não deixava, porém, pairar qualquer dúvida de que, na sua opinião, o poder criador é indispensável ao sucesso científico.

Quando mais tarde citei as palavras do Dr. Conant a um jovem engenheiro, êste declarou: "Estou começando a compreender como é verdadeira essa opinião. Em todo o meu curso apenas um professor se referiu ao lado criador da ciência, e assim mesmo o fêz fora de aula."

Comumente se define a ciência como sendo "conhecimento classificado". Contudo, donde proveio êsse conhecimento? Donde, se não dos palpites do homem — da imaginação de inúmeras alternativas — da ideação de novas maneiras e novos dispositivos destinados a verificar aquêles palpites? A base dêsse exame é, até hoje, experimentar e errar; é isto, entretanto, o que se conhece hoje como expe-

288

rimentação científica, e com tôda razão, dado o espírito de ordem e a possibilidade de contrôle.

O Dr. T. Percy Nunn sugeriu que a "concepção *estática* da ciência como um conjunto de verdades" se mude em "concepção *dinâmica* da ciência como objetivo definido". Conforme êle diz, "a ciência é um processo *criador*". E o Dr. Conant continua: "A ciência constitui aquela parte do conhecimento acumulado na qual se desenvolvem contìnuamente novos conceitos, derivados da experiência e da observação, os quais conduzem a outras experiências e observações."

Antes do surto da ciência, a imaginação, sob a forma de superstição, concebia e conservava muitas crenças faladas. O primeiro triunfo de Galilei e outros cientistas da época consistiu na liquidação dessas crendices. À proporção que a ciência se adiantava nos séculos XVII, XVIII e XIX, e ainda mais ràpidamente no século atual, glorificou-se-lhe naturalmente a técnica.

Só recentemente os cientistas reconheceram o papel que representa o poder criador. Kettering, da General Motors, tem-se esforçado muito para estimular êsse reconhecimento, e assim também o Dr. Suits, da General Electric, e muitos dos mais jovens líderes. A Sociedade Americana de Engenheiros Mecânicos tem feito conferências com o único fito de "frisar a importância da capacidade criadora na engenharia". A Comissão de Treinamento Profissional, da Sociedade Americana de Química, declarou recentemente: "É sòmente devido à falta de capacidade em *pensamento original* que grande maioria dentre os homens de cultura superior se torna incapaz de pesquisa industrial."

A começar de 1954, as escolas de engenharia cada vez mais reconhecem a necessidade de treino criador durante o curso. Nesse campo foram pioneiros o Instituto de Tecnologia do Massachusetts e o Instituto Rutgers.

Com o fito de remediar a falta de orientação criadora nos cursos secundários, muitas companhias criaram, recentemente, cursos próprios. Chrysler, Ford e General Motors são algumas das grandes organizações que estabeleceram essa espécie de treinamento para engenheiros e cientistas pesquisadores.

O exemplo mais notável dêste tipo de intrução encontra-se na General Electric. O programa de engenharia criadora dessa companhia consiste em um curso para engenheiros, de mais de um ano de duração. Nêle se estudam os iundamentos de engenharia, a concepção de novas idéias e a redução à prática. Empresta a maior e especial ênfase à maneira de atacar os problemas, técnicas criadoras e atitudes criadoras.

Em 1955, a General Electric declarou que os 400 alunos do programa de Engenharia Criadora "continuavam a desenvolver novos processos e idéias patenteáveis com uma velocidade média de quase três vêzes mais do que os que não se tinham matriculado". A General Electric mantém igualmente cursos de imaginação criadora para engenheiros-chefes. Essas "conferências de ataque criador" compreendem 16 sessões. Em 1955, cêrca de 700 engenheiros da companhia fizeram êsse curso.

"Muitos há que insistem em uma possível diferença entre o processo imaginação da arte em relação ao da ciência", disse o Dr. R. W. Gerard. "Ao contrário, o ato criador do espírito é o mesmo em um e outro caso... A imaginação toma parte na criação de experiências, de aparelhos, de manipulações matemáticas e na interpretação dos resultados obtidos. Êstes, porém, afiguram-se milagres de menor importância em comparação com a penetração muito mais importante que se conseguiu na hipótese inicial de trabalho."

"Em geral é um palpite que põe o inventor na trilha da pesquisa", disse o Dr. Suits, da General Electric... "Mais tarde, depois de decorridas semanas de pesquisas infrutíferas, outra inspiração, que chega quando êle menos espera, o faz encontrar a resposta. Tenho presenciado êsse fato repetidamente: mas ainda estou por encontrar o tal 'homem de ciência que calcula friamente', descrito nos romances. De tôda a boa-fé duvido da existência dêle; e se algum dia existiu, receio que nunca tivesse feito qualquer descoberta ou invenção excepcional."

Na maior parte das vêzes, é o cientista mais imaginoso que alcança o pôsto de diretor de pesquisas. Sem dúvida, deve ter base técnica bastante sólida; contudo, para constituir-se no verdadeiro detonador do grupo, muitas vêzes terá de explodir pessoalmente, animando os que o cercam para que o imitem.

O chefe da pesquisa tem também de criar cooperação. Frisa-se particularmente êste ponto na organização Du Pont, onde se procura com grande zêlo o trabalho de grupo, "não sòmente por parte dos pesquisadores de um laboratório especializado mas também no que respeita à cooperação entre departamentos". Assim se exprimiu o Dr. E. K. Bolton, daquela organização.

O Dr. Ernest Benger, da mesma companhia, frisa o fato de que os diretores de pesquisa procuram ativamente idéias através de tôda a organização. "Não sei qual a percentagem de nossas idéias proveniente de outras fontes", observa êle, "mas, com tôda certeza, muitos o sabem. Alguns dos nossos melhores pensamentos provêm de gerentes, do pessoal da produção ou dos vendedores."

2. *A essência da pesquisa organizada*

Embora o século XVII tivesse o brilho de importantes descobertas, quase nada criou realmente de útil para a humanidade, exceto por meio da navegação. Disse o Dr. Conant: "Foi só no século XIX que se começou a ver algo da influência *prática* do progresso científico que os primeiros cientistas previam com tanta confiança."

Conforme as palavras de Alfred North Whitehead: "A maior invenção do século XIX foi a do *método* de inventar. Aí é que está a novidade real, que fêz ruir os fundamentos da antiga civilização."

A pesquisa *organizada*, segundo a conhecemos hoje, começou na América do Norte em 1902, quando se iniciou o primeiro laboratório formal de pesquisa da Du Pont. O grande surto verificou-se a partir de 1920. Nesse ano existiam uns 300 laboratórios diferentes de pesquisas na América do Norte. Em 1950, êsse número se elevava a 2.845, servidos por 165.000 pesquisadores, com uma despesa de mais de um bilhão de dólares por ano.

Fundamentalmente, existem duas espécies de pesquisa científica; a *específica* e a *fundamental*. Diz James Bell, da General Mills: "O objetivo dos programas de pesquisa *específica* consiste no melhoramento contínuo dos produtos e serviços existentes, bem como na criação de novos artigos e serviços, com despesa constantemente decrescente." Talvez o recorde mais notável na pesquisa para a criação de novos produtos seja da Du Pont. Mais de metade dos produtos

291

atuais desta companhia nem mesmo se imaginavam há 25 anos. Du Pont também cada vez mais se dedica à pesquisa fundamental, iniciada em 1927 pelo Dr. Stine. O objetivo desta, conforme as palavras do Dr. Bollon, consiste em "estabelecer ou descobrir novos fatos científicos, sem levar em conta a aplicação comercial imediata". Pesquisa específica ou prática exige imaginação; os cientistas que se entregam à pesquisa fundamental precisam ainda mais do poder criador. Para citar Alexis Carrel, o espírito dêles "tem de perseguir o impossível e o incognoscível".

A trilha de qualquer projeto de pesquisa tem de calçar-se de idéias. Forçoso haver um "ataque nôvo, imaginoso", disse o diretor de pesquisa Wiegand. No comêço se torna indispensável proceder a inúmeras tentativas.

Em grande parte, as pesquisas mais brilhantes partiram de uma idéia que na ocasião parecia descabida. Pasteur pairava nas alturas quando assim pensava. O assistente dêle aprendeu a ouvir com os olhos brilhantes as fantásticas imaginações do mestre. Observa o Dr. Paul de Kruif: "Qualquer outro homem poderia ter pensado que o chefe estava completamente louco."

Na América do Norte, os que abriram caminho na pesquisa tornaram-se igualmente notáveis pelas idéias exageradas com que iniciavam as indagações científicas. O Dr. Kettering, da General Motors, procurava uma gasolina de rendimento inacreditável. Dêsse ponto de partida, êle e o Dr. Midgeley chegaram finalmente a um combustível antidetonante, a que chamaram Etil.

O Dr. Edward Goodrich Acheson estalebeceu um alvo muito elevado que o conduziu a uma grande indústria. Pretendia, originàriamente, procurar produzir "diamante" em pó. Tinha o palpite de que era possível criar um material abrasivo, mais duro, de arestas mais vivas, que cortassem mais depressa do que os abrasivos naturais, como sejam esmeril, coríndon e granada. Sabia que o carbono se emprega como agente de endurecimento na fabricação do aço e que, sob a forma cristalina, constitui a substância mais dura conhecida. Começou, portanto, a experimentar impregnando argila com carvão sob temperatura elevada.

Ao proceder ao primeiro exame da massa fundida, o Dr. Acheson sofreu penoso desapontamento. Contudo, pôde verificar a existência de alguns minúsculos cristais brilhantes — que ninguém antes tinha visto. Colheu os cristais na extremidade da lapiseira e passou-os na superfície do vidro de uma janela. Arranharam-no como se fôssem diamantes. Os primeiros punhados da nova substância encontraram comprador entre os lapidários de pedras preciosas, à razão de 880 dólares a libra. Verificaram que servia tão bem como pó de diamante, que custa 1.500 dólares por libra. Dêsse modo se criou o carborundum.

Em grande parte, os progressos científicos dependem, não de uma idéia mas de muitas hipóteses, entre as quais é forçoso escolher de início. "Centenas de novas idéias surgem das conferências preliminares", disse W. V. Wiegand. "Destas, uma ou talvez duas novas maneiras de atacar o problema poderão surgir. Em grande parte tudo depende da solidez e originalidade fundamental dessa nova maneira de atacar." Assim a *imaginação* deve fornecer o trampolim para o *conhecimento* científico.

3. A imaginação na experimentação

Por meio do ataque imaginativo é que se fixa o alvo. Passa-se depois à experimentação; e ainda aqui apela-se a cada passo para a imaginação. Em primeiro lugar, há dezenas de maneiras diferentes para fazer experiências, e muitas vêzes se torna indispensável imaginar um método de que ninguém ouviu falar..

A fim de estimular a espécie de pensamento criador que se torna necessário na experimentação, o Dr. Paul Eaton, professor de engenharia mecânica em Lafayette, recomendou que os professôres de ciências "disponham os problemas a serem determinados por meio de experiências de laboratório, de tal maneira que se elimine a técnica comum de mera substituição de fórmulas. Deve-se dar liberdade ao estudante para escolher o caminho a seguir".

Os primeiros cientistas eram obrigados a imaginar não só métodos, mas também aparelhos. Depois que Galvani teve os primeiros vislumbres da eletricidade, observando as contrações da perna de uma rã, Volta, em 1890, inventou nôvo instrumento para melhor captar pequenas cargas de eletricidade. Com êste instrumento verificou que podia experi-

293

mentar com qualquer material umedecido em lugar das pernas da rã. Assim, ùnicamente para o fim de levar a efeito as próprias experiências, Volta teve de inventar a pilha elétrica.

Hoje em dia a experimentação é muito mais científica, pois novos dispositivos eliminaram os palpites — especialmente pelo uso das *medidas*. "E", diz o Dr. James B. Conant, "nôvo grau de exatidão nas medidas traz à luz, muitas vêzes mas nem sempre, fatos que se não suspeitavam." Principalmente por meio dêsses novos dispositivos pode proceder-se agora a pesquisa em experiência *controladas*. "E isto significa em essência", diz ainda aquêle cientista, "o contrôle de variáveis importantes, como sejam temperatura, pressão, luz e presença de outros materiais, e em particular, pequenas quantidades de ar e de água."

Com o pesquisador-criador, o poder de associação entre em função a cada passo. "Isto" sugere "aquilo" e aquilo conduz a algo mais. Diz o mesmo Dr. Conant: "Novos conceitos surgem de experiências e observações, e êstes novos conceitos, por sua vez, conduzem a outras experiências e observações." É percorrendo esta trilha tortuosa que os cientistas encontram, finalmente, o *nôvo* que procuram.

A experimentação não chega nunca a ser uma máquina em que se mete um níquel em uma fenda para retirar uma resposta nìtidamente impressa em um cartão. Escravizar-se a noção como esta resulta em desvantagem para qualquer cientista, conforme a opinião de Elliott Dunlap Smith. Êste teve o cuidado de acompanhar os passos que conduziram a invenções características, chegando à seguinte conclusão: "O ato de invenção que conduziu à solução não era pensamento científico lógico, de maneira alguma. A menos que o inventor esteja disposto a pôr de lado o meticuloso processo passo a passo da ciência lógica, não chegará a resultado algum."

A óptica constitui um dos ramos mais rígidos da ciência. Quando os pesquisadores da companhia Corning, por meio de cálculos, criaram o espelho de 200 polegadas de diâmetro para o telescópio de Monte Palomar, chegaram, sem qualquer êrro, à composição do vidro que deviam aplicar a êste produto sem precedentes. E, entretanto, o projeto não teve êxito a princípio — o enorme disco rachava ao resfriar-se.

Idéia simples resolveu o problema. Fundiram outro espelho que tinha profundas ranhuras na parte posterior, reduzindo, por esta forma, a espessura de sorte a permitir que o vidro derretido ao calor brando solidificasse sem rachar. A solução dêste problema não era só "científica", como se revelava simplesmente engenhosa. E anos mais tarde, quando o espelho estava quase pronto a refletir ós céus, os cientistas ficaram sem saber como limpá-lo. Conseguiram-no com o emprêgo de um tônico lanolizado para o cabelo.

4. A imaginação em verificações científicas

A pesquisa criadora apresenta-se cercada de perguntas como estas: "Que tal?"... "O que se?"... "Que mais?" No fim vêm as perguntas: "Dará resultado?"... "Poder--se-á fazer comercialmente?" A tecnologia criou maneiras de se responder a esta última pergunta por meio de usinas-pilôto e outras técnicas semelhantes. Por exemplo, cada um dos estágios do processo de fabricação no "nylon", juntamente com o equipamento necessário, elaborou-se em escala semi-industrial — tão completamente que, exceto no tamanho, a primeira usina comercial entrou em operação como uma duplicata em larga escala daquela, em todos os detalhes.

As fábricas de automóveis criaram vastos parques de prova, que servem para verificar as descobertas dos laboratórios de pesquisa. Chrysler chega ao ponto de ultrapassálos, e por meio de enormes frotas de carros experimentais verifica diretamente na estrada o produto do espírito dos engenheiros da fábrica.

"Êstes carros" diz um dos diretores da companhia, "percorrem montanhas elevadas e frias, estradas francas ou de tráfego pesado, caminhos da roça cobertos de pó e estradas de turismo cheias de curvas. E todos os dias — por telefone, telegrama ou pelo correio — chegam à fábrica de Detroit relatórios detalhados sôbre o procedimento de cada carro durante o dia. Os fatos relatados hoje podem levar os desenhistas e engenheiros ao trabalho amanhã, conduzindo a novos melhoramentos nos carros. É assim que aplicamos a imaginação criativa mesmo em questões tão práticas como seja a experimentação na estrada.

B. F. Goodrich se tornou pioneiro há mais de 50 anos, com pneu sem câmara de ar. Cêrca de 30 anos mais tarde a companhia experimentou um pneu dêsse tipo aplicado diretamente ao aro da roda. A idéia do pneu sem câmara de ar ficou na prateleira até a segunda Guerra Mundial, quando o Exército solicitou um pneu que, mesmo depois de ter deixado escapar o ar, ainda pudesse percorrer 75 milhas. O pneu de combate criado pela companhia para satisfazer êste pedido foi o primeiro que se fêz com êxito sem câmaras de ar. Os melhoramentos continuaram até que, finalmente, exames científicos e experiências na estrada cientìficamente controladas revelaram a prestabilidade do pneu. Assim mesmo ainda não era bastante. Antes de se oferecer o pneu à Nação levaram os novos pneus sem câmara de ar a uso efetivo em inúmeros carros particulares, frota de táxis e carros da polícia.

É preciso possuir imaginação criadora para descobrir as melhores maneiras de experimentar. Os cientistas encarregados das experiências têm de fazer mais do que responder à pergunta: "Será que funciona?" Sem dúvida, não entra em jôgo o julgamento judicioso, juntamente com o poder de análise. Contudo, não podem ficar no "isto não dá certo", mesmo se juntarem "aqui está por que". Incumbe-lhes imaginar o "O que se?" e o "O que mais?" resolvendo os problemas que as experiências trouxeram a lume.

Do princípio ao fim, a imaginação criadora representa papel indispensável em todos os projetos de pesquisa científica.

TEMAS

1. Que valor atribui o Dr. James B. Conant à importância da imaginação na pesquisa científica? Por quê?

2. Distinguir entre pesquisa específica e fundamental. Dar exemplos.

3. De um ponto de vista criador, como diferiu o século XIX do século XVII, nos principais aspectos?

4. Conforme a opinião de Alfred North Whitehead, qual foi a maior invenção do século XIX? Concorda?

5. Pode acreditar-se que o processo imaginativo na arte é o mesmo que na ciência? Por quê?

296

EXERCÍCIOS

1. Observe uma simples chave de parafuso "lâmina de metal, cabo de madeira". Registre tôdas as maneiras em virtude das quais esta ferramenta foi melhorada, tornando-se mais eficiente. Sugira outros 3 melhoramentos diferentes.

2. Suponha ter inventado nôvo alimento para a refeição da manhã. Indique 6 maneiras pelas quais poderia experimentá-lo antes de oferecido ao público.

3. Todos nós temos certas pequenas impertinências. Registre 3 das suas — e ao mesmo tempo sugestões criadoras sôbre a maneira como poderia dominá-las

4. Como símbolo dos Estados Unidos da América, critica-se a águia por indicar também rapinagem. Que outros pássaros ou animais poderia sugerir, e por quê?

5. Faça uma relação de 3 melhoramentos para automóveis que provàvelmente poderão introduzir-se daqui a dois ou três anos.

REFERÊNCIAS

BUSH, VANNEVAR — *Science — the Endless Frontier.* Washington, U. S. A. Government Printing Office, 1945.

CONANT, JAMES B. — *Science and Comon Sence.* New Haven. Yale University Press, 1937.

CANONT, JAMES B. — *Science and Comon Sence.* New Haven. Yale University Press, 1951.

DE KRUIF, PAUL H. — *Hunger Fighers.* New York. Harcourt, Brace and Company, 1928.

GILFILLAN, S. C. — "Invention as a Factor in Economic History". *Journal of The Patent Office Society.* April 1947, págs. 262-288.

GRAS, N. S. B. — *Industrial Evolution.* Cambridge. Harvard University Press, 1930.

HAYNES, WILLIAM — *This Chemical Age, the Miracle of Man Made Materials.* New York. A. A. Knopf, 1942.

KAEMPFFERT, WALDEMAR B. — *Science Today and Tomorrow.* New York. Viking Press, 1945.

KETTERING, C. F. — "The Role of Invention in Industry". *Journal of the Patent Office Society.* June 1932, págs. 500-511.

MAGOUN, F. A. — "Selection of Men with Creative Ability." *Mechanical Engineering.* September 1940, págs. 670-672.

MANCHESTER, H. F. — *New World of Machine; Research, Descovery, Invention.* New York. Randon House, 1945.

STEVENSON, A. R. e McEACHRON JR., N. B. — "Education of an Engineer". *Journal of Engineering Education.* 1944-1945, págs. 275-284.

WYMAN, W. I. — "The Scientific Genesis of Basic Inventions". *Journal of the Patent Office Society.* January, 1936, págs. 22-32.

CAPÍTULO XXVI

As carreiras dependem grandemente da criatividade

SEJA QUE SE PROCURE uma colocação ou que se esteja procurando progredir em qualquer negócio, a imaginação é a chave do sucesso. Procurar emprêgo exige extremo esfôrço na busca de idéias. Contudo, famoso empregador afirma: "Na minha experiência nenhum pretendente em 500 faz uso da imaginação quando procura trabalho. Quem quer que sugerisse idéias de uso possível ao empregador em vista, destacar-se-ia, sendo quase que com tôda a segurança preferido — mesmo no caso de as sugestões não serem utilizáveis."

Durante 15 anos, Sidney Edlund, antigo diretor da companhia Lifesavers Incorporated, teve a mania de ensinar como procurar uma colocação qualquer. Tinha como princípios fundamentais o seguinte:

1. Oferecer um serviço em lugar de pedir uma colocação;
2. Apelar para o interêsse próprio do empregador em vista;
3. Mostrar-se específico com relação ao emprêgo que procura e quanto às próprias aptidões;
4. Ser diferente, mas manter-se sincero.

Todos êstes princípios exigem pensar de antemão ou pensar criadoramente, ou ambos. Mesmo no que respeita a nossa aparência pessoal, será conveniente olhar para o espelho da imaginação antes de procurar emprêgo. E para ser "diferente" — elevarmo-nos acima dos demais concorrentes — precisamos gerar idéias antes de bater à porta do empregador.

Precisamos, igualmente, de imaginação para fixar o rumo em que vamos procurar emprêgo. A primeira pergunta a formular poderia muito bem ser a seguinte: 'Quais as situações em que teria mais êxito?" Devemos registrar por escrito tôdas as carreiras que parecem de qualquer maneira prováveis. Tendo-o feito, devemos passar a empregar algumas listas de verificação. Por exemplo, percorrer a secção classificada do catálogo de telefones e examinar as 200 ou mais carreiras diferentes aí registradas. Depois vamos à biblioteca examinar os livros de "carreiras". Poderemos consultar algum amigo experimentado, solicitando-lhe que nos guie. Não lhe permitir, porém, fazer por nós o pensamento criador — vamos mostrar-lhe a relação de profissões prováveis por nós elaborada, pedindo ùnicamente sua opinião.

Walter Hoving, afamado na organização de lojas por secções, é de opinião que dentre os 400 mil rapazes que saem da escola e anualmente procuram empregar-se, só alguns poucos pensam criadoramente com relação ao que devem experimentar fazer e onde encontrar a colocação conveniente. "Fico constantemente estupefato", diz êle, "pela espera passiva de que outra qualquer pessoa faça o pensamento criador que deveriam fazer por si mesmos."

Hoje em dia podem revelar-se as aptidões de cada um por meio de exames científicos. Tal conhecimento, porém, deve constituir tão-só uma espécie de prelúdio ao pensamento criador próprio e relativo à futura carreira.

2. *Engenhosidade em procurar vagas*

Tendo chegado a saber quais as colocações que melhor se podem explorar, temos de procurar vagas. A imaginação pode ser de grande auxílio nessa busca, como se deu no caso do jovem de Cleveland que leu um anúncio "cego", exatamente do emprêgo em jornal que deseja. Constava sòmente do anúncio que a vaga era no Ohio. Imaginou que deveria haver uma multidão de pretendentes e resolveu ficar fora da massa. Procurou então obter os nomes dos diretores de todos os jornais diários do Estado, escrevendo a cada um dêles. Acertou com o anunciante e conseguiu o emprêgo. Dois outros jornais também lhe fizeram ofertas.

Ao escrever cartas pedindo emprêgo é preciso que a pessoa se veja a si própria com os olhos de quem vai receber a carta. Como ninguém deseja um empregado descuidado, torna-se importante até a ortografia. Um membro do Departamento do Pessoal, da firma Procter and Gamble, analisou 500 cartas de pretendentes, verificando que 82 por cento estavam estragadas por erros de ortografia.

Em lugar de cartas individuais, pode tentar-se a expedição de uma circular. Robert A. Canyock, que estava para formar-se pela Universidade de Siracusa, procurava uma situação perto da cidade natal. Enviou uma circular a 170 possíveis empregadores, e tão persuasiva que recebeu 32 convites para entrevistas. Igualmente Leon Nurner, enquanto ainda era estudante da Universidade de São Luís, imaginou uma brochura em foto-ofset que mandou a 58 companhias. Uma dúzia destas respondeu-lhe que tinham vagas da espécie por êle desejada.

Uma entrevista em que se procure colocação exige com antecedência pensamento criador. Ao planejar a estratégia, devemos formular a nós mesmos tôda espécie de perguntas, inclusive repetidamente "o que se?" Porque quanto maior fôr o número de contingências que prevermos, tanto melhor podem ser enfrentadas. Assim preparados, ficamos em condições de responder mais prontamente às perguntas que, de outro modo, nos levariam a dar respostas erradas ou a fazernos parecer lentos de imaginação.

Muitas vêzes compensa ir de antemão em busca de idéias antes da entrevista. Um jovem amigo meu voltou da guerra ansioso por encontrar colocação diferente. Quase nada conhecia com relação ao campo que escolhera, mas sabia qual a firma para a qual pretendia candidatar-se. Tinha receio de que a primeira entrevista significasse êxito ou fracasso. De modo que, ao invés de apresentar-se pela forma normal, passou uma semana visitando fregueses do empregador que tinha em vista.

301

Dentro de uma semana adquiriu quase 50 idéias. Procurou, então, conseguir a entrevista, durante a qual modestamente apresentou as 10 melhores idéias sob a forma de perguntas conjeturais.

Algum tempo depois o empregador me disse que o jovem veterano progredia notàvelmente. "Estou enormemente satisfeito que êle não me tivesse vindo pedir emprêgo pela maneira comum", disse-me êle. "Já tinha resolvido não admitir mais nenhum empregado, de sorte que o teria mandado embora se não tivesse mostrado na primeira entrevista que era capaz de ter idéias. E tenho a satisfação de dizer que a mesma habilidade por êle demonstrada para arranjar emprêgo se está revelando no trabalho."

Há empregadores que mandam representantes às escolas em busca de jovens promissores. Um amigo meu, que estava prestes a formar-se, desejava trabalhar para uma destas firmas, pelo que passou quatro semanas entrevistando empregados da companhia e de outras concorrentes. O representante que veio visitar a escola ficou admirado quando descobriu como êste rapaz estava enfronhado no negócio. Os dois estão agora trabalhando no mesmo departamento.

Quanto mais alto o alvo, mais criador deve ser o preparo. Um homem que estava ganhando mais de 15 mil dólares por ano resolveu procurar melhor colocação. Escolheu a companhia onde pretendia trabalhar. Assinou tôdas as revistas comerciais naquele ramo de negócio e comprou todos os livros que tratassem dos problemas da companhia. Nos sábados visitava os empregados. Depois de quatro meses de tal preparo, escreveu um bilhete ao chefe da companhia, apresentando uma idéia para vencer a indiferença dos empregados, pedindo ao mesmo tempo uma entrevista. O plano apresentado não teve aceitação; mas os diretores ficaram tão impressionados com a maneira pela qual êle assimilara os problemas da companhia, que lhe ofereceram a situação por êle almejada.

3. *Criatividade na apresentação*

A Marinha norte-americana provou que as pessoas absorvem até 30 por cento mais quando se faz simultâneamente apêlo à vista e ao ouvido, retendo o que aprendem por êsse

302

modo por tempo 55 por cento mais longo. A apresentação da procura de colocação deve ser, portanto, tão gráfica quanto possível. Um senhor diplomado pela Escola Comercial de Harvard, depois de 14 anos de experiência bem sucedida, estava procurando situação mais importante. Ao invés de um resumo comum, apresentou um gráfico que concretizava a experiência impressionante adquirida. Com isso, não só tornou mais intensa a atenção do empregador, mas fêz com que êste ambicionasse o poder criador do pretendente. Ainda mais bem sucedido se torna um gráfico quando talhado exatamente para ajustar-se à situação pretendida. Por exemplo, quando acabou a Segunda Guerra Mundial, a nossa firma estava recebendo de volta 160 dos nossos empregados, que deixavam o serviço militar; nessas condições não procurávamos novos servidores. Nessa mesma ocasião veio procurar-me um rapaz a quem dei imediatamente emprêgo. Por quê? Por ter levado a efeito tantas missões sôbre o território da Alemanha, recebendo inúmeras condecorações? De modo algum. Únicamente porque tinha dedicado três meses ao estudo do nosso negócio e de suas necessidades, tinha imaginado exatamente como poderia ser mais útil para nós e tinha preparado especialmente um memorial, para essa entrevista — trabalho que me demonstrou ser êle altamente criador e de modo algum alérgico ao esfôrço.

O planejamento de uma campanha de "follow-up" (*) exige ainda maior poder criador. O "follow-up" ideal abunda em novas idéias a colhêr. Quando nos apresentamos ao empregador levando-lhe mais sugestões vantajosas para o negócio, provàvelmente vamos encontrá-lo ansioso pela nossa capacidade criadora, com a disposição de tomar-nos a serviço.

Um meu amigo, procurando emprêgo pela primeira vez, dirigiu-se à Macy's. Disseram-lhe simplesmente que havia muitos pretendentes esperando vaga. Sem desanimar, começou a percorrer a loja e depois telefonou ao encarregado do pessoal.

"Estou procurando emprêgo", disse êle, "e acabo de passar várias horas na loja para descobrir lugares ondè possa ser útil. Tomei nota de dez onde acho que o senhor poderia utilizar os meus serviços agora mesmo. Posso subir

---

(*) Acompanhamento dos resultados.

para dizer-lhe quais são?" Conseguiu assim uma entrevista e em breve estava a serviço de Macy.

George R. Keith, advogado, aposentou-se aos 40 anos. Como diversão criadora organizou um sistema destinado a descobrir gratuitamente lugares para pessoas desempregadas; em um período de 30 anos conseguiu ajudar mais de 80 mil pretendentes a emprêgo. Aplicando processos engenhosos para descobrir oportunidades, chegou a encontrar maior número de empregos do que gente para preenchê-los — mesmo durante a depressão. Provou dessa maneira, em grande escala, que a imaginação criadora pode assegurar a espécie de emprêgo que se procura — seja qual fôr a situação dos negócios.

4. A imaginação conduz à promoção

O Dr. F. L. Wells comunicou à Associação Americana de Psicologistas Profissionais e Aplicados os resultados do estudo que fêz de um grupo de pessoas que ganhava salários elevados em comparação a outro de salário médio. Em quatro exames inteligentes, êstes dois grupos ficaram quase nas mesmas condições em todos os sentidos menos um — criatividade. Aquêles que tinham subido mais eram os que imaginavam em maior quantidade o que fazer e a maneira de fazê-lo. Conforme Montaigne escreveu: "A imaginação forte abre as oportunidades."

A respeito, diz Victor Wagner: "É bastante evidente que assim seja, e bastante lastimável também que todos os dias vários milhões de jovens se resignem a trabalhos enfadonhos e estéreis, simplesmente porque deixam de levar em conta impensadamente a faculdade maravilhosa da imaginação."

Em qualquer fase dos negócios inúmeras promoções se baseiam na criatividade demonstrada. O chefe de uma grande firma estava nas vésperas da aposentadoria. Tinha sete assistentes capazes. Quando lhe perguntei como escolhera o sucessor, respondeu: "Ano após ano, um dos meus auxiliares mandou-me freqüentes memorandos, que em geral começavam assim: "Talvez ache esta idéia esquisita mas..." ou então "Talvez já tenha pensado nisso, mas..." Embora muitas das idéias dêle fôssem triviais, finalmente, verifiquei ser êle o homem que podia suceder-me, porque êste negócio reduzir-se-ia a quase nada sem um chefe que *acredite* em idéias e possua o dom de formular inúmeras por conta própria."

George Morrison, presidente da General Baking Company, tinha de escolher um vice-presidente executivo. Optou por Thomas Olsen, contador, de 60 anos de idade. Perguntei a Morrison por quê: "Porque *pensa* como môço. Tem sempre alguma idéia", respondeu.

Antigamente, inúmeros empregados eram promovidos pelos parentes que eram donos do negócio ou por banqueiros que o financiavam; mas hoje em dia tal estrada real constitui raridade. Em quase todos os casos, o homem que hoje chega ao ponto mais alto da carreira foi impelido por duas fôrças: (1) Os superiores desejam elevá-lo para trabalhar em sua companhia, devido a precisarem do seu auxílio; (2) Os companheiros imediatos desejam que êle se eleve, por acreditarem nêle e *gostarem dêle*. Se não possuir energia criadora, os superiores não o desejarão. Se não tiver imaginação pronta, os companheiros não o apoiarão.

É raro o empregado que leve em conta a necessidade de economia para a firma. O presidente de uma companhia que é, pessoalmente, gastador, recentemente queixou-se a mim: "Durante o ano inteiro recebo centenas de pedidos dos empregados para esta ou aquela despesa, mas dificilmente qualquer um me procura com uma sugestão que importe em economia de dinheiro." Imagine-se como qualquer dos rapazes, empregados da firma, podia salientar-se criando algumas idéias para economizar dinheiro!

Força-se muito pouco a imaginação 'para cogitar as maneiras de fazer descobertas; entretanto, deixar de fazê-lo tem feito marcar passo a muitos empregados. Um chefe da Sears, Roebuck observou-me recentemente: "Admitimos os espíritos mais brilhantes que nos é dado encontrar; mas, as mais das vêzes, os novos empregados ficam sem saber o que fazer quando têm de dar algum passo que se afaste da rotina. Perece não terem qualquer idéia de como fazer para descobrir isto ou aquilo." É assim que muitos chefes ficam ansiosos por mais habilidades por parte dos empregados.

Carl E. Holmes, consultor de negócios, acredita que muitos empregados não são promovidos pela falta de criatividade. Disse Holmes: "Somos dotados de imaginação, que pode tornar-se a fôrça mais poderosa na vida; entretanto, poucos dela fazem uso construtivamente... O conhecimento é de grande valia, a habilidade ainda é mais importante, mas a imaginação é um trabalhador mariculoso."

5. O segrêdo da arte de vender

O poder criador é capaz de promover o progresso de um empregado em qualquer fase de negócio, especialmente em vendas. Um vendedor tem de empregar a imaginação, deliberada e conscientemente, para conceber exatamente o que pode fazer para tornar-se útil a cada cliente. Cada caso exige tática diversa. Êste fato explica por que os examinadores de aptidão se encontram convencidos de que as duas qualidades mais necessárias para o êxito em vendas são personalidade objetiva e imaginação criadora.

Depois de longa viagem cheguei ao hotel, em Rochester, cêrca de 9 horas da noite. Tinha firmado comigo mesmo o compromisso de dedicar uma hora antes de dormir a imaginar como persuadir o cliente que ia procurar no dia seguinte. Passei o tempo a acumular e registrar idéias. A entrevista da manhã seguinte foi bem sucedida, em grande parte devido ao pensamento criador que tinha feito na noite anterior. Esta vitória revelou-se fato decisivo na minha carreira.

O vice-presidente encarregado das compras relatou-me o fato de um vendedor que o tinha visitado muitas vêzes, sem conseguir um único pedido. "Nunca desanimou. Cada vez que eu o mandava embora, êle sorria, dizendo que voltaria depois. Eventualmente eu me vi dando-lhe um pedido de 100 mil dólares em um ano. Que foi que me venceu? Foi o hábito que êle tinha de dar-me uma nova idéia cada vez que me visitava."

Os diretores que treinam vendedores reconheceram a necessidade de orientação criadora dos pretendentes, mandando incluir êste assunto no programa dos cursos. A Reynolds Metals Company e a Crown Zellerbach tomaram a dianteira nessa direção. Os Clubes de Natal da América iniciaram a prática de proporcionar treinamento criador a todos os seus vendedores.

Quanto ao valor das idéias na venda a varejo, Stephen W. Barker ofereceu êste cálculo hipotético, especialmente com relação aos armazéns: "Se uma pequena idéia conduzir a uma compra extra de um artigo de 29 cêntimos, uma vez por mês, por sòmente uma dentre 100 famílias, o volume extra de vendas resultante atigiria 1.750.000 dólares por ano para a Nação inteira."

Se durante uma viagem uma pessoa conserva a imaginação desperta, pode capturar idéias que contribuam favoràvelmente para o escrito central. Por exemplo, G. Cullen Thomas, vice-presidente e diretor do contrôle da produção da General Mills, relata êste caso:

"Um dos nossos vendedores mandou-nos alguns pãezinhos parcialmente cozidos, que havia apanhado em uma pequena padaria da Flórida. Eram aloirados, quase brancos, altamente apetitosos. Quando os aquecemos de nôvo para completar o cozimento, tornaram-se pãezinhos quentes deliciosos com o aroma dos que se fazem em casa. Imediatamente patenteamos os direitos relativos a êste simples processo, mandando que o pessoal técnico de pesquisa procedesse a maiores estudos experimentais. Cêrca de oito semanas mais tarde estávamos em condições de apresentar à indústria os revolucionários produtos de padaria "Brown'n' Serve", que desde então se introduziram em milhões de casas americanas."

Assim um vendedor imaginadoramente alerta torna-se braço comprido da pesquisa criadora da companhia.

TEMAS

1. Como é que você procuraria escolher as profissões para as quais sente maior inclinação?

2. Sidney Edlund indica quatro princípios fundamentais que se devem seguir quando se procura uma colocação. Qual dêles você pensa ser mais importante e por quê?

3. De que maneira um pretendente pode ser diferente, conservando-se sincero?

4. Vamos supor que você está contratando um vendedor para trabalhar na sua firma. Que qualidades deverá êle ter?

307

5. Quais as vantagens em apresentar por escrito uma relação das suas aptidões, quando procura um provável empregador? Por que deve ser em gráfico?

EXERCÍCIOS

1. Faça uma relação das seis carreiras que julga mais conveniente seguir. Verifique a qual a que você se julga em melhores condições de exercer. Diga o motivo.
2. Escolha a carreira que mais lhe agrada e faça uma relação dos dez pontos no sentido de aptidões, que poderiam chamar a atenção de um possível empregador.
3. Sugira cinco razões extras que um vendedor poderia imaginar a fim de insinuar-se junto a um possível empregador.
4. Sugira seis idéias que permitam à escola ou negócio fazer economias.
5. Se você fôsse empregador, quais as três perguntas que formularia a um pretendente, a fim de avaliar-lhe a capacidade criadora?

REFERÊNCIAS

BELDEN, CLARK — *Job Hunting and Getting*. Boston. L. C. Page and Company, 1935.

EDLUND, SIDNEY e MARY — *Pick Your Job and Land It*. New York. Prentice-Hall, Inc., 1938.

HURST, EDWARD — *The Technical Man Sells his Services*. New York. McGraw-Hill Book Company, Inc., 1933.

LARISON, RUTH H. — *How to Get and Hold Job You Want*. New York. Longmans, Green and Company, 1950.

LYONS, GEORGE J. e MARTIN, HARMON C. — *The Strategic of Job Finding*. New York. Prentice-Hall, Inc., 1939.

McCLURE, MATTHEW THOMPSON — *How to Think in Business*. New York. McGraw-Hill Book Company, Inc., 1923.

TERZIAN, LAWRENCE — *How to Get the Job You Want*. New York. Grosset and Dunlap. 1950.

THOMPSON, C. B. e WISE, M. L. — *We Are Forty and We Did Get Jobs*. Philadelphia. J. B. Lippincott Company, 1938.

WELLS F. L., WILLIAMS, RUTH e FOWLER, PHILLIP — "One Hundred Superior Men". *Journal of Applied Psychology*. August 1938, págs. 367-384.

CAPÍTULO XXVII

Criatividade na chefia
e nas profissões

NA VIDA PÚBLICA ou em negócios, o pensamento criador reveste-se de enorme importância para a chefia. Embora um chefe deva possuir julgamento judicioso em grau notável, não pode ser sòmente juiz — deve também avantajar-se em fertilidade de recursos. É forçoso, igualmente, que reconheça o valor da criatividade, sabendo como fazer sùrgir e animar o poder criador dos associados.

Um homem de negócios deve combinar o pensamento criador com o judicioso para chegar a, decisões. Para conseguir respostas mais seguras do que lhe fornece o próprio julgamento pessoal, imagina maneiras de acrescentar às suas as experiências dos outros; inventa modos de conseguir julgamento *composto*, por meio de grupos em conferência ou por meio de verificações; imagina maneiras de sujeitar o problema a exame concreto.

A imaginação reveste-se também de grande importância no julgamento precavido. Um dos chefes mais capazes que conheço, disse recentemente ao corpo de diretores: "Estamos indo de vento em pôpa; devemos, contudo, estar à espreita dos rochedos à nossa frente. Organizei uma relação de vinte

309

circunstâncias que podem fazer-nos naufragar. Aqui estão." Mais tarde recorreu a cinco homens criadores com experiência de negócios e elevou aquela relação a 179.

2. Os chefes bem sucedidos estimulam a criatividade

Walter Chrysler, ainda na casa dos 20 anos, ganhava o salário de 12 mil dólares por ano, então sensacional, quando trabalhava para uma companhia de locomotivas. Prevendo o futuro do automóvel, abandonou o emprêgo e começou a fazer carros pela metade do que ganhava. Como presidente da companhia Chrysler, de 1925 a 1935, dava tanta importância ao papel representado pela imaginação na engenharia que o seu sucessor, K. T. Keller, herdou naturalmente o mesmo credo. Até hoje ainda se consideram na companhia as idéias como diamantes — a tal ponto que a divisa adotada é "imaginação criadora".

O chefe ideal não só dá o andamento à faculdade criadora como a anima. Cultiva a criatividade daqueles que lhe estão em tôrno, fazendo-a florir. Acima de tudo tem de se sentir real aprêço pela fôrça das idéias Não pode ser como certo homem do meu conhecimento, que conseguiu fazer nome no Exército, apesar do hábito de torcer o nariz dizendo: "As idéias valem um vintém a dúzia." Ao invés, tem de ser como John Collyer, diretor da B. F. Goodrich, que conforme diz o Dr. Fritz, chefe do laboratório de pesquisa. "não sòmente recebe de bom grado qualquer idéia possível mas faz perceber a todos que o que mais deseja de nós é o maior uso possível da imaginação".

Em uma publicação da Sociedade para o Adiantamento da Administração, Ordway Tead chamou a atenção para a "responsabilidade da direção em prover situações nas quais se manifesta conscientemente a criatividade". E na *Harvard Business Review*, Frederic Randall escreveu: "A direção deve aprender a explorar a criatividade dentro de suas próprias fileiras... A capacidade da direção em adaptar-se a condições novas e mutáveis exige que se pense *além de áreas* estabelecidas da experiência passada. Na verdade, uma organização pode considerar a boa capacidade para pensamento criador como uma das mais valiosas disponibilidades."

510

O nível moral revela-se valioso subproduto da saturacão de uma emprêsa pelo esfôrco criador. Na organização da *Chicago Tribune* centenas de empregados participam de um programa orgânico de criatividade. Pierre Martineau a êle se reportou da seguinte maneira: "Fazendo com que grande número de nossos empregados se aperceba de que estão contribuindo pessoalmente para as nossas operações, as sessões de "brainstorming" estão realizando grande trabalho a favor do erguimento moral."

Uma das necessidades dos grandes negócios consiste em trazer à tona a faculdade criadora dos chefes de segunda linha. Tomam parte em grande número de conferências, mas muitas vêzes ficam tentados a usar a imaginação apenas para antecipar como reagiriam os companheiros. Podem-se dominar tais tendências anticriadoras se os chefes se esforçarem por animar ativamente.

Os chefes mais velhos devem precaver qualquer atitude cínica, devido à longa experiência que têm para com idéias que pareceriam pouco promissoras de início. Assim o previne Clarence Francis, chefe da General Foods: "Os chefes mais novos vêm a mim com idéias que lhes parecem novas. Com tôda a minha experiência poderia dizer-lhes porque essas idéias não serão coroadas de êxito. Em lugar de convencê-los do contrário, sugiro experimentá-las em áreas de exames a fim de diminuir os prejuízos. O mais engraçado é que quase sempre essas idéias dos moços, que eu poderia ter cortado desde o início pela raiz, ou dão resultados ou conduzem a outras idéias também coroadas de êxito. O fato que não encarei é que, embora a idéia não fôsse nova, as condições sob as quais teria de ser aproveitada eram materialmente diferentes."

3. *Como os negócios colhem idéias*

O prêmio que a direção dos negócios concede às idéias põe em evidência o sistema de sugestões que faz funcionar mais de 6.000 companhias americanas compreendendo mais de 20 milhões de empregados. Por êsse modo anima-se o trabalhador a submeter as próprias idéias em prol do bem do negócio; e constitui recompensa suficiente para êle ver a sugestão aceita.

Usou-se êste plano pela primeira vez em 1880, em um estaleiro de William Denny, na Escócia. Foi a Bausch and Lomb Optical Company a primeira que instalou, em 1899, o primeiro sistema de sugestões nos Estados Unidos. A Marinha norte-americana estabeleceu um plano completo desta espécie em 1918. Contudo, o maior surto de tais projetos originou-se quando da Segunda Guerra Mundial.

Durante as hostilidades, o sistema de sugestões do Exército estimulou os funcionários civis a imaginarem 20.069 novas idéias, que economizaram 43.793.000 dólares em 18 meses. A Marinha conduziu programas semelhantes em cada um dos maiores 48 estabelecimentos nos portos. Em um dêles, mais de 900 sugestões foram recebidas e processadas dentro de uma quinzena.

Planos semelhantes estão, pouco a pouco, sendo introduzidos nas organizações comerciais. Em um ano, os empregados da Eastman Kodak receberam mais 28 mil dólares pelas idéias do que no ano anterior. Adotou-se um total de 9.711 sugestões, superando em mais de 1.100 o ano anterior. Em uma usina da companhia, naquele ano, quatro empregados submeteram mais de 50 idéias cada um.

Em 1951, a General Electric pagou aos empregados, por idéias sugeridas, mais de 40 mil dólares, na média, por mês. Muitas companhias têm pago 5.000 dólares ou mais por uma idéia. Charles Zamiska recebeu mais de 28.000 dólares por ter inventado maneira mais eficiente de manusear moldes no departamento de fundição da Cleveland Graphite Bronze Company. Esta soma representa 25% da economia resultada durante os seis primeiros meses.

A fim de manter uma economia nacional baseada em "mais artigos por hora de trabalho" torna-se imperativa a fluência contínua de novas idéias. É por isso que John A. Barkmaier, da Marshall Field, disse recentemente a 800 chefes executivos: "Precisamos do pensamento criador de todos os trabalhadores, desde o mais modesto até o mais categorizado, dentro desta organização." Tal a razão fundamental de se tornarem os sistemas de sugestões cada vez mais numerosos e mais sólidos.

4. A criatividade nas profissões

Já referimos que a imaginação é condição *sine qua non* do sucesso científico ou tecnológico. *Tôdas* as profissões exigem, por igual, criatividade.

O exercício da medicina importa em contínuo desafio à imaginação. No diagnóstico, o médico tem de conceber tôdas as possíveis alternativas. Embora possa atualmente basear-se em instrumentos e processos de exame, inventados por outros espíritos criadores, não poderá diagnosticar bem se não se esforçar por imaginar grande número de hipóteses. E quando chega a vez do tratamento, de nôvo não pode guiar-se sòmente pelos livros, mas tem de aplicar o conhecimento imaginadoramente.

E, ao mesmo tempo, o médico ou o cirurgião tem de lembrar-se que o brilhante progresso da cirurgia e da medicina, nos últimos anos, em grande parte resultou do esfôrço criador de inovadores como os Drs. Cuching e Fleming.

Assim, também um médico precisa usar constantemente a imaginação — pondo-se nos sapatos do cliente. O valor terapêutico desta recomendação sobressai de uma história a respeito do filho de Lorde Halifax. Veterano da Segunda Guerra Mundial, duplamente amputado, pediram-lhe que fizesse companhia a um veterano que tinha perdido uma perna e que, por isso, estava tão desgostoso que não se esforçava em reabilitar-se. Algumas semanas depois o diretor do hospital disse-lhe que o veterano já estava a caminho de restabelecer-se. "Que fêz o senhor para que êle recobrasse o ânimo?" perguntou-lhe o médico. "É fácil de compreender", disse Halifax. "Viu que eu estava nos sapatos dêle!"

Os médicos que tratam de crianças têm grande necessidade da imaginação. Como repórter, quando môço, em Búfalo, ouvi falar muito de um médico Borzilleri, que era o ídolo da colônia italiana, muito grande e altamente considerada na cidade. Criara um cão fictício que tinha a cauda *na frente*. Sempre que tinha de tratar de uma criança doente, distraía-lhe a atenção falando dêsse estranho animal. Quase sempre a criança insistia em ver o animal, e como conseqüência a mulher do médico via-se obrigada a comprar dezenas de cachorros de brinquedo, para cortar-lhes a cauda cosendo-a ao nariz.

313

Na criação de crianças também a imaginação criadora representa papel importante. Por êste motivo, algumas escolas de amas atualmente incluem o curso de orientação criadora. Deu início a esta orientação, em 1955, o Newman Memorial Hospital de Emporia, no Kansas. Que dizer dos pastôres? Imagine-se o esfôrço criador que têm de exercer para preparar um nôvo sermão por semana! Assim também têm de esforçar-se para levantar dinheiro, projetar programas e agradar ao rebanho em um sem-número de outras maneiras. Os mestres que mais se salientaram foram os que ensinaram criadoramente. Inúmeras pessoas acreditam que o mestre modelar de todos os tempos foi Jesus Cristo. Uma das técnicas de que lançava mão assim a relatou São Mateus: "Tudo isto Jesus disse à multidão em parábolas; de fato, nada lhes dizia sem uma parábola." Por esta e por outras maneiras, dava fôrça ao ensino com imaginação.

Quanto aos advogados, um dos mais proeminentes entre êles observou: "Dêem-me um jovem advogado que tenha tido notas sofríveis na escola, revelando, porém, que sabe pensar criadoramente e farei dêle melhor advogado do que de um que se tenha formado com tôdas as distinções, mas que não tenha imaginação."

É mais do que certo que os advogados têm de imaginar estratégias e prever o que os adversários poderão trazer à baila. E que extremo desafio à criatividade pode representar um júri!

No jornalismo, cada vez mais as técnicas criadoras se afirmam. Várias universidades incluíram o treinamento criador nos cursos das escolas de jornalismo. Em 1955, a Associação Nacional de Editôres Industriais converteu a convenção anual em um "Colégio Criador".

Os políticos profissionais há muito tempo seguem padrões convencionais nas campanhas eleitorais; mas Thomas Dewey viu-se forçado a imaginar algo de nôvo para conseguir o cargo de governador do Estado de Nova Iorque, em 1950. Parecia muito difícil que pudesse vencer nas eleições; entretanto, da noite para o dia, inverteu a situação pelo emprêgo de um nôvo meio por maneira inteiramente nova. Durante o dia inteiro e parte da noite, comparecia ante uma vasta audiência de televisão para responder espontâneamente às perguntas formuladas por eleitores de todo o Estado.

314

Muitos dos que o ouviam e viam ficaram admirados do conhecimento dos problemas públicos por êle demonstrado, resolvendo dar-lhe o voto. E na campanha de Eisenhower para a presidência, que idéia feliz não foi fazer com que a televisão levasse às salas de estar da Nação os governadores republicanos de todo o país — em lugar de mostrar o general de pé a ler outro longo discurso!

Na profissão militar, a estratégia e a tática representam tudo; e as duas dependem do pensamento criador. Um chefe militar deve também meter-se nas botas do inimigo. No ponto culminante da campanha africana, o Gen. Montgomery conservava em uma parede do quartel móvel uma fotografia do General Rommel. Quando lhe perguntei qual o motivo respondeu: "Dêsse modo posso olhar para êle enquanto reflito: "Que faria eu se fôsse Rommel?"

Como reconhecesse que a imaginação criadora constitui fator primordial na liderança militar, a Marinha contratou ò Dr. J. P. Guilford, da Universidade da Califórnia do Sul, para dirigir uma pesquisa de cinco anos a fim de determinar como medir a relativa fertilidade de recursos dos candidatos a comissões. Deu início a êsse projeto em 1951. Em 1954, a Fôrça Aérea introduziu treinamento criador nos cursos R. O. T. C. nos campos em mais de 200 universidades e colégios. Igualmente se modificaram, em 1955, diversos programas de treinamento do Exército, a fim de prover os oficiais com orientação criadora

Nenhum soldado pode chegar a ser grande general sem forçar a imaginação ao máximo. "Quanto em questões militares depende de um espírito-mestre único!" disse Abraham Lincoln. Que vem a ser um espírito-mestre? É o que combina o domínio do conhecimento com o domínio da imaginação. Os dois juntos justificam a liderança, dominante no campo de batalha como em qualquer outro campo.

TEMAS

1. Qual foi a idéia que William Denny lançou em 1880? Até que ponto se estendeu hoje?
2. Quantas maneiras podem imaginar-se para estimular a fluência de idéias de uma organização?
3. Acredita ser possível meter-se nos sapatos de outrem? Até que ponto?

315

4. Devemos considerar a experiência passada vantajosa ou desvantajosa para a imaginação de novas idéias, a respeito de um problema? Por quê?

5. Como o empregador deve tratar jovem empregado entusiasta, quando sugere uma idéia que se sabe inútil?

EXERCÍCIOS

1. Faça uma relação de dez fatôres que podem conduzir à falência um negócio próspero.

2. Escreva seis maneiras pelas quais uma imaginação ativa pode melhorar a eficiência de um 'médico.

3. Escreva seis títulos alternativos para o artigo principal do jornal de hoje.

4. Quais os seis passos que uma biblioteca pode dar para se tornar mais popular?

5. Disse G. B. Snaw: "Um tenor não é uma voz, é uma moléstia". Escreva epigrama semelhante sôbre um: (a) Bacharel, (b) Mulher, (c) Político e (d) Televisão.

REFERÊNCIAS

ACKERMAN, CARL W. — *George Eastman.* Boston. Houghton Mifflin Company, 1930.

BUSCH, NOEL F. — *Briton Hadden* — *A Biography of the Co-founder of Time.* New York. Farrar, Straus and Young, Inc. 1949.

CREATIVE ENGINEERING — New York. American Society of Mechanical Engineers, 1944.

CROWTHER, SAMUEL — *John H. Patterson, Pioneer in Industrial Welfare.* Garden City. Doubleday and Company, 1923.

GOODE, K. e KAUFMAN, Z. — *Showmanship in Business.* New York. Harper and Brothers, 1936.

GUTH, L. W. — "Descovering and Developing Creative Engineers". *Machine Design.* March 1949, págs. 89-94.

MISKY, JEANNETTE e NEVINS, ALLAN. — *The World of Eli Whitney.* New York. McMilan Company, 1952.

OSBORN, ALEX F. — "Abourt Ideas; Which Kind of Boss are You?" *Factory Management.* March 1950, págs. 88-89.

OSBORN, ALEX F. e WEIS, G. F. — "Yours Ideas; How to Put Them Across". *Factory Management.* February 1950, págs. 68-72.

PROUT, HENRY G. — *A Life of George Westinghouse*. New York. Charles Scribner's Sons, 1922.

SEABROOK, WILLIAM — *Doctor Wood*. New York. Harcourt, Brace and Company, 1941.

YOUNG, J. F. — "Developing Creative Engineers." *Mechanical Engineering*. December 1945, págs. 843-846.

CAPÍTULO XXVIII

A imaginação pode melhorar as relações pessoais

"A IMAGINAÇÃO GOVERNA o mundo", disse Disraeli. E até certo ponto pode governar as relações pessoais. Sem ela, até mesmo a regra única não se aplica. Porquanto não poderemos tratar os outros como queremos ser tratados, a menos que nos enfiemos mentalmente nos sapatos dêles. Até mesmo o egoísmo esclarecido depende do emprêgo da imaginação. O ato exige imaginação ativa. São Paulo, quando falou no Monte de Marte, conquistou ràpidamente a audiência anticristã dizendo que êle também cultuava um deus "desconhecido". Repetidamente, Cristo fazia uso de soberba imaginação ao entrar em contacto com os estrangeiros. Por exemplo: um dia, nas praias de um lago, viu dois pescadores que queria ter por discípulos. Estavam prestando atenção à rêde e falando de pescarias. Interrompê-los pedindo que se voltassem para a prédica seria ir ao encontro do desprêzo. "Venham comigo", disse Jesus, "e os farei pescadores de homens." Esta palavra "pescadores" contribuiu para ganhá-los.

Muito ao contrário, inúmeras inimizades podem ter por causa não se cogitar da maneira como o próximo reagirá. Por exemplo, em uma cidade chinesa a colônia inglêsa mantinha um clube luxuoso, em cuja fachada uma inscrição proclamava: "Proibida a entrada a chineses e cachorros." O

318

jernalista que me referiu êste fato observou: "A Ásia acabou-se para o homem branco; só se pode atribuí-lo a esta falta de tato."

Quando dizemos: "Pense duas vêzes antes de falar", queremos significar não sòmente ponderar o que estamos para dizer mas também imaginar como a nossa observação será recebida. Muitas das descortesias que causam desapontamento se devem à falta de uso da imaginação nesse sentido. A Universidade de Harvard fêz recentemente um estudo dos motivos por que os empregados perdem a colocação. Verificou-se que sòmente 34 por cento são despedidos por falta de capacidade, enquanto 66 por cento perdem o lugar por fracassarem nas relações humanas — por falta de capacidade de se porem nos sapatos dos outros — por falta de uso da imaginação.

Experimentando constantemente trocar de sapatos, podemos crescer criadoramente; mas, para exercício mais ativo — em lugar de aplicar passivamente a Regra Áurea — podemos transportar-nos "para o outro lado", utilizando-a. Praticamos, então, o que a psicologia chama de empatia — "projeção imaginativa da própria consciência de alguém em outrem". Para isso torna-se necessário imaginar o que fazer para outrem e fazê-lo, pondo assim em jôgo não apenas imaginação mas também criatividade. Por êsse meio, quase se podem mover montanhas — conforme James Keller o provou no livro a respeito dos Christophers, *Você Pode Mudar o Mundo.*

A empatia é o segrêdo do "Alcoholics Anonymous". Que exemplo notável de altruísmo revela esta organização — e que tributo ao poder da imaginação humana! Durante anos e anos, todos os remédios, religiões e "curas" conseguiram reabilitar menos de 4 por cento dos alcoólicos; mas trocando de lugar com outras vítimas os membros de A. A. estão promovendo a recuperação de quase 50 por cento daqueles que os procuram.

2. *Imaginação nas relações conjugais*

Conforme Ian Maclaren observou: "Pecamos contra o que nos é mais caro, não por não amarmos, mas por não *imaginarmos.*"

As estatísticas dos casamentos americanos mostram que dois em três duram a vida inteira. Por outro lado, o Dr. Clifford R. Adams levou a cabo um estudo de dez anos, verificando que sòmente 17 por cento dos casados são realmente felizes um com o outro. O contentamento dos outros 83 por cento poderia, com tôda certeza, ser melhorado se houvesse mais pensamento criador.

. "Beije e faça as pazes" pode dar resultado, a princípio, mas mais tarde quase sempre esbarra contra a lei da retribuição decrescente. Regra muito melhor manda beijar e *imaginar* — imaginar as maneiras de *evitar* os choques que, de outro modo, exigem fazer as pazes. Esta espécie de exercício imaginativo concorre não só para salvaguardar a felicidade, mas também para estruturar-nos o espírito.

O divórcio tornou-se tão comum que, quando a Universidade de Harvard mandou formulário para a classe de 1932, com o intuito de reunir dados biográficos, deixaram-se duas linhas para a inserção de dois casamentos e um divórcio. Fazem-se atualmente quase 380 mil divórcios por ano nos Estados Unidos. E em quantos dêstes casos o homem, a mulher, o parente ou o amigo, aplicou conscientemente a imaginação em busca de maneiras que evitassem o desenlace? Os psiquiatras têm tentado diagnósticos em muitos casos. Os advogados não se cansam em trazer abundância de conselhos; todos, porém, empregando julgamento crítico ou judicioso. Difìcilmente em um caso entre dez realizou-se qualquer esfôrço consciente com o fito de imaginar novas idéias para impedir a ruptura.

Stephens College adquiriu fama por preparar môças para a carreira de casada, e o Dr. Henry A. Bowman, presidente da Divisão do Lar e da Família, é autoridade em problema conjugais. "O casamento feliz", disse o Dr. Bowman aos estudantes, "é uma conquista criadora." Sòmente um entre 20 dos discípulos de Stephens se divorciou, contra o recorde nacional de um em três.

Qualquer homem ou mulher, infeliz no casamento, pode imaginar maneiras de afastar a infelicidade, dando assim ao casamento mais tempo para corrigir-se. Por exemplo, um marido apaixonou-se por uma jovem e a espôsa estava a ponto de dar início à ação de divórcio, quando uma amiga lhe sugeriu se entregasse a novos interêsses, que lhe sublimassem o desgôsto. Fêz uma relação de 23 atividades dentre as quais escolheu escrever versos. Com isto originou uma saída criadora que a manteve em equilíbrio até que o marido voltasse às boas.

O ajustamento do ritmo constitui a chave da permanência das relações conjugais, conforme Nina Wilcox Putnam assinalou no seu próprio caso: "Muitas vêzes durante êstes 23 anos, eu e meu marido encaramos quase todos os motivos possíveis de divórcio... Sempre um de nós ou nós ambos deixamos correr um pouco o tempo; em conseqüência, surgiu das cinzas da nossa cólera relação melhor e mais forte. Acredito que em qualquer casamento o *tempo* é essencial."

O emprêgo do tempo como instrumento nada mais é que uma dentre muitas idéias para a solução de problemas conjugais. A imaginação é não só "essencial" como pode ser *a chave* do casamento feliz.

3. *As ocupações domésticas desafiam a imaginação*

Os deveres domésticos da maior parte das mulheres exigem muito mais esfôrço imaginativo do que as ocupações padronizadas dos maridos. "Que poderei fazer com êstes restos?"... "Como posso fazer com que Joãozinho vá cedo para a cama?"... "Quem poderá vir tomar conta das crianças sábado de noite?" Com tais perguntas uma mulher pode aliviar o espírito criador — dia após dia, do amanhecer ao anoitecer.

Fazer compras exige certamente pensamento ágil, e quanto mais minguada a bôlsa tanto mais imaginação se precisa. Um marido pode encarar a compra da carne, por exemplo, como questão de rotina, mas quando à mesa diante de um ensopado, tão gostoso como filé mas custando muito menos, deve dar graças à sua estrêla por ter a espôsa aplicado imaginação em lugar de dólares.

Muitos escritores, atores e pintores famosos praticam a arte culinária. Reconhecem que a cozinha constitui exercício verdadeiramente criador. Quase todos os pratos exigem imaginação, de um modo ou outro, para se tornarem apetitosos. E não há qualquer limite às receitas que se podem inventar. Na invenção do que cozinhar e como cozinhar — na descoberta de novos ingredientes e novas formas — sob todos os aspectos a cozinha desafia a imaginação.

Lavar pratos? Há sempre outra maneira melhor; e os homens deveriam reconhecer que há sempre algo mais a criar-se nesta ocupação. Sabemos que as nossas idéias surgem melhor quando estamos fazendo a barba. Por igual, a mesma falta de distração e o mesmo som calmamente da água corrente, tendem a fazer com que se acumulem idéias enenquanto se lavam pratos.

Lavar roupa? Até isto oferece às mulheres oportunidade para exercitarem a imaginação. Disse-me uma escritora: "Consigo o melhor pensamento criador enquanto estou passando roupa a ferro. Qualquer atividade que conserve os olhos ocupados em um certo ponto, enquanto o espírito fica relativamente livre, constitui elemento distinto de auxílio à concentração mental. É como se se fixassem os olhos em um foco luminoso como se faz na hipnose."

E a lavagem de roupa está sempre cercada de pequenos problemas que desafiam a imaginação. Por exemplo, certa mulher de New Jersey gostava de tapêtes grossos mas detestava as marcas que deixavam nêles os pegadores. De sorte que imaginou o artifício de coser um pedaço de pano de dez centímetros de cada lado do tapête antes de levá-lo à máquina de lavar.

Os acessórios para embelezamento da casa exigem grande dose de imaginação. Uma senhora em lugar de cobrir os vasos de flôres, poliu-os simplesmente. Até mesmo as cortinas não se devem desprezar, conforme demonstrou certa dona de casa de Filadélfia, que pintou o lado de dentro das cortinas com as côres que aumentassem o encanto de cada cômodo.

Pode aplicar-se a imaginação para projetar o tamanho, caráter, côr e moldura dos quadros. E nesta fase do embelezamento do lar as idéias podem substituir os dólares. A Sra. Edward Cart precisava de algo que abrilhantasse as paredes verdes do apartamento, concebendo o plano de utilizar um tecido variegado baseado em pinturas da avó Moses. Cortou figuras isoladas do pano emoldurando-as simplesmente com réguas pretas.

4. *Ataques criativos aos problemas dos pais*

Se os pais pudessem simplesmente chamar a atenção com um gesto, em lugar de repreenderem! A repreensão exige apenas a língua; mas chamar a atenção exige pensamento criador. Ah, como precisamos de idéias para conduzir as crianças, através das travessuras da infância e dos desvios da adolescência à terra da maturidade! Para deixar de insistir nos exercícios ao piano, certa mãe conscienciosa comprou um caderno de notas e uma caixa de estrêlas coloridas. Agora cada uma das crianças põe o relógio sôbre o fogão da cozinha e pratica 15 minutos. Terminado êste prazo, a mãe cola um estrêla no caderno da criança. Chegado o domingo, a criança que tem mais estrêlas por semana ganha um prêmio. "A música melhorou", disse-me, "e cada criança adquiriu certo sentimento pessoal de responsabilidade com relação ao exercício que tinha de fazer." Que idéia tão simples! Entretanto, quantos pais preferem repreender a tentarem imaginar novos expedientes como êste!

Se os pais não podem deixar de aplicar a vara, podem pelo menos imaginar melhores meios de surrar. E melhor será que escolham bem o tempo e o lugar, ao invés de se deixarem dominar em qualquer lugar ou ocasião pela cólera.

Até mesmo um pouco de drama pode ser útil. Um dos advogados eminentes do Canadá tem três filhinhos; e desde que chegaram à idade de poder distinguir o certo do errado, o pai teve o cuidado de cumprir os deveres de castigador. Contudo, para cada uma dessas sessões, enverga um traje que não usa em qualquer outra ocasião — um paletó esporte de lã em côres variegadas. Com isto torna as varadas gentis mais significativas.

Também precisamos de imaginação para fazer com que o castigo se ajuste ao crime — distribuir penalidade que a criança julgue justa? Os Dale Castos o conseguem mudando os lugares. Sentam-se com o filho e discutem cuidadosamente o caso. Depois entregam-lhe a solução respeito ao castigo que deve sofrer. Em uma dessas sessões, a penalidade por êle escolhida foi tal que o pai se viu dizendo: "Filho, achamos que você está sendo demasiadamente severo. Em lugar de não jogar bola por uma semana inteira, achamos que a interrupção por dois dias já é castigo bastante."

Em contraste, o Dr. W. W. Bauer conta o caso de um menino que chegou tarde para o almôço. "A mãe atirou-se a êle, furiosamente, tratou-o como um animal e depois forçou-o a comer todo o prato." Depois de retirar-se a proge-

323

nitora, o menino voltou. À noite os pais não puderam encontrá-lo. À meia-noite a polícia telefonou para avisar que tinha apanhado um menino tentando arranjar passagem gratuita em um carro.

Aqui está o que a mãe dêle devia ter feito, conforme a opinião do Dr. Bauer: "Quando chegou a hora do almôço e o João não apareceu, ela devia ter comido o almôço e tirado a mesa. Depois, quando êle chegou, devia ter-lhe dito para ir buscar o prato e tirar a mesa em seguida. Êste procedimento ajustava-se à ofensa e teria ensinado que não vale a pena demorar na hora das refeições."

Quando os pais disciplinam os filhos imaginosamente, asseguram o resultado desejado com menos perigo para a amizade. E esforçando-se para imaginar estas estratégias, os pais tendem não só a tornar a casa mais feliz, mas também a conservar a imaginação ainda mais desperta.

Os pais também devem induzir os filhos a se esforçarem por se tornarem criadores por conta própria. Por exemplo, sempre que um dos filhos da Sra. Jean Rindlaub fica intranqüilo e choraminga, ela pensa: "Que devo fazer?" A resposta é sempre mais ou menos assim: "Venha cá, filho — arranje um pedaço de papel e um lápis e escreva tudo o que você gostaria de fazer. Tenho certeza de que você poderia imaginar o mínimo de 25 idéias diferentes. E você verá que, enquanto escrever essa lista, você se divertirá muito."

Julian Trivers, diretor de uma loja de gêneros alimentícios, acredita igualmente em fazer os filhos imaginar. Uma tarde, ao jantar, desembrulhou uma misteriosa caixa de madeira, que tinha uma fenda. Contou então aos cinco filhos o que eram os sistemas de sugestões usados em quase seis mil negócios, anunciando-lhes que cada um teria de imaginar idéias para o bem da família, colocando as sugestões por escrito naquela caixa. Em seguida descreveu os prêmios tentadores que seriam concedidos no fim de cada mês às melhores sugestões. Êste sistema não deu origem a qualquer idéia de fazer tremer a terra, mas contribuiu para ensinar aos cinco Trivers que eram dotados de espírito destinado a *uso* criador.

Robert T. Early, professor de pensamento criador na Universidade do Noroeste, emprega o "brainstorming" como fonte de divertimento e harmonia para a família. Em uma viagem de automóvel de duas mil milhas, as filhas de sete

324

e oito anos juntaram-se repetidamente a êle em sessões de "brainstorm" – imaginando soluções para problemas desta ordem: "Como fazer mais ràpidamente as obrigações caseiras?" Diz o Sr. Early: "Com isso tornamos a viagem de férias muito menos fatigante e muito mais agradáveis." Famílias vizinhas também fazem uso do "brainstorming" como passatempo proveitoso. Êste procedimento teve início em Asheville, na Carolina do Norte, em 1955. Formou-se uma classe de casais para estudar êste livro. Encontravam-se uma noite por semana na casa de cada um e revezavam-se como professôres. Tendo terminado o curso, o grupo continuou a reunir-se uma vez por semana em "brainstorm" para os problemas domésticos, cívicos e outros de interêsse mútuo.

5. Como viver bem consigo mesmo

Casado ou solteiro, o uso ativo da imaginação pode habilitar qualquer um a gozar mais a vida. Concorre até para tornar a personalidade mais atraente, conforme diz o Prof. H. A. Overstreet:

"As pessoas que possuem vivacidade criadora são muito mais interessantes do que quaisquer outras. Quase parece pertencerem a espécie diferente ou talvez a nível mais elevado da evolução. Vêem não sòmente o que é, como o que pode ser; e esta última faculdade é uma das feições características que distinguem os sêres humanos uns dos outros."

Quanto à maneira de arranjar-se consigo mesmo, o nosso contentamento depende, em grande escala, de sermos ou não criadores. Conforme as descobertas do Laboratório de Engenharia Humana, a nossa intranqüilidade depende em grande parte da falta de emprêgo das nossas aptidões. Os nossos talentos exigem constantemente uma saída; mais do que isto, solicitam constante desenvolvimento. Quando os represamos, atormentam-nos. Dessa maneira, a causa do descontentamento pode atribuir-se muitas vêzes à falta de exercício das aptidões criadoras. Parafraseando Ben Franklin: "Cessar de pensar criadoramente pouco difere de cessar de viver."

"Em situação elevada entre os recursos promotores de felicidade", disse F. Robley ī'ʳ and, "podemos colocar o conhecimento provado de que possuímos, na nossa mente, facul-

325

dade bem exercitada de nos imaginarmos fora de provações e dificuldades. Embora seja impossível a qualquer um pular por cima de uma cêrca, puxando os cordões das botas, é possível — *pode ser fácil* — elevar-se por cima dos obstáculos da vida, mediante a fôrça da imaginação aplicada." Até mesmo os espíritos mais fortes inclinam-se, às vêzes, à vacilação. O Dr. Karel A. Menninger descreve as depressões do Presidente Lincoln, tão profundas que, durante um período, "foi necessário vigiá-lo constantemente dia e noite. Em certa ocasião foi aconselhável remover tudo quanto fôsse objeto cortante de que pudesse servir para matar-se." Havia motivos reais para a melancolia de Lincoln. Por outro lado, os desgostos que cercam a muitos dentre nós raramente se devem a causas esmagadoras. Tais acessos se podem prevenir na maior parte das vêzes, ou aliviar pelo emprêgo acertado da imaginação criadora.

Ao invés de desanimar, podemos mesmo chegar a expor por escrito o nosso caso. Há tôda probabilidade que não pareça tão aterrador uma vez escrito — pode até mesmo parecer tão ridículo que nos faça rir de nós mesmos. E o próprio fato de fazer-se o esfôrço para escrever pode produzir alívio emocional — abrindo a porta para algum pensamento póprio.

Ou então se pode fazer algum exercício físico, e melhor do que tudo algum exercício criador — como tive ocasião de provar a mim mesmo certa manhã, quando um incidente imprevisto me pôs fora de mim. Era importante que conseguisse dominar-me, porque tinha de comparecer a uma conferência naquela noite como presidente. Resolvi então ir almoçar sòzinho para atacar um projeto criador amalucado. Algumas semanas antes, Grantland Rice e eu tínhamos trocado idéias a respeito de uma idéia frivola que eu tivera para uma poesia. De sorte que no Hotel Statler naquele dia rabisquei, nas costas do cardápio, sete quartetos sôbre o tema. As pessoas que estavam nas mesas mais próximas naturalmente ficaram imaginando de que hospício eu tinha saído. Entretanto, para mim foi divertido, tendo voltado para o escritório bem disposto.

Assim também, quando sabemos que temos de passar por algo que se não pode evitar, é conveniente dirigir a imaginação para isso, diretamente. Por exemplo, durante o meu terceiro dia de febre de gripe disse à mulher: "Se a moléstia

326

tiver curso normal, estarei livre disto na próxima segunda feira, ficando, depois, deprimido durante dois dias." Uma semana mais tarde já estava de volta ao escritório, mas quase tão baixo como um bassê. Ainda teria ficado mais deprimido se não projetasse a imaginação — se não me tivesse condicionado contra essa depressão mental. Podemos expelir a ansiedade do espírito empurrando nêle algo de criador. Nunca Winston Churchill se sentiu mais aborrecido do que durante a segunda metade de 1915. Como Primeiro Lorde do Almirantado tinha bastante em que se ocupar para não pensar em tudo quanto de horroroso estava acontecendo. Contudo, tendo-se afastado daquele pôsto, ficou com bastante tempo para meditar. "Dispunha de longas horas de completo lazer em que podia contemplar o terrível desenvolvimento da guerra. Em um momento em que tôdas as fibras do meu ser estavam inflamadas para a ação, vi-me forçado a permanecer como espectador da tragédia, colocado cruelmente em um assento da frente. E foi então que a Musa da Pintura veio em meu auxílio."

Contudo, ainda melhor do que a pintura ou qualquer outra diversão semelhante, é o exercício mais violento de atacar enèrgicamente as causas do desespêro, pensando criadoramente a maneira de atingir a serenidade.

Disse Shakespeare: "A imaginação faz do homem "o paradigma dos animais".

Disse Disraeli: "A imaginação governa o mundo."

Disse Einstein: "A imaginação é mais importante do que o conhecimento."

Podemos deixar de concordar com estas afirmações; contudo, devemos aceitar a opinião do Dr. Guilford, de que se tem "desprezado, deploràvelmente, a questão da imaginação".

Via de regra deixamos de reconhecer que quase todos possuem imaginação criadora, pelo menos em estado potencial. Deixamos de descobrir maneiras, em larga escala, de desenvolver esta dádiva. Chegamos mesmo ao ponto de deixar de descobrir a maneira de dominar as fôrças que tendem a atrofiar essa dádiva.

Só recentemente se verificou que, em geral, se pode ensinar a criatividade. Só recentemente se verificou que a imaginação se pode tornar a chave para a solução de problemas de qualquer espécie.

327

A verdade é que quase todos nós podemos ficar mais criadores, se o quisermos. E êste próprio fato talvez seja a esperança do mundo. Tornando-nos mais criadores podemos ter vida mais agradável, convivendo melhor uns com os outros. Tornando-nos mais criadores podemos prover melhores bens e serviços de uns para os outros, promovendo em conseqüência padrão de vida cada vez mais elevado. Tornando-nos mais criadores poderemos chegar a encontrar o meio de fazer com que a paz permanente impere em todo o mundo.

TEMAS

1. Você pensa que maior número de empregados perde a colocação por falta de competência ou porque não sabe tratar com as pessoas? Por quê?
2. Que é empatia e como aplicá-la na vida cotidiana?
3. Em lugar de "beije e faça as pazes" qual a melhor regra para a harmônia conjugal? Por quê?
4. Por que acha que os Alcoholics Anonymous conseguem êxitos em tantos casos, nos quais a ciência médica fracassa?
5. Consciente ou inconscientemente, inúmeras pessoas criaram maneiras favoritas de vencer a depressão — isto é, "esquecer o que perturba". De que maneira pode usar-se a imaginação para êsse fim?

EXERCÍCIOS

1. Suponha que o seu filho despreza o estudo em casa para ver televisão. Quais são as seis estratégias que você pode imaginar para resolver êste problema?
2. Imagine dez maneiras de divertir-se, quando ficar sòzinho uma tarde inteira.
3. Pense em uma pessoa de que não gosta. Escolha depois um aspecto dessa pessoa que acha admirável. Imagine depois três maneiras de ampliar essa virtude no próprio espírito.
4. Descreva os hábitos mais desagradáveis da pessoa que está mais perto de você. Imagine seis táticas para fazer com que modifique êsse hábito para melhor.
5. Redija um telegrama de 50 palavras ao Premier soviético dando as razões por que deve deixar o povo russo ouvir os fatos verdadeiros a respeito das nações livres.

328

REFERÊNCIAS

Bauer, William Waldo — *Stop Annoying Your Children*. Indianapolis. Bobbs-Merrill Company, 1947.

Bossard, James H. S. e Boll, Eleanor S. — *Ritual in Family Living*. Philadelphia. University of Pennsylvania Press, 1950.

Carroll, Eleanor G. — *Two for the Money*. New York. Doubleday and Company, 1940.

Dunn, David — *Try Giving Yourselt Away*. Scarsdale. Updegraff Press Ltd., 1947.

Ellenwood, James L. — *Just and Durable Parents*. New York. Charles Scribner's Sons. 1948.

Ellenwood, James L. — *There's No Place Like Home*. New York. Charles Scribner's Sons, 1938.

Garrison e Sheehy — *At Home with Chidren*. Henri Holt, 1943.

Gilbreth, F. B. e Carey, E. G. — *Cheaper by the Dozen*. New York. Thomas Y. Crowell Company, 1948.

Grossman, Jean S. — *Life with Family*. New York. Appleton-Century-Crofts, Inc., 1948.

Lurton, Douglas — *The Power of Positive Living*. New York. McGraw-Hill Book Co., Inc., 1950

Magoun, F. Alexander — *Love and Marriage*. New York. Harper and Brothers, 1948.

Merrill, Francis E. — *Courtship and Marriage*. New York. Wm. Sloane Associates, 1949.

Parker, Cornelia S. — *Your Child Can Be Happy in Bed*. New York. Thomas Y. Crowell Company, 1952.

Reilly, William J. — *Successful Human Relation*. New York. Harper and Brothers, 1952.

Biblioteca "SAÚDE"

Volumes publicados:

1. *Controle sua Pressão* — W. A. Brams
2. *Vença o Enfarte* — W. A. Brams
3. *Glândulas, Saúde, Felicidade* — W. H. Orr
4. *Cirurgia a Seu Alcance* — R. E. Rotenberg
5. *Ajude seu Coração* — Vários Autores
6. *Saúde e Vida Longa Pela Boa Alimentação* — Lester Morrison
7. *Guia Médico do Lar* — Morris Fishbein
8. *Vida Nova Para os Velhos* — Heinz Woltereck
9. *Coma Bem e Viva Melhor* — Ancel e Margareth Keys
10. *O Que a Mulher Deve Saber* — H. Imerman
11. *Parto Sem Dor* — Pierre Vellay
12. *Reumatismo e Artrite* — John H. Bland
13. *Vença a Alergia* — Harry Swartz
14. *Manual de Primeiros Socorros* — Hoel Hartley
15. *Cultive Seu Cérebro* — Robert Tocquet
16. *Milagres da Novocaína* — Henry Marx
17. *A Saúde do Bebê Antes do Parto* — Ashley Montagu
18. *Derrame — Tratamento e Prevenção* — John E. Sarno/Maria T. Sarno
19. *Viva Bem Com a Coluna Que Você Tem* — José Knoplich
20. *Vença a Incapacidade Física* — Howard A. Rusk
21. *O Bebê Perfeito* — Virgínia Apgar/ Joan Beck
22. *Acabe Com a Dor!* — Roger Dalet
23. *Causas Sociais da Doença* — Richard Totman
24. *Alimentação Natural — Prós & Contras* — Maria C. F. Boog, Denise G. Da Motta e Avany X. Bon
25. *Dor de Cabeça — Sua Origem/ Sua Cura* — Claude Loisy e Sidney Pélage
26. *O Tao da Medicina* — Stephen Fulder
27. *Chi-Kong — Os Exercícios Chineses de Saúde* — G. Edde
28. *Cronobiologia Chinesa* — Gabriel Faubert e Pierre Crepon
29. *Nutrição e Doença* — Carlos Eduardo Leite
30. *A Medicina Nishi* — Katsuso Nishi
31. *Endireite as Costas* — José Knoplich
32. *Medicinas Alternativas* — Vários Autores
33. *A Cura Pelas Flores* — Aluízio J. R. Monteiro Jr.
34. *Laboratório & Sangue de Rotina* — Selma Campestrini

Produzido sob demanda com exclusividade pela Docuprint.
Direitos desta edição reservados à Editora Ibrasa
Copyright do autor.

Docuprint
www.docuprint.com.br